LA FRANCE

LA FRANCE

histoire, société, culture

EDWARD OUSSELIN

CANADIAN
SCHOLARS

Toronto | Vancouver

La France : histoire, société, culture
Edward Ousselin

Première publication en 2018 par
Canadian Scholars, une marque de CSP Books Inc.
425 Adelaide Street West, Suite 200
Toronto, Ontario
M5V 3C1

www.canadianscholars.ca

Catalogage avant publication de Bibliothèque et Archives Canada

Ousselin, Edward, auteur
    La France : histoire, société, culture / Edward Ousselin.

Comprend des références bibliographiques et un index.
Publié en formats imprimé(s) et électronique(s).
ISBN 978-1-77338-064-3 (couverture souple).--ISBN 978-1-77338-065-0 (PDF).--
ISBN 978-1-77338-066-7 (EPUB)

    1. France--Histoire--Manuels d'enseignement supérieur. 2. France--Conditions sociales--Manuels d'enseignement supérieur. 3. France--Civilisation--Manuels d'enseignement supérieur. 1. Manuels d'enseignement supérieur. I. Titre.

DC33.O87 2018   944   C2018-905428-X
                                                          C2018-905429-8

Conception du texte et de la couverture par Elisabeth Springate
Image de couverture par simonidadj / Shutterstock.com

18   19   20   21   22   5   4   3   2   1

Imprimé et relié en Ontario, Canada

TABLE DES MATIÈRES

Introduction

Donner à un manuel pour objectif de présenter dans toute sa complexité un pays — la France — exige d'abord d'expliquer ce que l'on entend par [*what is meant by*] « histoire, société, culture ». Précisons au préalable [*Let us note from the outset*] que ce manuel n'a pas pour ambition de fournir une introduction à l'ensemble plur   iséculaire [*centuries-old*] qu'est l'histoire de France. Si certains chapitres feront brièvement référence à des périodes plus anciennes, les chapitres 2 et 3, spécifi   quement consacrés à [*devoted to*] une présentation succincte des événements his   toriques et de leurs conséquences, prendront pour point de départ l'année 1870, et ce pour les raisons suivantes :

- La plus pratique de ces raisons, c'est qu'une présentation complète et inclusive, qui remonterait à des périodes historiques antérieures, serait beaucoup trop longue et laisserait peu de place aux autres sections de ce manuel. De fait, un tel objectif exigerait la rédaction d'un autre livre.
- L'histoire est ici conçue comme un arrière-plan [*background*], permettant d'éclairer les origines et les évolutions des faits sociaux et culturels de notre époque.
- C'est sous la IIIe République, dont il sera question dans les chapitres 2 et 3, que de nombreuses pratiques institutionnelles, politiques et sociocul   turelles qui caractérisent la France actuelle ont été élaborées.

Quant aux [*As for the*] termes « société » et « culture », ils ont été choisis à la place de « civilisation », terme qui, comme on le verra, renvoie à [*refers to*] une notion ambiguë qui a en particulier été invoquée pour justifier les conquêtes coloniales (la « mission civilisatrice »). Ceci n'est donc pas un manuel ayant pour but d'exalter — ni de dénigrer — la « civilisation » française. Son objectif, plus modeste et plus ambitieux à la fois, est d'encourager les étudiants à adopter un point de vue comparatif, à examiner de quelles façons la société française, dans toute sa diversité, présente des cas de ressemblance ou de différence par rapport au Canada ou aux États-Unis.

C'est donc l'interculturalité qui est visée [*which is the objective*] ici : la capacité de prendre en considération, d'essayer sans *a priori* de comprendre les origines et le fonctionnement d'autres pratiques socioculturelles, et la volonté de s'interroger sur ses propres pratiques, ses propres présupposés. Reconnaître que les représentations et les comportements [*behaviors* (se comporter)] de son propre milieu socioculturel ne sont pas « naturels » et encore moins « supérieurs », c'est le début d'une rencontre le plus souvent enrichissante avec l'Autre, avec l'altérité. Dans les cas du Canada, des États-Unis et de la France, cette altérité est toute relative : ces trois pays ont en partage des liens historiques déjà anciens, des valeurs sociopolitiques communes et des niveaux économiques semblables. Cependant, comme on aura souvent l'occasion de le constater, ce niveau de proximité culturelle n'exclut ni les malentendus [*misunderstandings*] ni les stéréotypes. C'est d'ailleurs lorsqu'à première vue les dissemblances sociétales ne semblent pas considérables qu'il est tentant de les ignorer, ce qui aboutit à [*leads to*] ne considérer une autre culture que comme une variante mineure ou arriérée de la sienne. Le danger existe alors de se replier sur soi [*turn inward*], de retomber dans une forme d'ethnocentrisme, de ne pas chercher à comprendre la logique interne d'une pratique socioculturelle qui dévie de celle à laquelle on est habitué. Il sera par conséquent demandé aux lecteurs de ce manuel de se plonger dans les particularités — histoire, société, culture — d'un pays qu'ils croient peut-être déjà connaître, en tenant compte du fait que les « petites » différences peuvent avoir des conséquences profondes.

COHÉSION ET VARIÉTÉ

Il est (trop) facile de voir un pays comme un ensemble cohérent, caractérisé par des croyances unanimement partagées et des pratiques socioculturelles uniformes. Or, il faut se rappeler qu'une culture n'est ni homogène ni immuable [*unchanging*]. Dans le cas d'un pays de 67 millions d'habitants, il est évident qu'il ne saurait être question d'homogénéité [*homogeneity is out of the question*]. Il existe ainsi plusieurs cultures (régionales, ethniques, religieuses, etc.) qui contribuent, chacune à sa façon, à la culture nationale française. En ce qui concerne la durée, rappelons, si besoin est, que toute culture connaît des évolutions et même des transformations, qui peuvent parfois être très rapides.

Après avoir indiqué les limites du terme « culture », essayons de le définir : une culture inclut les productions matérielles, intellectuelles et artistiques ; elle correspond à des représentations (valeurs, croyances, visions du monde) ainsi qu'à des comportements. Les individus et les groupes qui font partie d'une culture nationale sont influencés par elle, tout en contribuant à la façonner [*shape it*] et à la faire évoluer. Dans ce manuel, le terme « culture » sera généralement utilisé dans ce sens sociologique, en tenant compte de ses variétés à l'intérieur d'une société française complexe et de ses évolutions historiques.

Pour revenir à la perspective interculturelle qui est préconisée [*advocated*] ici, il est recommandé aux étudiants de tenir compte du choc culturel — même s'il se réduit à un moment de surprise — qui accompagne fréquemment la rencontre des attitudes et pratiques d'une autre société. Ce « choc » (qui, encore une fois, sera le plus souvent mineur) est l'occasion de réfléchir sur les attitudes et les pratiques de sa propre société, d'essayer de les regarder d'un œil neuf, de chercher à dépasser les présupposés qui les accompagnent. Idéalement, le stade du choc culturel sera plus tard suivi par celui du choc culturel à l'envers [*reverse culture shock*], qui permet de poser un nouveau regard sur sa propre société, après avoir compris et assimilé d'autres manières de penser et d'agir. Selon René Descartes (1596–1650), « pour examiner la vérité il est besoin, une fois en sa vie, de mettre toutes choses en doute autant qu'il se peut » (*Les Principes de la philosophie*). La rencontre avec l'Autre, avec l'altérité, fournit une occasion idéale de réexaminer, de « mettre en doute » les schémas [*patterns*] socioculturels qui nous semblent évidents ou naturels. Bien évidemment, il ne s'agit pas ici de renier sa culture d'origine, mais de tenter de la prendre en considération comme *une* culture, parmi d'autres.

UNE DÉMARCHE À SUIVRE

Dans ses célèbres *Essais*, Michel de Montaigne (1533–1592) postule qu'il est préférable d'avoir « plutôt la tête bien faite que bien pleine » (I, 26). Cette idée correspond à un proverbe : Mieux vaut une tête bien faite plutôt que bien pleine. Ainsi, une tête « bien faite » indique l'intelligence, la capacité de s'adapter aux circonstances et d'apprendre ce qui est utile. Par contre, une tête « bien pleine » désigne une accumulation de savoir (faits, dates, etc.) qui est appris par cœur mais qui n'est pas nécessairement bien organisé ni bien assimilé. Cependant, comme on le verra, le système éducatif français a longtemps privilégié l'acquisition (ou la mémorisation) des faits et des données [*data*]. Selon cette optique, qui est liée à la notion valorisante de « culture générale », une tête devient bien faite précisément parce qu'elle est bien pleine de savoir, de connaissances qui finiront tôt ou tard par être utiles.

Ce manuel prendra pour point de départ que les deux approches sont complémentaires, au lieu d'être en opposition. La connaissance des faits et des données, à condition d'être bien organisée, ne peut que stimuler l'intelligence et la capacité d'adaptation. Par conséquent, il sera demandé aux lecteurs d'apprendre — ou du moins de savoir où trouver — les faits, les dates, les statistiques, les tendances, etc. Puisqu'une société moderne est particulièrement complexe, les lecteurs devront maîtriser des concepts provenant de disciplines variées : la science politique, l'économie, la démographie, la sociologie, etc.

LES CHAPITRES

Le premier chapitre de ce manuel introduit quelques données de base — faits, concepts, valeurs, tendances — qui seront reprises et développées dans les chapitres ultérieurs.

Les chapitres 2 et 3 sont spécifiquement consacrés à une présentation des événements historiques et de leurs conséquences. Cette présentation, qui inclut des faits politiques, sociaux et culturels, découle du principe qu'il faut comprendre les conséquences des événements et des tendances du passé afin de pouvoir examiner la société et la culture actuelles de la France. Le chapitre 2 examine la période qui va de 1870 à 1939. L'histoire de France depuis le début de la Seconde Guerre mondiale fait l'objet du chapitre 3.

Dans le chapitre 4, la structure gouvernementale, administrative et légale de la Ve République est présentée.

Dans le chapitre 5, les origines, le développement et surtout l'importance actuelle de l'Union européenne sont examinés.

Le chapitre 6 est consacré à l'enseignement en France, y compris le rôle primordial du ministère de l'Éducation nationale.

Les questions économiques sont abordées au chapitre 7.

Dans le chapitre 8, la diversité du monde francophone est présentée.

Le chapitre 9 aborde les questions liées à la diversité ethnique et religieuse en France, ainsi qu'à la laïcité.

Le chapitre 10 est consacré aux femmes, au féminisme et aux minorités sexuelles.

Dans le chapitre 11, c'est le système de protection sociale, y compris la « Sécu » et les allocations familiales, qui est examiné.

Le chapitre 12 aborde les questions plus traditionnellement « culturelles », ainsi que le rôle des médias.

En guise de conclusion, la section « Perspectives d'avenir » a pour but de tracer les lignes directrices et les possibilités d'évolution de certaines tendances socioculturelles actuelles.

LA PRÉSENTATION

Tout au long du texte, certains mots-clés sont indiqués en caractères gras [*bold*]. Pour approfondir leurs connaissances, les lecteurs pourront faire des recherches en ligne sur ces mots-clés. De façon générale, il est conseillé d'utiliser <google.fr> pour obtenir de meilleurs résultats en français. Dans de nombreux cas, des codes QR sont fournis, pour faciliter l'accès direct à des sites Web utiles. Pour le lecteur de codes QR, l'application peut être téléchargée à partir de Google Play ou App Store (Snapchat permet également de lire les codes QR). Notons enfin que les temps littéraires ne sont pas utilisés dans ce manuel.

1 Les généralités

Ce premier chapitre a d'abord pour but de présenter quelques données de base — géographiques et démographiques — sur la France (les questions économiques seront présentées au chapitre 7). Puis l'importance de la capitale est examinée. Certaines tendances à long terme qui caractérisent la société française sont ensuite présentées. Les symboles de la République, ainsi que la question plus complexe des valeurs, sont également abordés. On trouvera par ailleurs [*furthermore*] une brève introduction aux liens historiques entre le Canada, les États-Unis et la France, aux comparaisons nécessaires et au risque de tomber dans les stéréotypes nationaux. En fin de chapitre, certaines difficultés linguistiques sont indiquées.

LES DONNÉES DE BASE

En 2017, la **population** de la France s'élevait à environ 67 millions d'habitants, ce qui représente un peu moins de 1 % de la population du monde. La France est le deuxième pays le plus peuplé de l'Union européenne (l'UE), derrière l'Allemagne. Grâce à un bon système de santé publique, les Français vivent de plus en plus longtemps. En particulier, les femmes ont une **espérance de vie** exceptionnellement longue : 85 ans (elle est de 79 ans pour les hommes). Comme c'est le cas dans d'autres pays développés, le vieillissement d'un pourcentage croissant [*increasing*] de la population est une des tendances générales de la société française. Cependant, le taux [*rate*] de natalité reste relativement élevé, par comparaison avec d'autres pays de l'UE.

Par sa **superficie** (550 000 km²), la France est le plus grand pays de l'UE. Au niveau géographique, on distingue en général entre la **métropole** (ou l'Hexagone) et **l'outre-mer** (couramment appelé les « DOM-TOM »). Par exemple, La Guyane, ainsi que les îles de la Martinique, la Guadeloupe, Mayotte et la Réunion font partie de la France d'outre-mer (voir chapitre 8). Comme nous le verrons au chapitre 4, la France est divisée administrativement en 18 régions (13 en métropole et cinq outre-mer), 101 départements et environ 36 000 communes. Dans le langage courant, on continue à parler de « provinces », même si le terme n'a plus de valeur administrative depuis la période révolutionnaire (1789–1799). Toujours dans le langage courant, on distingue généralement entre Paris et la Province (c'est-à-dire le reste du pays), ce qui reflète la prépondérance de la capitale dans la société française. Au niveau international, nous verrons

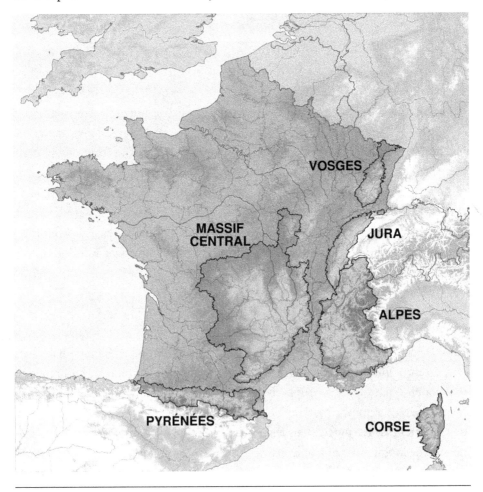

Massifs montagneux

l'importance de l'UE au chapitre 5, et celle de l'Organisation internationale de la Francophonie (l'OIF) au chapitre 8.

À titre de comparaison, la population du Canada est de 36 millions d'habitants, et celle des États-Unis de 325 millions. En ce qui concerne la superficie [*surface area*], il est difficile de comparer un pays de taille moyenne comme la France avec le Canada et les États-Unis, respectivement le deuxième et le quatrième pays le plus étendu du monde. Mentionnons donc simplement que la superficie de la France métropolitaine est comparable à celle de l'état du Texas, alors que la seule province du Québec est trois fois plus grande que la France. Notons également que la **densité de la population** de la France (118 habitants / km²) est environ quatre fois supérieure à celle des États-Unis. Une comparaison avec le Canada, qui n'a que quatre habitants / km², n'aurait guère de sens [*would have little meaning*].

En ce qui concerne l'enseignement de la géographie dans les écoles, le terme « de taille moyenne » reflète une tendance générale : la France métropolitaine est représentée en tant que pays **modéré** — mais aussi **varié** — par ses climats, sa superficie et son relief [*topography*]. Avec sa variété de climats (océanique, continental, montagnard, méditerranéen), la « douce France » est généralement moins exposée aux extrêmes de température que d'autres pays européens subissent régulièrement. De même, la France métropolitaine est constituée de reliefs variés : les plaines dominent dans la moitié nord-ouest du pays, alors que la moitié sud-est est dominée par les massifs montagneux (les Alpes, le Massif central, les Pyrénées). Ajoutons à cette image de modération et de diversité géographique le fait que la forêt occupe environ le quart du territoire de la France métropolitaine. À l'école, l'enseignement de la géographie, qui commence très tôt (généralement à l'âge de sept ans), est associé à celui de l'histoire, et les deux sujets sont enseignés par un seul professeur. Le « prof d'histoire-géo » joue donc un rôle important dans les écoles françaises — et dans les façons dont la plupart des Français perçoivent leur pays.

En ce qui concerne les statistiques sur la France et les Français, les meilleures ressources en ligne sont l'Institut national des statistiques et des études économiques (l'INSEE <insee.fr>) et l'Institut national d'études démographiques (l'INED <ined.fr>).

INSEE	INED	Cartes	Relief

L'IMPORTANCE DE PARIS

La capitale tient une place exceptionnelle dans la société française : Paris est non seulement le centre politique et institutionnel de la République française, mais aussi son centre économique et culturel. Au niveau géographique, ce statut central est immédiatement visible sur une carte de France : Paris constitue le point de convergence des réseaux [*networks*] de transports autoroutiers, ferroviaires [*railroad*] et aériens. De loin la ville la plus peuplée du pays (environ deux millions d'habitants), Paris est la seule **commune** [*municipality*] à avoir le statut de département. La capitale est elle-même divisée administrativement en 20 **arrondissements** (quartiers ou *districts*). Au niveau régional, Paris fait partie de l'Île-de-France (dont les habitants sont appelés les Franciliens). La région de l'Île-de-France (communément appelée la Région parisienne) est à son tour la plus peuplée du pays, avec 12 millions d'habitants.

C'est à Paris que se trouvent les principaux **lieux de pouvoir** de la République : le palais de l'Élysée (le président de la République) ; Matignon (le premier ministre) ; Bercy (le ministère de l'Économie et des Finances) ; la place Beauvau (le ministère de l'Intérieur) ; le quai d'Orsay (le ministère des Affaires étrangères) ; Grenelle (le ministère du Travail) ; le palais Bourbon (l'Assemblée nationale) ; le palais du Luxembourg (le Sénat) ; le Palais-Royal (le Conseil constitutionnel, le Conseil d'État et le ministère de la Culture). On trouve également à Paris plusieurs **lieux de mémoire**. Nous mentionnerons ici le Panthéon, le Mémorial de la Shoah, ainsi que les cimetières du Père-Lachaise et de Montmartre. Le statut de Paris en tant que centre culturel du pays lui donne, surtout dans le contexte de la centralisation de la société française, un niveau d'influence exceptionnel (voir chapitre 12). Notons au passage que le rôle central de la capitale dans tous les domaines de la vie publique différencie la France par rapport au Canada et aux États-Unis : ni Ottawa ni Washington DC ne représente le centre économique ou culturel de son pays respectif.

Le **point (ou kilomètre) zéro** se trouve devant la cathédrale Notre-Dame de Paris. Il sert de référence pour le calcul des distances avec les autres villes de France.

Dans le langage courant, on parle de « **monter** » à Paris (alors qu'il faut « descendre » en Province) pour réussir dans la vie. À la fin du célèbre roman de Balzac, *Le Père Goriot* (1842), l'ambitieux provincial Rastignac observe la capitale et dit : « À nous deux maintenant ! »

Comme nous le verrons au chapitre 4, dans chacun des départements de la France, le ministre de l'Intérieur nomme un **préfet**, qui a de larges responsabilités dans les domaines de l'administration et de la sécurité publique. La préfecture — un bâtiment qui se trouve dans chaque chef-lieu (ou centre administratif) de chaque département — représente donc un des symboles de la centralisation politique de la République française. Les noms de trois préfets de Paris sont encore connus de nos jours :

Georges Haussmann (1809–1891) a joué un rôle important dans la rénovation de Paris (les grands boulevards ; les égouts) durant le Second Empire (voir chapitre 2).

Eugène Poubelle (1831–1907). En 1883, pour améliorer l'hygiène à Paris, le préfet Poubelle a rendu obligatoire l'usage d'un récipient pour les déchets ménagers (qui ne pouvaient donc plus être simplement jetés dans les rues). Les Parisiens ont pris l'habitude de désigner ce récipient du nom du préfet. C'est une façon originale d'entrer dans l'histoire...

Louis Lépine (1846–1933) est à l'origine du Concours Lépine. Ce concours d'inventions a été créé en 1901.

Tout le monde peut se tromper : le 14 février 1887, alors que la construction de la tour venait de commencer, une « **Protestation des artistes contre la tour de M. Eiffel** » a été publiée dans le journal *Le Temps*. Parmi les signataires, on trouve des romanciers (Alexandre Dumas fils, Guy de Maupassant) et des poètes, dont Sully Prudhomme, qui obtiendra le premier prix Nobel de littérature en 1901. Les signataires protestaient contre la « gigantesque et noire cheminée d'usine », contre « l'odieuse colonne de tôle boulonnée », dont « la commerciale Amérique elle-même ne voudrait pas ». La « Protestation » n'a évidemment pas empêché la tour Eiffel de devenir le symbole, connu à travers le monde, de la capitale française. Rappelons que la tour Eiffel a été construite à l'occasion de l'**Exposition universelle** de 1889, qui commémorait le centenaire de la Révolution française.

Suite à la page suivante

Tour Eiffel	Exposition 1889	Protestation

Parmi les lieux de mémoire qui se trouvent à Paris, le **Panthéon** occupe une place historique exceptionnelle. À l'origine destiné à être une église, le Panthéon est devenu un temple républicain en 1791, pendant la période révolutionnaire (1789–1799). C'est le lieu où sont inhumés et honorés les personnages emblématiques de la République. On y trouve en particulier :

- des écrivains : Alexandre Dumas ; Victor Hugo ; André Malraux ; Jean-Jacques Rousseau ; Voltaire ; Émile Zola.
- des représentants de la France Libre durant la Seconde Guerre mondiale : Pierre Brossolette ; Félix Éboué ; Geneviève de Gaulle-Anthonioz ; Jean Moulin ; Germaine Tillion ; Jean Zay.

Parmi les autres personnes honorées au Panthéon, on trouve : Victor Schœlcher, qui a agi pour l'abolition définitive de l'esclavage en 1848 ; un président de la IIIᵉ République, Sadi Carnot (assassiné en 1894) ; le parlementaire socialiste Jean Jaurès (assassiné en 1914) ; Jean Monnet, un des « pères de l'Europe » ; les chercheurs scientifiques Marie et Pierre Curie.

Pouvoir	Paris	Préfets	Panthéon

LES TENDANCES À LONG TERME

La première tendance, qui est liée à l'importance de Paris, est le niveau de **centralisation** politique et d'uniformité administrative de la France (on parle aussi de « Jacobinisme » et de « Colbertisme »). Contrairement au fédéralisme qui est la norme au Canada et aux États-Unis, le pouvoir politique est depuis longtemps centralisé à Paris. Il s'agit là d'une tradition qui remonte au moins au règne de Louis XIV (1643–1715). La Révolution de 1789 n'a fait que renforcer cette tendance. Les gouvernements successifs, qu'ils soient républicains, monarchistes ou impériaux, ont cherché à [*have sought to*] mettre en place des lois et des normes uniformes à travers le pays, y compris dans les domaines de l'éducation et de la langue (voir chapitre 2). Si le niveau de centralisation tend actuellement [*currently*] à diminuer, en partie à cause de l'importance croissante des régions, le principe de la « République indivisible » est inscrit dans la Constitution (article premier). Il n'y a donc pas de *states' rights* ni de lois provinciales en France. Avec peu d'exceptions (que nous aurons l'occasion de signaler plus tard), les lois et les réglementations administratives s'appliquent à l'ensemble du pays.

Dans le domaine économique, le **dirigisme** (ou l'étatisme ou l'interventionnisme) est associé à la centralisation politique. Lorsque le gouvernement central intervient directement dans la vie économique, par exemple en nationalisant certaines entreprises, il pratique une politique dirigiste. Le contraire du dirigisme, c'est le libéralisme économique, qui en anglais est souvent désigné par un terme français : *laissez-faire*. Comme on le verra au chapitre 3, il y a eu deux grandes vagues de nationalisations après la Seconde Guerre mondiale : en 1945 (sous le Gouvernement provisoire dirigé par Charles de Gaulle) et en 1981 (au début de la présidence de François Mitterrand). Cependant, la tendance dirigiste est en déclin depuis la fin des années 1980. Les nationalisations ont fait place aux privatisations.

Le **rayonnement** culturel et linguistique est une tradition qui remonte également à Louis XIV, le « Roi-Soleil », qui avait pour but de répandre son influence (et donc son pouvoir) à travers la France comme à l'étranger. Pendant la période d'expansion coloniale de la fin du dix-neuvième siècle, sous la IIIᵉ République, le rayonnement de la France était associé à la « mission civilisatrice » en tant qu'objectifs et justifications de la colonisation. À notre époque, le rayonnement est une forme de diplomatie culturelle ou de *soft power* dont l'objectif est de promouvoir l'influence de la langue et la culture françaises à l'étranger.

En France, la question de la **natalité** constitue une véritable obsession nationale, au moins depuis les guerres napoléoniennes (1799–1815), qui ont tué plus de trois millions de personnes. Plusieurs gouvernements ont tenté d'inciter les familles françaises à avoir plus d'enfants afin d'augmenter la population, ce qui a souvent eu des conséquences pour les droits des femmes. À différentes périodes historiques, la hantise [*fear*] d'un déclin démographique relatif, par comparaison avec des pays voisins comme l'Allemagne, a mené à des politiques de répression (l'interdiction de la contraception et de l'avortement) ou d'incitation (le congé maternité et les allocations familiales). Il ne semble pas que la situation ait beaucoup changé, puisque les médias continuent à diffuser régulièrement des informations sur l'évolution du nombre de naissances ou sur le taux de fécondité (le nombre moyen d'enfants par femme en âge de procréer). Le fait que le nombre de naissances en France n'ait presque pas diminué pendant la Grande Récession de 2007–2012 (alors qu'il y a eu des diminutions notables dans d'autres pays) est généralement considéré comme un signe de bonne santé sociétale. Nous reparlerons des questions liées à la natalité au chapitre 11.

Le **temps libre** peut être considéré comme une autre obsession nationale. Cette question est liée à la notion un peu vague de « l'art de vivre » français, qui est très différent de l'*American way of life*. L'art de vivre à la française valorise les activités culturelles et, de façon générale, tout ce qui représente les plaisirs de la vie en dehors du temps de travail, y compris la convivialité et l'art culinaire. Le temps libre est depuis longtemps une des principales préoccupations des organisations syndicales [*labor unions*], aux côtés des salaires et des conditions de travail. Comme nous pourrons le constater au chapitre 2, le gouvernement du Front populaire en 1936 constitue un moment historique important, puisqu'il a institué les premiers congés payés pour les ouvriers et employés : deux semaines par an. Actuellement, les salariés français bénéficient de cinq semaines de congés payés par an. La question du temps libre et des loisirs inclut par ailleurs la durée hebdomadaire [*weekly*] du travail, ainsi que l'âge de la retraite, dont nous parlerons aux chapitres 7 et 11.

Les **valeurs républicaines** sont à première vue résumées par la devise officielle de la République française : Liberté, Égalité, Fraternité. Il est certain que les Français, dans leur très grande majorité, sont attachés à ces valeurs, qui ont fait l'objet de multiples luttes au cours de l'histoire. Depuis la Révolution de 1789, la France a connu une succession de régimes constitutionnels (la République, l'Empire, la Monarchie) jusqu'à ce que le principe républicain soit fermement établi au cours de la IIIe République (1870–1940). Dans le domaine des droits, des principes et des valeurs, la Révolution française a notamment produit la *Déclaration des droits de l'homme et du citoyen* (1789). Cependant, il faut tenir compte des évolutions sociétales successives, qui ont par exemple abouti à [*resulted in*] des progrès certains en ce qui concerne les droits des femmes (voir chapitre 10). En 1905, la loi de séparation des Églises et de l'État a institutionnalisé une valeur républicaine qui est devenue fondamentale, à tel point [*to such an extent*] qu'elle est inscrite à l'article premier de la Constitution actuelle : la laïcité (voir chapitres 2 et 9). Il n'est peut-être pas excessif de considérer que la devise réelle de la République est devenue : Liberté, Égalité, Laïcité. En effet, les Français ont souvent lutté pour protéger et préserver ces trois valeurs, mais on ne peut pas nécessairement en dire autant pour la Fraternité.

Centralisation	Rayonnement	Valeurs

LES SYMBOLES DE LA RÉPUBLIQUE (1 / 31)

Les symboles politiques officiels d'un pays reflètent généralement son évolution historique. Parfois, ils peuvent refléter les valeurs qui sont inscrites dans sa Constitution. Les symboles font aussi partie de l'autoreprésentation d'une société, de la façon dont elle se perçoit, de l'image qu'elle souhaite transmettre à travers le monde. En France, les symboles officiels sont liés à la Révolution de 1789. Après de nombreuses luttes, les symboles républicains ont remplacé ceux de la Monarchie (tel que le drapeau blanc) et de l'Empire (tel que l'aigle).

Empire → mono → republ.

Le **drapeau tricolore** (bleu, blanc, rouge) représentait à l'origine la réunion du blanc de la Monarchie avec les couleurs de la ville de Paris (bleu et rouge). C'est à Paris que la Révolution a commencé, puis s'est radicalisée, avant d'aboutir à la République. Le drapeau tricolore en est devenu le symbole le plus visible.

paris est puis ante

Chaque année, la **fête nationale** a lieu le 14 juillet (le terme « *Bastille Day* » est à éviter). La prise de la Bastille par le peuple de Paris, le 14 juillet 1789, n'était probablement pas l'événement le plus important de la Révolution française. Cependant, en tant que prison-forteresse imposante où avaient été détenus des prisonniers célèbres, tel que Voltaire (en 1717 et 1726), la Bastille était devenue un des symboles de la tyrannie monarchique. De nos jours, le 14 juillet est fêté de plusieurs façons : un défilé militaire sur les Champs-Élysées ; des bals et des concerts ; des feux d'artifice. Quant à la Bastille, elle a été totalement démolie pendant la Révolution. La place de la Bastille, qui l'a remplacée, est aujourd'hui plus connue pour sa salle d'opéra moderne.

La Marseillaise est l'hymne national français. À l'origine, c'était le « Chant de guerre pour l'armée du Rhin », dont les paroles ont été écrites par Rouget de Lisle à Strasbourg en 1792, à la suite de la déclaration de guerre de la France à l'Autriche. Il s'agit bien d'un chant de guerre révolutionnaire et patriotique, qui appelle les « citoyens » français à prendre les armes pour lutter contre la « tyrannie » d'une armée (monarchique) étrangère. Dans un couplet aujourd'hui moins connu, la cause pour laquelle il faut lutter est clairement indiquée : « Liberté,

liberté chérie ». Le Chant de guerre de Rouget de Lisle changera rapidement de titre, lorsqu'un bataillon de soldats marseillais arrivera à Paris en la chantant. Plus de deux siècles plus tard, la popularité de *La Marseillaise* n'a pas faibli, même si le vers « Qu'un sang impur abreuve nos sillons » suscite parfois des polémiques.

La République française est personnifiée par une femme : **Marianne**. Symbole allégorique de la liberté, elle porte un bonnet phrygien, comme de nombreux partisans de la République pendant la période révolutionnaire. On trouve le buste de Marianne dans la mairie (ou l'hôtel de ville) de chacune des 36 000 communes françaises. Plusieurs actrices célèbres ont posé comme modèle pour ce buste, dont Brigitte Bardot et Catherine Deneuve. En dehors du contexte républicain, la France est souvent personnifiée par une autre femme, réelle celle-là : **Jeanne d'Arc** (1412–1431). Dans le livre qu'il a consacré à l'héroïne du Moyen Âge, Jules Michelet, un des historiens les plus connus du dix-neuvième siècle, l'a présentée comme l'incarnation du peuple français : « Souvenons-nous toujours, Français, que la Patrie chez nous est né du cœur d'une femme, de sa tendresse et de ses larmes, du sang qu'elle a donné pour nous » (*Jeanne d'Arc*, 1841). En 1920 — c'est-à-dire après la Première Guerre mondiale — Jeanne d'Arc a été canonisée par le Pape, ce qui a renforcé son symbolisme à la fois national et religieux. Plus récemment, le Front national, un parti d'extrême-droite (voir chapitre 4), a tenté de récupérer l'aura de Jeanne d'Arc pour en faire un instrument de propagande. En somme, les symboles nationaux, qu'ils soient officiels ou non, ont leur importance et peuvent évoluer en fonction de l'époque historique.

Le **coq gaulois** n'est ni officiel ni un symbole républicain, mais il est inclus ici car il représente souvent la France traditionnelle (ou, si l'on préfère, rurale), en particulier dans un contexte sportif. L'équipe de France de football a choisi le coq gaulois comme symbole et mascotte. Dans le langage courant, on « pousse un cocorico » lorsque l'équipe gagne.

Nous terminerons cette section par un sujet moins matériel, mais d'une importance capitale. Les principaux symboles officiels de la Vᵉ République sont inscrits dans l'article 2 de la Constitution :

- La langue de la République est le français.
- L'emblème national est le drapeau tricolore, bleu, blanc, rouge.
- L'hymne national est la « Marseillaise ».
- La devise de la République est « Liberté, Égalité, Fraternité ».
- Son principe est : gouvernement du peuple, par le peuple et pour le peuple.

> lonnet
> phrygian
> — rouge

Marianne

Source : F. Lamiot / Wikimedia Commons / CC-BY-SA-2.5

Le fait que le français soit cité en premier indique bien la prééminence de son statut en tant que fondement représentatif et constitutif de la République. La **langue française** (et la culture littéraire qui lui est associée) constitue sans doute le symbole le plus valorisé, non seulement en France, mais à travers le monde. Évidemment, tous les pays du monde valorisent leur(s) langue(s) nationale(s). Cependant, la valeur symbolique et émotionnelle de la langue française tend à dépasser le cadre de la nation, pour incarner (à tort ou à raison) une valeur universaliste. Notons au passage qu'aux États-Unis, c'est plutôt le drapeau étoilé qui est doté de la plus forte charge émotionnelle. Il est plus difficile de trouver un symbole comparable pour le Canada (Le castor ? La feuille d'érable ? Le hockey sur glace ?).

chaque pays valorise leurs langues

Symboles

Constitution

LES VALEURS : QUELQUES CONCEPTS ASSOCIÉS

Cette section propose de présenter un certain nombre de valeurs et de concepts sous la forme de couples d'idées. Il s'agit de les associer plutôt que de les opposer, d'examiner de quelles façons ces couples d'idées font partie, à des degrés divers, de la vie quotidienne en France. Bien entendu, une grande partie de ce qui suit peut très bien s'appliquer à d'autres pays et cultures.

- **le nationalisme / l'universalisme** : Le français est la langue officielle de la République française, tout en étant souvent présentée comme ayant une valeur universaliste. La fluidité du statut du français — une langue, et donc une culture, à la fois nationales et universelles — reflète les façons dont l'héritage historique de la Révolution a pu évoluer à certaines étapes historiques : le patriotisme (parfois chauvin) de la République française et l'universalisme implicite de la *Déclaration des droits de l'homme et du citoyen.*

- **la société / l'individu** : Les Français se définissent généralement comme étant individualistes, et donc peu enclins à se comporter [*behave*] de façon disciplinée à l'intérieur d'un groupe organisé. Néanmoins [*Nevertheless*], les parents français insistent généralement sur l'importance des règles sociales ou du « savoir-vivre ». Ils ne veulent pas que leurs enfants soient perçus comme étant « mal élevés ».

- **la tradition / la modernité** : On parle souvent de la France en tant que « vieux pays », une société relativement stable avec d'anciennes traditions historiques. L'histoire de France offre pourtant plusieurs exemples de ruptures (parfois brutales) avec le passé, dont l'exemple le plus évident est bien entendu la Révolution. Le goût de la nouveauté et de l'originalité est depuis longtemps une partie intégrante de la culture française. L'interaction de la tradition et de la modernité est donc une caractéristique essentielle de la société française.

- **le peuple / l'élite** : Le principe de l'égalité fait partie de la devise de la République. L'abolition des privilèges aristocratiques (le 4 août 1789) a été une des étapes les plus importantes de la Révolution. Cependant, le terme « élite » ne comporte pas nécessairement une connotation négative dans le contexte social français. On parle couramment d'une élite artistique ou intellectuelle, par exemple. Si le peuple français s'est souvent soulevé contre le pouvoir politique, il l'a souvent fait sous la conduite d'une élite syndicale, ouvrière ou politique. La République elle-même cherche à former des élites à travers les grandes écoles (voir chapitre 6). Dans le domaine économique, la France est connue pour ses produits de luxe.

- **la haute culture / la culture populaire** : On trouvera ici un niveau d'ambiguïté semblable à celui qui caractérise l'association du peuple et de l'élite. La culture populaire ou traditionnelle est depuis longtemps valorisée, souvent en tant qu'héritage culturel transmis par les parents à leurs enfants. Cependant, le patrimoine littéraire et artistique — c'est-à-dire de la haute culture — est particulièrement prestigieux aux yeux de la plupart des Français. L'acquisition d'un savoir et d'un goût culturels constitue une partie essentielle de l'éducation et même de la citoyenneté.

- **le patrimoine rural / les réalités urbaines** : La France a longtemps été un pays dominé par l'agriculture. Au niveau économique, la terre était la principale source de richesse jusqu'au milieu du dix-neuvième siècle. En 1945, environ un tiers de la population active travaillait encore dans le secteur primaire (l'agriculture). De nos jours, ce chiffre a été réduit à 3 %. Cependant, la plupart des Français ont des « racines » rurales, le plus souvent grâce à des ancêtres agriculteurs, quelquefois sous la forme d'une maison de campagne. Si une grande majorité de Français habite en ville et travaille dans le secteur tertiaire (les services), une nostalgie de la campagne, des petits villages, du « terroir » est largement répandue. On compare quelquefois cette attirance française pour un passé campagnard perdu aux récits semi-mythiques sur les cowboys ou les coureurs de bois de ce côté de l'Atlantique.

- **la condition / la dignité humaine** : Ces deux concepts associent les réalités (souvent peu agréables ou glorieuses) de la vie humaine et la valeur intrinsèque de chaque être humain. La condition humaine renvoie à la matérialité (ou aux événements ordinaires) de l'existence ; la dignité humaine comporte une dimension éthique, qui implique le respect de chaque individu. Alors que la condition humaine tend à susciter un certain scepticisme par rapport aux motivations individuelles (qui ne sont que rarement associées à l'altruisme), la dignité humaine ouvre la voie vers la possibilité d'un idéalisme. De façon générale, la dignité est considérée comme un attribut essentiel de l'être humain, doué de raison (pour paraphraser la formule de la *Politique* d'Aristote). Le célèbre roman d'André Malraux, *La Condition humaine* (prix Goncourt 1933), examine cette association des plates (ou sordides) réalités matérielles et de l'aspiration vers une forme d'idéalité.

Deux philosophes (et mathématiciens) du dix-septième siècle, dont la plupart des Français ont lu les œuvres (sous forme d'extraits) à l'école, ont pris en compte les concepts associés de la condition et de la dignité humaines.

René Descartes (1596–1650)

Je pense, donc je suis.

Le bon sens est la chose du monde la mieux partagée.

Ce n'est pas assez d'avoir l'esprit bon, mais le principal est de l'appliquer bien. Les plus grandes âmes sont capables des plus grands vices aussi bien que des plus grandes vertus. (*Discours de la méthode*)

C'est proprement avoir les yeux fermés, sans tâcher jamais de les ouvrir, que de vivre sans philosopher. (*Principes de la philosophie*)

Blaise Pascal (1623–1662)

Le cœur a ses raisons que la raison ne connaît point.

Le silence éternel de ces espaces infinis m'effraie.

L'homme n'est ni ange ni bête, et le malheur veut que qui veut faire l'ange fait la bête.

L'homme n'est qu'un roseau, le plus faible de la nature, mais c'est un roseau pensant. Il ne faut pas que l'univers entier s'arme pour l'écraser ; une vapeur, une goutte d'eau suffit pour le tuer. Mais quand l'univers l'écraserait, l'homme serait encore plus noble que ce qui le tue, puisqu'il sait qu'il meurt et l'avantage que l'univers a sur lui, l'univers n'en sait rien. Toute notre dignité consiste donc en la pensée. C'est de là qu'il nous faut relever et non de l'espace et de la durée, que nous ne saurions remplir. Travaillons donc à bien penser : voilà le principe de la morale.

Qu'on s'imagine un nombre d'hommes dans les chaînes, et tous condamnés à la mort, dont les uns étant chaque jour égorgés à la vue des autres, ceux qui restent voient leur propre condition dans celle de leurs semblables, et, se regardant les uns et les autres avec douleur et sans espérance, attendent à leur tour. C'est l'image de la condition des hommes. (*Pensées*)

Descartes-Pascal (1)

Descartes-Pascal (2)

LES LIENS HISTORIQUES

Avant d'aborder la question des comparaisons, ainsi que celle du risque des stéréotypes, il est utile de présenter brièvement les liens historiques entre la France
d'une part, et le Canada et les États-Unis d'autre part. Précisons d'emblée [*at the
outset*] que ces liens ne sont pas symétriques. Par ailleurs, les deux pays nord-
américains sont perçus différemment par la plupart des Français, ce qui reflète
leurs divergences à la fois historiques et sociétales.

L'image historique française du Canada est dominée par le passé colonial de
la Nouvelle-France et par sa perte à la suite de la guerre de Sept Ans (1756–1763).
À notre époque, c'est plutôt le fait que le Canada soit un **pays officiellement bilingue** qui structure la perception des Français. La relation historiquement privilégiée avec le Québec a parfois créé des frictions dans les relations diplomatiques
bilatérales entre le Canada et la France, surtout en 1967, lors de la visite officielle
du président Charles de Gaulle (voir chapitres 3 et 8). Cependant, l'amitié et
la coopération franco-canadiennes, y compris dans le cadre de l'Organisation
internationale de la Francophonie, sont de nos jours exceptionnellement fortes.

Plutôt que le fait francophone, c'est le **parallèle entre les deux révolutions**,
américaine (1775–1783) et française (1789–1799), qui structure la perception
historique des États-Unis en France. Ce parallèle est fondé sur l'idée que, pour
l'essentiel, la philosophie des Lumières est commune aux deux révolutions, et
donc aux deux républiques auxquelles elles ont mené, même si les deux pays
ont connu bien des divergences et des désaccords par la suite. Les États-Unis
ont plus tard été perçus par les Français comme le pays qui incarne le mieux la
modernité technologique et culturelle. Il faut cependant noter qu'il y a souvent
eu des malentendus et même de véritables conflits diplomatiques entre les deux
pays (par exemple en 2003, lors de la guerre en Irak). Malgré leurs échanges
culturels constants, les relations entre Français et Américains ont traditionnellement été ambivalentes, de sorte qu'on a pu parler des deux pays en tant que
« frères ennemis », à la fois proches et en conflit semi-continuel. En dehors des
liens historiques et des relations alternant entre l'amitié et le rejet, la fascination
et la répulsion, les Américains et les Français ont en commun le fait d'appartenir
à deux cultures qui proclament (ou proclamaient autrefois) leur **universalisme**,
même si le contenu — économique, culturel, sociétal — de chacun de ces modèles universalistes est fort différent.

Les deux révolutions, américaine et française, constituent le fondement historique des relations ambivalentes entre les deux pays, un mélange de proximité culturelle, d'enthousiasmes réciproques, de périodes de méfiance et d'accusations mutuelles d'arrogance. Il est utile ici de fournir un bref aperçu de quelques personnalités liées à ces deux révolutions. Notons au passage que la *Revolutionary War* est appelée en français la Guerre d'Indépendance.

La Fayette (1757–1834) est le plus célèbre. À l'âge de 19 ans, cet aristocrate libéral quitte la France pour se battre aux côtés des insurgés américains. Il sera aide de camp de George Washington et participera à la bataille décisive de Yorktown.

Le dramaturge **Beaumarchais** (1732–1799) est surtout connu pour *Le Barbier de Séville* et *Le Mariage de Figaro*. Mais il était aussi un homme d'affaires avisé, qui a fourni des armes aux insurgés américains pour le compte du roi de France.

Thomas Paine (1737–1809) a participé aux deux révolutions. L'immense popularité de son pamphlet *Common Sense* (1776) a largement contribué à faire progresser l'idée de l'indépendance américaine. En 1791, son livre *Rights of Man* a défendu la Révolution française contre les critiques de l'écrivain britannique Edmund Burke. Il a été élu à l'Assemblée nationale en 1792.

D'origine française, J. Hector St John de **Crèvecoeur** (1735–1813) s'est établi en tant que fermier dans l'état de New York. En 1782, il a publié *Letters from an American Farmer*, qui l'a rendu célèbre. Dans la troisième lettre, « What Is an American? », il compare la société américaine de son époque aux monarchies européennes :

> It is not composed, as in Europe, of great lords who possess every thing and of a herd of people who have nothing. Here are no aristocratical families, no courts, no kings, no bishops, no ecclesiastical dominion, no invisible power giving to a few a very visible one; no great manufacturers employing thousands, no great refinements of luxury. The rich and the poor are not so far removed from each other as they are in Europe.

La Fayette

Beaumarchais

Paine

Crèvecoeur

COMPARAISONS ET STÉRÉOTYPES

Comme il a été mentionné dans l'introduction, les lecteurs de ce manuel auront souvent l'occasion de faire des comparaisons socioculturelles entre le Canada, les États-Unis et la France. Dans plusieurs domaines, on trouvera plus de ressemblances que de différences. Ce ne sera cependant pas toujours le cas. Par exemple, dans le chapitre 4, consacré aux questions constitutionnelles et politiques, les lecteurs pourront constater des différences frappantes entre la centralisation en France et le fédéralisme en vigueur de ce côté de l'Atlantique. Notons que lorsqu'il s'agit de tenter d'établir des comparaisons entre des sociétés, des peuples et des cultures, il convient de prendre certaines précautions d'usage. Surtout, comme nous l'avons précédemment signalé, il faut se rappeler qu'une culture n'est ni homogène ni immuable. Évidemment, toute méthode comparative comporte le risque de tomber dans les stéréotypes nationaux (voir le livre d'Hervé Coulouarn à ce sujet). Si le maniement des stéréotypes n'est pas sans danger (en particulier, celui du repli ethnocentrique), un certain niveau de généralisation est inévitable lorsqu'il s'agit de cerner des représentations plus ou moins largement partagées.

En ce qui concerne les comparaisons, au niveau institutionnel, il y a un concept central à noter : **l'État** (avec une majuscule). Surtout dans le contexte américain, c'est un faux ami, puisqu'il renvoie aux *states* (alors qu'au Canada il s'agit de provinces) et donc au système fédéral. En France, l'État désigne le gouvernement central et les institutions nationales, c'est-à-dire l'ensemble des pouvoirs — exécutif, législatif, judiciaire — de la République française. Le concept de l'État est lié à celui de **l'Administration** (un autre faux ami), qui désigne l'ensemble des organismes institutionnels qui administrent les diverses et multiples fonctions étatiques (par exemple : l'Éducation nationale, la santé publique, l'aide sociale, etc.). « L'Administration » recouvre l'ensemble des services gérés [*managed*] par l'État, ce qui là encore est fort différent de *the Obama Administration*, par exemple. Les personnes qui travaillent pour l'Administration (ou la fonction publique) sont généralement appelés des **fonctionnaires**.

Comme on le verra dans les chapitres successifs, l'État (ou le gouvernement central ou la puissance publique) n'est généralement pas perçu de la même manière des deux côtés de l'Atlantique. En France, la République ou l'État moderne est souvent considéré comme un rempart, protégeant l'individu contre l'exploitation économique (en particulier par les grandes entreprises multinationales) et contre les tentatives de coercition des institutions religieuses (surtout dans le cas des sectes). Par contre, aux États-Unis, et dans une certaine mesure au Canada, c'est justement le *government* qui apparaît comme une force intrusive ou même dangereuse pour l'individu, lequel aura tendance à chercher une protection ou un soutien auprès d'une association religieuse ou même d'une entreprise privée.

| État | Administration | Fonctionnaires |

La densité de la population, qui a déjà été mentionné au début de ce chapitre, est évidemment très différente dans chacun des trois pays que nous prenons en considération. Ces disparités ont des conséquences sur la perception de la vie privée, de l'espace personnel et de l'individualisme. Ce n'est pas sans raison que le terme « grands espaces » est souvent utilisé par les Français pour qualifier l'environnement naturel du Canada et des États-Unis. En ce qui concerne la taille des logements, et l'étendue des jardins [*yards*] qui les séparent, les Français sont en général habitués à disposer d'un espace personnel ou privé plus limité, d'où l'importance des **volets** à chaque fenêtre, qui sont fermés le soir pour éviter un sentiment de promiscuité (faux ami : il s'agit d'une proximité physique indésirable). Mentionnons au passage que pour la plupart des Français, une maison doit être « solide » : en pierre (ou briques), pas en bois.

La question de l'espace ne se limite pas à sa dimension privée. De façon générale, l'espace public est plus réglementé en France, par exemple sous la forme de **l'aménagement du territoire**, un programme gouvernemental dont les objectifs sont d'encourager le développement économique, de faciliter les transports et de préserver les espaces naturels. Comme il a été indiqué au début de ce chapitre, les Français ont tendance à concevoir leur pays comme étant modéré ou de taille moyenne, une image largement partagée qui est associée à la notion familière de la douceur de vivre — « Douce France ». Dans les grandes villes, par exemple, l'urbanisme et l'agencement [*layout*] traditionnel des jardins publics ont pour but de créer une impression d'ordre, d'harmonie, de symétrie — ce qui correspond aux principes esthétiques du classicisme du dix-septième siècle (les jardins du palais de Versailles représentent donc un idéal dans ce domaine).

Classifier et ordonner : ce qui s'applique à l'espace s'applique également à l'histoire, dans un pays où les traces du passé sont omniprésentes, non seulement sous la forme de lieux de mémoire, mais de façon plus générale dans le domaine architectural. À l'école, l'histoire de France, qu'il s'agisse de politique ou de littérature, est divisée et catégorisée par **siècles** (alors que de ce côté de l'Atlantique, on tend davantage à penser en termes de décennies [*decades*]). Dans les faits, l'évolution historique présente de nombreux exemples d'alternance entre des périodes de stabilité et de discontinuité (ou de ruptures historiques, la Révolution étant un exemple évident). Cependant, l'enseignement scolaire a généralement privilégié la notion de la **continuité** de l'histoire du pays. Au-delà [*Beyond*] des innombrables événements historiques, la France est ainsi représentée en tant que civilisation ininterrompue et pluriséculaire [*centuries-old*]. Notons qu'il n'est pas toujours facile de discerner une continuité historique qui commence avec les Gaulois (des peuples celtiques et païens), qui continue avec les Gallo-Romains (introduction du latin, puis du christianisme), puis avec les Francs (peuples germaniques ayant adopté le christianisme et le latin), pour aboutir aux Français (et à la langue française) de l'époque médiévale et moderne. Certains historiens décrivent cette insistance sur la continuité, surtout depuis les manuels scolaires de la IIIᵉ République, comme l'expression d'un « roman national » (ou « mythe national », pour reprendre le titre du livre de Suzanne Citron) à but unificateur. La célèbre série de bandes dessinées *Astérix* — « Nos ancêtres les Gaulois avaient de longues moustaches blondes » — constitue un reflet satirique de cette vision scolaire d'une histoire continue. Comme nous aurons l'occasion de le signaler dans les chapitres ultérieurs, la société française s'est plus récemment tournée vers la reconnaissance des aspects sombres de l'histoire de France, les cas où la mémoire collective avait parfois été occultée [*obscured*] : l'esclavage, le colonialisme, l'affaire Dreyfus, l'Occupation, la Collaboration, la Shoah, la guerre d'Algérie.

La classification et la catégorisation de l'espace (géographique) et du temps (historique) peuvent être considérées comme faisant partie d'une tendance générale de la société française, qui est souvent décrite comme étant **cartésienne** — mais aussi **pascalienne**. René Descartes, ainsi que son contemporain Blaise Pascal, ont déjà été mentionnés. Ces deux philosophes et mathématiciens du dix-septième siècle ont certainement contribué à façonner une certaine image de la France et des Français, à travers la diffusion scolaire de leurs pensées et de de leurs œuvres. Très brièvement, la tradition cartésienne représente le rationalisme, une démarche analytique et un optimisme mesuré. Par contre, la tradition pascalienne représente l'imagination, une approche synthétique et un pessimisme radical. Comme c'est souvent le cas, cette opposition apparente entre la raison et l'émotion, l'esprit [*mind*] et le cœur, doit plutôt être considéré sous la forme d'une complémentarité. La démarche abstraite et analytique de Descartes peut très bien être alliée à l'intuition holistique de Pascal. La pensée méthodique n'exclut pas l'imagination créatrice. Descartes et Pascal représentent donc deux faces complémentaires de la culture française. Au-delà de leurs différences, tous deux incarnent une tradition d'intellectualisme et d'érudition, qui se reflète de nos jours à travers l'importance des diplômes et des concours [*recruitment tests*], dont nous parlerons au chapitre 6. Dans le monde du travail, les diplômes sont probablement plus importants en France qu'ils ne le sont de ce côté de l'Atlantique, où l'expérience pratique joue un plus grand rôle.

Il faut noter qu'à l'étranger, Descartes est généralement plus connu que Pascal. En anglais, l'adjectif *Cartesian* est souvent utilisé pour caractériser le mode de pensée qui semble être dominant en France. *Cartesian logic* représente donc un des stéréotypes sur la France et les Français, ce qui comporte des aspects positifs et négatifs : d'un côté, une tendance à la réflexion et à l'analyse ; de l'autre, une pensée excessivement abstraite et théorique. Au Canada et aux États-Unis, **l'image stéréotypée des Français** (snobs, arrogants, etc.) est en général associée à la haute culture, mais aussi à l'impression que la tradition cartésienne rend la société française plus rigide, plus soucieuse des [*concerned with*] règles à suivre, et plus réticente à s'adapter à de nouvelles circonstances. En ce qui concerne la haute culture, l'élément le plus notable est justement la langue française, dont les règles grammaticales semblent être plus complexes et minutieuses que celles de l'anglais. En outre [*What is more*], par comparaison avec l'anglais, le français est une langue à articulation tendue : elle exige plus de tension musculaire. Un mode de pensée méthodique et rigide ; une langue qui exige un travail ardu pour être correctement assimilée ; une culture insuffisamment populaire et adaptable, trop orientée vers les gloires littéraires et artistiques du passé : tels sont les principaux éléments constitutifs de l'image stéréotypée des Français.

En dépit de cette image, la société française, loin d'être uniquement tournée vers le passé, a connu le rapide développement d'une nouvelle culture de masse et a élaboré de nouveaux rapports à la haute culture. Certains des chapitres ultérieurs permettront de faire ressortir [*bring out / highlight*] le fait que la France a vu des évolutions socioculturelles très rapides au cours du dernier tiers du vingtième siècle — « Mai 68 » étant un moment important de ces évolutions (voir les ouvrages d'Henri Mendras et de Laurence Duboys Fresney à ce sujet). La société française est devenue plus diverse et pluriethnique ; les femmes et les minorités sexuelles ont acquis plus de droits et de visibilité dans la vie publique ; des configurations familiales plus récentes (monoparentales, recomposées) se sont banalisées ; de nouvelles associations et de nouveaux mouvements ont transformé la vie politique. De façon générale, on peut constater moins de tabous vis-à-vis du corps et de la sexualité, mais aussi vis-à-vis de l'argent et de la hiérarchie sociale. Sans doute en partie à cause de l'influence américaine, les attitudes françaises sont devenues plus tolérantes — ou laxistes, selon un autre point de vue — en ce qui concerne les façons de parler, de s'habiller ou de manger (le barbecue fait partie des modes de convivialité plus récents, par exemple), mais aussi en ce qui concerne les règles de la politesse.

Pour conclure cette section, il n'est guère étonnant [*not very surprising*] de constater que les réalités socioculturelles françaises ne correspondent pas aux stéréotypes qui sont associés à la France et aux Français. Ces stéréotypes ont été élaborés à une époque déjà ancienne, lorsque la hiérarchie sociale et les codes culturels étaient fort différents de la situation actuelle de la société française. Contrairement à une société moderne, qui est complexe et qui peut évoluer rapidement, les stéréotypes sont généralement simplistes et invariables — et doivent donc être dépassés.

| Aménagement | Continuité | Stéréotypes |

QUELQUES DIFFICULTÉS LINGUISTIQUES

Dans la section précédente, nous avons vu l'usage des termes « État » et « Administration » en français, qui est différent de celui de l'anglais. Voici quelques autres « pièges » terminologiques dans lesquels il ne faut pas tomber.

En ce qui concerne « libéral(e) » et « le libéralisme », ces termes s'appliquent à la droite politique, alors qu'au Canada et aux États-Unis, les *liberals* sont de gauche. Dans le domaine économique, le contraire du libéralisme, c'est le dirigisme (ou l'étatisme).

Notons également le double sens de « la politique » : *politics* et *policy*. Une « politique économique » se traduit donc par *economic policy*. Pour leur part, les hommes et les femmes politiques sont appelés en anglais des *politicians*.

Le « chauvinisme » est une forme excessive, voire [*even*] agressive, de patriotisme. Il se traduit en anglais par *jingoism*. Notons qu'en français l'adjectif est : « chauvin(e) ». En anglais, le terme *chauvinism* a généralement le sens de « machisme ». Un *chauvinist* est généralement appelé en français un « phallocrate ».

Une secte religieuse, terme généralement péjoratif, correspond à *cult* en anglais. Se comporter de façon sectaire, c'est l'équivalent de *cult-like behavior*. Attention à l'usage de « culte » en français : ce terme, très respectable, correspond à *religion* ou *denomination* en anglais. En français, on parle du culte catholique, musulman, etc. Par contre, l'usage courant de *cult* en anglais — *a cult film* — est semblable en français : « un film culte ».

Au niveau historique, *at that time* se traduit par « à l'époque » ou « à cette époque » (à éviter : « à ce temps »). Pour parler de la période historique actuelle [*current*], on peut utiliser « à notre époque » ou « de nos jours ».

Il faut distinguer entre « étrange » [*strange*] et « étranger / étrangère » [*foreign*]. « À l'étranger » se traduit par *abroad*. La « politique étrangère » correspond à *foreign policy*.

Le terme « race » était couramment utilisé au dix-neuvième siècle, souvent dans le sens de « peuple » ou « groupe ethnique ». De nos jours, il n'est pratiquement plus utilisé, à cause des différentes formes de racisme qui ont produit tant d'atrocités. Alors qu'en anglais, on continue de parler de *racial minorities*, par exemple, en français on parle de « minorités ethniques ». Notons que *the human race* se traduit par « le genre humain ».

Un faux ami (presque) omniprésent : point

What's your point? → Où veux-tu en venir ?

Get to the point. → Venez-en au fait.

What's the point of going on? → À quoi bon continuer ?

At that point → À ce moment-là

My point is... → Ce que je veux dire, c'est que...

She pointed out that... → Elle a signalé / indiqué / précisé / fait remarquer que...

4.9% [four point nine percent] → 4,9 % [quatre virgule neuf pour cent]

Il est vraiment en colère à ce point-là ? → *Is he really that angry? [to that extent]*

sur ce point précis → *on this specific issue*

au point mort → *at a standstill / in neutral*

point final → *full stop*

des points de suture → *stitches*

un point d'interrogation → *a question mark*

un point-virgule → *a semicolon*

Notons aussi les mots liés à « ailleurs » [*elsewhere*] : « d'ailleurs » [*by the way / incidentally*] et « par ailleurs » [*furthermore / otherwise*].

Enfin, un des aspects importants de l'orthographe du français : les majuscules sont beaucoup moins utilisées qu'en anglais. Les langues, par exemple, ne prennent **pas de majuscule** en français. Il n'y a pas de majuscule non plus pour les devises ou les monnaies nationales (un euro, un dollar), les religions (le christianisme, l'hindouisme), les mois (le 8 mai, le 11 novembre), les saisons (le printemps, l'été) et les jours de la semaine (du lundi au dimanche). De même, pas de majuscule pour les adjectifs : un roman canadien, un film américain.

POUR ALLER PLUS LOIN

1) À l'intérieur de l'UE, les Français tendent à se situer par rapport à leurs voisins en faisant référence aux « frontières naturelles ». Quel pays se trouve :

   outre-Pyrénées   _____

   outre-Alpes   _____

   outre-Rhin   _____

   outre-Manche   _____

   Notons également que, par extension, « outre-Atlantique » fait référence au Canada et aux États-Unis.

2) Où est-ce que ces fleuves se jettent ?

   la Seine ____   la Loire ____   le Rhône ____   la Garonne ____

   A. (la mer Méditerranée)   **B.** (la Manche)   **C.** (l'océan Atlantique)

3) Trouvez en ligne des photos de volets. Regardez quelques sites publicitaires des entreprises qui fabriquent et installent les volets. Pourquoi sont-ils si omniprésents en France ?

4) Trouvez en ligne les paroles de « Ma cabane au Canada » (1947) par la chanteuse française Line Renaud (cette chanson a plus récemment été reprise par le chanteur canadien Garou). Que pensez-vous de l'image fort traditionnelle du Canada qui se trouve dans cette chanson ?

5) Trouvez en ligne le clip vidéo de la chanson « US Boy » (2010) par la chanteuse française Jena Lee. Que pensez-vous de l'image de la société américaine qui s'y trouve ?

6) Comparez les lieux de pouvoir de Paris à ceux d'Ottawa et de Washington DC. Quelles sont les principales différences ?

7) Faites des recherches en ligne sur quelques-uns des lieux de mémoire de Paris : le Panthéon, le Mémorial de la Shoah, ainsi que les cimetières du Père-Lachaise et de Montmartre. Y a-t-il des institutions semblables à Ottawa ou à Washington DC ?

8) Dans quelle mesure la devise officielle de la République — Liberté, Égalité, Fraternité — reflète-t-elle des valeurs communément partagées ? Donnez des exemples. Comparez la devise française à celle du Canada, *From Sea to Sea*, et à celle des États-Unis, *In God We Trust* (jusqu'en 1956 : *E Pluribus Unum*).

9) Voici les paroles du premier couplet et du refrain de *La Marseillaise* (« Chant de guerre pour l'armée du Rhin », Rouget de Lisle, 1792). Comparez-les à l'hymne national du Canada et à celui des États-Unis. Tenez compte du contexte historique de chaque hymne.

> Allons enfants de la patrie,
> Le jour de gloire est arrivé !
> Contre nous de la tyrannie
> L'étendard sanglant est levé ! (bis)
> Entendez-vous dans nos campagnes
> Mugir ces féroces soldats ?
> Ils viennent jusque dans vos bras
> Égorger vos fils et vos compagnes !
>
> *Refrain :*
>
> Aux armes, citoyens ! Formez vos bataillons !
> Marchons ! Marchons !
> Qu'un sang impur abreuve nos sillons !

10) D'après vous, à quel(s) pays est-ce que chacune de ces phrases s'applique ? Y a-t-il des distinctions, régionales ou autres, qu'on peut percevoir à l'intérieur de chaque pays ?

    a. Il est plus facile d'établir rapidement des liens d'amitié.
    b. Il y a des niveaux différents de politesse.
    c. L'amitié est en général plus profonde et plus durable.
    d. Les contacts physiques sont moins fréquents et réguliers.
    e. En général, on garde ses distances vis-à-vis de ses voisins.
    f. On garde le même niveau de politesse avec tout le monde.
    g. On distingue nettement entre les amis et les relations / connaissances.
    h. On se serre la main ou on se fait la bise, à chaque fois qu'on se rencontre.
    i. Les relations amicales sont plus détendues et moins fortes.
    j. Les voisins font souvent partie du cercle d'amis.

11) Faites une liste des idées reçues associées aux Français. Puis faites des recherches en ligne au sujet des stéréotypes sur les Canadiens et les Américains (les bucherons et les grands enfants, par exemple) que l'on peut trouver en France. Tous ces stéréotypes ont-ils des traits communs ?

12) À discuter (à deux ou en petits groupes). Voici un certain nombre de valeurs avec lesquelles beaucoup de personnes à travers le monde pourraient s'identifier, à des degrés divers. Sans tomber dans les stéréotypes nationaux, peut-on dire que certaines d'entre elles sont plus valorisées au Canada, aux États-Unis ou en France ? Ces valeurs pourraient-elles être exprimées ou définies différemment dans chaque pays ? Précisons que ces valeurs sont à manier prudemment : elles constituent souvent des idéaux à atteindre plutôt que des pratiques quotidiennes.

- **l'amitié** : plus lente et plus difficile à forger que les simples relations professionnelles ou de voisinage, mais également plus durable ; un ami, sur qui on peut vraiment compter, est donc plus que : « *a friend of mine* » ; le passage de la formalité (la distance sociale) à l'informalité amicale prend du temps et exige des expériences et des goûts partagés.
- **l'amour** : pour qu'il dure, il vaut mieux qu'il soit tempéré de réalisme ; l'amour-passion (ou l'amour fou) est de courte durée ; le plaisir sexuel, passager et ordinaire, n'est pas nécessairement associé à l'amour, qui est plus rare.
- **l'art de vivre** : différent du *way of life* américain, qui est essentiellement économique ; l'art de vivre peut être associé à la conversation (un mélange d'intellectualité, d'empathie et d'esprit [*wit*]) ou à la façon dont on profite du temps de loisirs (se cultiver tout en s'amusant) ; l'art de vivre est également associé au goût (pour l'art, la beauté, etc.), à un style de vie ou à une « passion » qui peut être sportive, esthétique, culinaire (la cuisine raffinée et le bon vin), etc.
- **l'autonomie** : un des aspects de la liberté ; peut être perçue comme un des aspects de l'individualisme ; ne pas toujours dépendre des autres ; pouvoir vivre seul(e), du moins de façon temporaire ; savoir se débrouiller [*manage / get by*] en fonction de la situation ; en cas de besoin, ne pas se conformer aux règles en vigueur (le « système D »).
- **l'individualisme** : une des valeurs suprêmes (le « conformisme » n'a que des connotations négatives) ; il peut correspondre soit à une attitude intérieure, un choix intellectuel ou esthétique, soit à un style de vie ; cependant, l'individualisme doit être associé au sens des responsabilités (la solidarité), au refus de passer pour un « planqué ».

- **l'intellectualité** : la capacité d'analyse *et* de synthèse des idées et des concepts ; la volonté de catégoriser le réel afin de mieux le comprendre ; la raison (le rationalisme), qui était une valeur centrale de la période des Lumières, est associé à l'individualisme ; faire preuve d'intelligence, c'est s'efforcer de penser de façon logique et rationnelle, plutôt que de se laisser dominer par l'émotion.
- **la lucidité** : la volonté de rester réaliste, de ne pas se faire d'illusions ; être lucide, c'est regarder la réalité en face, c'est aussi refuser d'être berné ou d'être « pris pour un con » ; en général, il faut « se méfier des apparences » ; la lucidité est associée au rationalisme, à la capacité d'analyser une situation et d'en tirer des conclusions logiques.
- **le savoir-vivre** : le sens de la retenue (ou de la pudeur) lorsqu'il s'agit d'exprimer une émotion, même forte, en public ; le respect des règles de politesse ou des distances sociales nécessaires (tutoyer ou vouvoyer) ; faire preuve de discrétion ou d'empathie, en fonction des circonstances ; ne pas s'immiscer dans la vie privée d'autrui [others] ; rester digne face aux épreuves ou aux malheurs de la vie.
- **la solidarité** : une valeur sociale qui a beaucoup évolué en fonction des circonstances historiques ; on peut être solidaire envers sa famille élargie (le sens du devoir familial), ses compatriotes (le patriotisme ou le nationalisme), ses coreligionnaires (le culte ou la religion), les membres de sa classe sociale (le syndicalisme ou le communisme), ou encore, de façon plus générale, envers les plus défavorisés de la société (la solidarité est donc associée à l'égalité) ; la solidarité est une valeur essentiellement affective ; elle relève davantage du registre émotionnel, plutôt que du domaine de l'intellectualité.

2 Histoire : la IIIe République

Comme il a été indiqué dans l'introduction, l'année 1870 constitue le point de départ de la partie historique de ce manuel, qui est organisé en fonction du principe suivant : la connaissance de l'arrière-plan [*background*] historique permet de mieux comprendre les évolutions et les transformations de la société française actuelle. La présentation de l'histoire de France depuis 1870 est répartie entre les chapitres 2 et 3. Ce chapitre examinera les événements historiques durant la IIIe République (1870–1940).

Dans un célèbre recueil [*collection*] de poèmes publié en 1872, Victor Hugo a appelé la période qui va d'août 1870 à juillet 1871 — une année de guerre, de révolution et de massacres — « L'Année terrible ». Sur le plan institutionnel, cette période marque la fin du Second Empire de Napoléon III (1852–1870) et le début de la IIIe République (qui durera jusqu'en 1940). Cette « Année terrible » inclut également la première des trois guerres (dont deux guerres mondiales), en moins d'un siècle, entre l'Allemagne et la France. Enfin, on peut considérer que la répression sanglante de la Commune de Paris (mars–mai 1871) met fin à un cycle de bouleversements [*upheavals*] révolutionnaires qui avait commencé en 1789.

CONSIDÉRATIONS PRÉLIMINAIRES

Avant d'examiner la période 1870–1871 en tant que tournant historique, il faut prendre en considération quelques références préalables :

- La guerre de Trente Ans (1618–1648) a décimé une grande partie de l'Europe centrale, et particulièrement le territoire de l'Allemagne actuelle (notons au passage que l'Allemagne, en tant que pays unifié, n'existait pas à l'époque). Une des conséquences de cette guerre est que la France, la grande gagnante de ce long conflit militaire, a agrandi son territoire vers l'est, en particulier dans deux provinces qui allaient plus tard devenir célèbres : la Lorraine et l'Alsace. Cette expansion territoriale sera complétée par l'annexion en 1681 de la ville de Strasbourg (Louis XIV y fera une entrée triomphale). Des territoires de langue allemande et de religion protestante étaient ainsi intégrés au royaume (catholique) de France.

- La guerre de Sept Ans (1756–1763) a mis fin à l'essentiel du premier empire colonial français. En particulier, la France a perdu la plupart de ses territoires coloniaux en Amérique du Nord et en Inde, au profit de la Grande-Bretagne, qui est devenue la principale puissance maritime et géopolitique. À l'exception notable de la conquête de l'Algérie (à partir de 1830), la France ne cherchera plus à conquérir et contrôler un grand empire colonial — jusqu'à la IIIᵉ République.

- Les périodes révolutionnaire (1789–1799) et napoléonienne (1799–1815) ont bouleversé l'Europe et durablement transformé la France. « L'Ancien Régime » d'avant la Révolution était caractérisé par « l'alliance du trône et de l'autel » (de la Monarchie et de l'Église). La Première République, « une et indivisible », n'a pas duré longtemps, mais elle représente dans l'histoire française la proclamation de droits et de valeurs qui sont restées influentes, et qui sont inscrites dans la *Déclaration des droits de l'homme et du citoyen* de 1789. Pour ce qui est de [*Concerning*] la période napoléonienne, on retiendra [*we will note*] ici non pas la série de campagnes militaires meurtrières, mais les institutions durables créées ou réglementées sous les deux régimes politiques (le Consulat et l'Empire) contrôlés par Napoléon Bonaparte : le Code civil, la Banque de France, le franc, les lycées, le baccalauréat, les universités, le cadastre [*public survey of land*], les départements, les préfets, le Conseil d'État, la Cour des comptes, le Concordat, les Chambres de commerce, la Légion d'honneur. Notons également la vente du territoire de la Louisiane [*Louisiana Purchase*] aux États-Unis, en 1803.

- Il faut mentionner ici une des conséquences des guerres de l'Empire napoléonien : les débuts du nationalisme moderne à travers l'Europe, en particulier dans les pays tels que l'Allemagne et l'Italie, qui n'avaient pas encore d'unité politique. À Berlin, alors occupée par les troupes napoléoniennes, le philosophe Johann Gottlieb Fichte a prononcé ses *Discours à la nation allemande* (1807–1808), dans lesquels il préconisait la création d'un État national allemand. Par la suite, le nationalisme allemand a en grande partie été dirigé contre la France, et c'est durant la guerre franco-prussienne — « l'Année terrible » — que l'unité allemande a été réalisée.

- Enfin, pour mieux comprendre l'année 1870 en tant que tournant historique, il faut tenir compte des révolutions et des changements de régime qui se sont succédé depuis 1789. En moins d'un siècle, la France a connu une série d'alternances violentes entre trois régimes constitutionnels : la Monarchie, la République et l'Empire. Voici quelques aspects essentiels de ces alternances :

1789–1799 : la période révolutionnaire

  La fin de « l'Ancien Régime » / la Première République

  La *Déclaration des droits de l'homme et du citoyen* (1789)

  L'égalité civile pour les protestants et les juifs

  La période de la « Terreur » (1793–1794)

  L'abolition de l'esclavage (1794)

1799–1815 : la période napoléonienne (le Consulat / l'Empire / les Cent-Jours)

  Le rétablissement de l'esclavage par Napoléon (1802)

  Voir également ci-dessus : Les périodes révolutionnaire (1789–1799) et napoléonienne (1799–1815)

1815–1830 : la Restauration monarchique

  Le début de la conquête de l'Algérie (1830)

  Les « Trois Glorieuses » journées révolutionnaires (27–29 juillet 1830) sont immortalisées par le tableau d'Eugène Delacroix, *La Liberté guidant le peuple*.

1830–1848 : la monarchie de Juillet (Louis-Philippe, roi des Français)

  Une monarchie « libérale » : la fin de l'absolutisme

  La Révolution française de (février) 1848

  Les journées insurrectionnelles de juin 1848

  Le « Printemps des Peuples » (1848) : une vague de révolutions à travers l'Europe

---

Suite à la page suivante

1848–1852 : la IIe République

L'abolition définitive de l'esclavage (en 1848, sous l'impulsion du député de la Martinique Victor Schœlcher)

En 1848, Louis-Napoléon Bonaparte est élu président de la République, au suffrage universel masculin. Le 2 décembre 1851, il organise un coup d'État et suspend la Constitution, avant de rétablir l'Empire en 1852.

1852–1870 : le Second Empire (Napoléon III, empereur des Français)

La guerre franco-prussienne et la Commune (1870–1871)

1870–1940 : la IIIe République

Déclaration	Consulat	Delacroix	Esclavage

LA FRANCE EN 1870

En 1870, la France était gouvernée par le neveu de Napoléon Ier (1769–1821), Louis-Napoléon Bonaparte (1808–1873), qui avait pris le titre de **Napoléon III**, empereur des Français. La carrière politique de Louis-Napoléon Bonaparte résume une grande partie des transformations constitutionnelles de la France au dix-neuvième siècle. En 1848, il a été élu président de la IIe — et toute nouvelle — République, au suffrage universel masculin (les Françaises devront attendre jusqu'en 1945 pour obtenir le droit de vote). Or, la constitution de la IIe République limitait le président à un seul mandat [*term*] de quatre ans. Louis-Napoléon Bonaparte a donc organisé un coup d'État militaire en 1851, qui lui a permis d'abolir la République et de proclamer le **Second Empire** (en 1852). Un président élu — légalement et démocratiquement — est ainsi devenu un dictateur militaire, sous le nom de Napoléon III. En 1870, battu et fait prisonnier durant la guerre franco-prussienne, Napoléon III a abdiqué, puis a fini sa vie en exil. Notons au passage que la IIe République, qui avait commencé en 1848, n'a pas duré longtemps : elle a été la plus courte des cinq républiques que la France a connues jusqu'à présent.

En tant qu'empereur, Napoléon III n'a pas cherché à dominer militairement l'ensemble de l'Europe, comme l'avait fait son oncle. Il a cependant décidé de participer à la seconde guerre de l'opium (1856–1860), d'intervenir militairement au Mexique (1861–1867) et de commencer à agrandir l'empire colonial français (le Sénégal, Djibouti, la Nouvelle-Calédonie, le Vietnam). Sur le plan économique, le Second Empire a été marqué par de réels progrès (le développement des chemins de fer [*railways*] ; la modernisation des grandes villes). C'est surtout dans la capitale que Napoléon III a effectué des changements qui sont encore visibles à notre époque : sous la direction du préfet du département de la Seine, le baron **Haussmann,** la ville de Paris a été considérablement agrandie et transformée. Les célèbres « grands boulevards » parisiens datent de cette période de l'histoire politique de la France.

De grands travaux à ne pas négliger : les **égouts** [*sewers*] de Paris ont été modernisés durant le Second Empire, ce qui a permis d'améliorer nettement le niveau d'hygiène. De nos jours, une partie de cet énorme réseau souterrain [*underground network*] est accessible aux visiteurs. Pour mieux comprendre le fonctionnement d'une grande ville comme la capitale, il est recommandé de visiter — personnellement ou en ligne — le musée des Égouts de Paris.

Haussmann

Égouts

1870–1871 : LA GUERRE FRANCO-PRUSSIENNE

La Prusse, qui était de loin le plus puissant des États allemands, avait déjà gagné la guerre contre l'Autriche en 1866. Sous la direction du chancelier Otto von Bismarck (1815–1898), elle cherchait à achever l'unité allemande, essentiellement par des moyens militaires. La guerre franco-prussienne a commencé le 19 juillet 1870. Elle a rapidement tourné à l'avantage de l'armée prussienne, la plus disciplinée et la mieux équipée d'Europe. La bataille décisive — une défaite française — a eu lieu le 1ᵉʳ septembre, à Sedan (département des Ardennes, qui fait aujourd'hui partie de la région Grand Est). Le 2 septembre, l'empereur

Napoléon III lui-même a été fait prisonnier, et le Second Empire qu'il dirigeait depuis 1852 s'est effondré presque aussitôt.

À Paris, le 4 septembre, un groupe de députés, dirigé par Léon Gambetta (1838–1882), annonce la déchéance de l'empereur (qui est prisonnier des Prussiens), forme un gouvernement provisoire et proclame la République. Le nouveau gouvernement de la Défense nationale tente de continuer la guerre contre la Prusse, sans succès. Paris est encerclée et assiégée pendant plusieurs mois par l'armée prussienne. Sous le feu de l'artillerie prussienne, à court de vivres, les Parisiens connaîtront la famine. Un armistice est enfin signé le 26 janvier 1871. La guerre prend fin officiellement avec le traité de Francfort, le 10 mai 1871. Elle a coûté la vie à environ 120 000 soldats français et 130 000 soldats allemands.

Du côté prussien, Bismarck choisit un lieu symbolique, la galerie des Glaces du palais de Versailles, pour proclamer l'unification allemande. Le 18 janvier 1871, le roi de Prusse Guillaume Ier devient empereur — le kaiser. Le nouvel Empire allemand unifié, qui devient la puissance dominante de l'Europe continentale, annexe l'Alsace et la Moselle (une partie de la Lorraine). **L'Alsace-Moselle** (couramment appelée l'Alsace-Lorraine) est ainsi séparée de force de la France. La perte de ces départements français ne sera jamais acceptée et sera plus tard une des causes — le revanchisme — de la Première Guerre mondiale.

« **La Dernière Classe** » est la nouvelle [*short story*] la plus célèbre des *Contes du lundi* (1873) d'Alphonse Daudet. Elle raconte, à travers le « récit d'un petit Alsacien », la dernière leçon en français, avant que l'école ne devienne allemande.

Guerre franco-prussienne	Alsace-Moselle	« La Dernière Classe »

LA COMMUNE

Alors qu'une partie de la France est encore occupée, des élections législatives sont organisées le 8 février 1871. La plupart des députés élus, qui représentent souvent des circonscriptions [*districts*] rurales, sont favorables à un retour à la monarchie. Par contre, les députés de Paris sont majoritairement pour la république. La nouvelle Assemblée, installée à Versailles, doit ratifier le traité de paix, qui prévoit entre autres l'annexion de l'Alsace-Moselle par l'Allemagne. Mais les Parisiens s'opposent à l'autorité de l'Assemblée. Du 18 mars au 28 mai, la Commune de Paris, avec près de deux millions d'habitants, se gouverne de façon autonome et lutte contre l'armée des « Versaillais » (contrôlée par la nouvelle Assemblée). Cette courte période de renouvellement de la ferveur révolutionnaire que la ville de Paris avait souvent connue (en particulier en 1789, 1830 et 1848) représente une tentative de démocratie directe, dans laquelle les femmes avaient une place importante (voir ci-dessous l'exemple de Louise Michel). La Commune a cependant été rapidement vaincue par l'armée versaillaise, qui a sauvagement exécuté les derniers communards durant la « Semaine sanglante » (21–28 mai). Au cimetière du Père-Lachaise, le « mur des Fédérés » commémore la répression de la Commune, qui a fait environ 20 000 morts. « L'Année terrible » s'est donc terminé par un massacre à Paris, durant ce qui ressemble à une **guerre civile**.

Louise Michel (1830–1905), une militante féministe et anarchiste, a joué un rôle important durant la Commune. Elle a été arrêtée, puis déportée en Nouvelle-Calédonie. Comme d'autres Communards, elle ne sera amnistiée qu'en 1880. Ses *Mémoires* (1886) constituent un document intéressant sur la Commune et sur la situation des femmes en France au dix-neuvième siècle. Voir également l'entrée « communardes » dans le *Dictionnaire des féministes* (Christine Bard, éd.).

La construction de la **basilique du Sacré-Cœur de Montmartre** (18e arrondissement de Paris) est une des conséquences indirectes de la Commune. Située sur la colline de Montmartre, où les premiers événements liés à la Commune avaient eu lieu (le 18 mars 1871), la basilique représentait la volonté de la droite monarchiste et cléricale, au début de la IIIe République, de stigmatiser symboliquement la Commune et d'établir un nouvel ordre moral et politique. De nos jours, la basilique est un centre à la fois touristique et religieux, qui a l'avantage d'offrir une vue superbe sur la capitale.

La Commune

Louise Michel

Sacré-Cœur

LA IIIᵉ RÉPUBLIQUE

À ses débuts, de 1871 à 1875, la nouvelle République est fragile, car la tentation d'un retour à la monarchie persiste. Cependant, en 1875, trois lois constitutionnelles solidifient la IIIᵉ République. Ses institutions sont différentes de celles de l'éphémère IIᵉ République (1848–1852). Sans doute à cause du précédent néfaste du coup d'État de Louis-Napoléon Bonaparte, le président de la République (le chef de l'État) n'est pas élu directement par les électeurs, et son rôle est purement honorifique. La branche exécutive étant faible, la IIIᵉ République est **parlementaire**, de type bicaméral : la Chambre des députés (actuellement : l'Assemblée nationale) et le Sénat. C'est le chef du Gouvernement (actuellement : le premier ministre) qui dirige la politique du pays. Puisque plusieurs partis politiques sont représentés au Parlement, il faut créer des coalitions pour arriver à une majorité. Les gouvernements sont donc généralement instables et ne durent pas longtemps (une situation qui se renouvellera sous la IVᵉ République). Malgré cette instabilité gouvernementale, la IIIᵉ République durera jusqu'en 1940 (c'est donc la plus longue des cinq républiques de l'histoire de France). Comme nous aurons l'occasion de le constater, plusieurs institutions, lois et traditions de la société française actuelle datent de la IIIᵉ République.

Au bout de la première décennie de la IIIᵉ République française, deux mesures symboliques, qui font référence à la Révolution de 1789, indiquent que le risque d'un retour à la monarchie est écarté : en 1879, *La Marseillaise* redevient l'hymne national ; en 1880, le 14 juillet est déclaré **Fête nationale** (à noter : le terme « *Bastille Day* » est à éviter).

Au niveau scientifique, une des conséquences de la Révolution de 1789, c'est le système métrique, qui a été progressivement adopté à travers le monde. En 1875, à Paris, une douzaine d'États fondateurs ont signé la « Convention du Mètre ». À notre époque, le **Système international d'unités (SI)** est quasi universel (les États-Unis étant pratiquement la seule exception). Le Bureau international des poids et mesures a son siège au pavillon de Breteuil, près de Paris.

IIIᵉ République	Régimes politiques	SI

JULES FERRY

De 1879 à 1885, c'est Jules Ferry (1832–1893) qui domine la vie politique française. Ce républicain convaincu, plusieurs fois ministre, est associé à deux grands projets de la IIIe République : l'Instruction publique (actuellement : l'Éducation nationale) et la colonisation.

En 1881 et 1882, les lois Ferry instituent **l'école gratuite, laïque et obligatoire**. C'est une réforme d'une importance fondamentale qui influencera de façon durable l'évolution de la société française. Alors que l'enseignement, surtout au niveau primaire, avait longtemps été contrôlé par l'Église catholique, à partir des lois scolaires mises en place par Jules Ferry, c'est l'État qui développe progressivement un réseau d'écoles publiques. Les instituteurs [*primary school teachers*] deviennent « les hussards noirs de la République », chargés de répandre la langue française et les valeurs républicaines à travers le pays. Il faut savoir que de nombreux Français, surtout dans les régions rurales, parlaient encore un des différents « patois » (ou langues minoritaires) que les révolutionnaires de 1789 avaient déjà cherché à éliminer. Sous la IIIe République, l'obligation de l'enseignement en français « parisien » à l'école publique a donc transformé la vie locale, jusque dans les plus petits villages. La centralisation, une tendance profonde qui caractérise l'histoire de France, a continué à s'appliquer à la langue, grâce à l'école publique. Le surnom donné aux instituteurs est d'ailleurs révélateur : les hussards étaient des régiments de cavalerie, des troupes d'élite. Vêtus de noir, les instituteurs, formés dans les Écoles normales de la République, avaient pour objectif de faire connaître la langue française et les progrès scientifiques — et de remplacer les prêtres en tant que figures d'autorité et sources de savoir. Les « hussards noirs de la République » étaient métaphoriquement lancés à l'assaut contre l'ignorance et la superstition.

Un manuel scolaire, ***Le Tour de la France par deux enfants*** (1877), a connu un succès public exceptionnellement durable. Le manuel est organisé autour du récit [*narrative*] de deux orphelins qui quittent une ville (de Lorraine) annexée par l'Allemagne. Partis à la recherche de leur oncle, ils vont traverser les différentes régions de la France. À chaque étape [*stage*] de leur voyage, ils vont découvrir l'histoire, la géographie, l'économie et la culture locales. *Le Tour de la France par deux enfants* a aussi pour but de transmettre les valeurs républicaines et patriotiques, ainsi que de représenter la France en tant que pays uni, en dépit de la diversité de ses régions.

Suite à la page suivante

Lois Ferry	« Hussards noirs »	*Le Tour de la France*

Jules Ferry a également joué un rôle crucial dans la promotion de l'impérialisme colonial. Rappelons que Ferry faisait partie de la gauche républicaine, comme la plupart de ceux qui le soutenaient. Paradoxalement, la droite conservatrice, encore en grande partie de tendance monarchiste, n'était initialement pas favorable à l'expansion coloniale. Les hommes politiques de droite voulaient surtout que la France se prépare militairement à la **Revanche** contre l'Allemagne, à la reconquête de l'Alsace-Moselle. Pour eux, il fallait surtout que les Français gardent les yeux fixés sur la « ligne bleue des Vosges » (les montagnes qui formaient la frontière entre la France et l'Allemagne depuis 1871). Pour ceux qui, comme Ferry, souhaitaient que la France redevienne une puissance coloniale, la justification était double : la France avait une « **mission civilisatrice** » en Afrique et en Asie ; elle deviendrait plus forte, économiquement et politiquement, et ainsi mieux préparée à l'avenir face à l'Allemagne. Sous l'autorité de Jules Ferry, la France a commencé à conquérir un nouvel **empire colonial**, qui deviendra rapidement le deuxième du monde. Notons qu'en pratiquant une politique impérialiste en Afrique et en Indochine, la IIIe République était en contradiction directe avec ses propres valeurs — Liberté, Égalité, Fraternité — héritées de la Révolution de 1789.

La **politique d'expansion coloniale** mise en œuvre [*implemented*] par Jules Ferry n'était pas unanimement acceptée parmi les représentants de la gauche républicaine. Dans un discours [*speech*] à la Chambre des députés, le 30 juillet 1885, Georges Clemenceau s'est opposé à l'argumentation de Ferry, qui avait affirmé que la France et d'autres pays européens avaient le « droit de civiliser les races inférieures » (voir le chapitre 5 du livre de Mona Ozouf au sujet du débat entre Ferry et Clemenceau).

Nous reparlerons de la colonisation (et de la décolonisation) au chapitre suivant. Notons ici qu'à la fin du dix-neuvième siècle et au début du vingtième siècle, plusieurs pays européens ont cherché à créer ou à agrandir leur propre empire colonial. En dehors de l'Europe, deux autres pays ont suivi une politique d'expansion impérialiste : les États-Unis (la guerre contre l'Espagne en 1898) et le Japon (la guerre contre la Russie en 1905). La vague de conquêtes coloniales a été particulièrement massive en Afrique : c'était la période de la « ruée » [*Scramble for Africa*]. À la **conférence de Berlin** (1885), les principales puissances européennes avaient pour objectif de se partager les vastes territoires de l'Afrique. Au début du vingtième siècle, la quasi-totalité du continent africain, à l'exception de l'Éthiopie, était conquise et colonisée.

| Empire | Mission | Ferry | Berlin |

(RE)DÉFINIR LA NATION

Une des conséquences de la perte de l'Alsace-Moselle a été un débat intellectuel, en France et en Allemagne, sur la définition de la nation. Rappelons que la nation au sens moderne commence à la Révolution française de 1789, lorsque la devise « Vive la nation » était le cri de ralliement des révolutionnaires, par opposition au cri « Vive le roi » des monarchistes. La nation et le peuple devenaient ainsi les nouvelles sources de légitimité, à la place de la monarchie et du régime aristocratique. Les sujets du roi étaient remplacés par les citoyens de la République. Au cours du dix-neuvième siècle, le développement du **nationalisme** a été une des tendances profondes à travers l'Europe, avec la création de nouveaux États-nations (l'Allemagne, l'Italie). Avec le temps, le nationalisme est devenu une force agressive en Europe et ailleurs, chaque État-nation cherchant à s'agrandir aux dépens [*at the expense of*] des autres.

L'annexion par la force de l'Alsace-Moselle par le nouvel Empire allemand a été justifiée par, entre autres, un célèbre historien allemand, Theodor Mommsen (qui obtiendra en 1902 le prix Nobel de littérature). Dans un court article publié en 1870, « L'Alsace est-elle allemande ou française ? Réponse à M. Mommsen (professeur à Berlin) », l'historien français Fustel de Coulanges a affirmé que les Alsaciens, bien que majoritairement protestants et de langue allemande, désiraient rester français. **Deux conceptions de la nation** étaient l'objet de cette polémique :

- une nation essentiellement ethnique, organisée autour de la langue, de la religion, voire [*even*] de la « race » ;
- une nation fondée par la volonté, l'assentiment de ses citoyens, c'est-à-dire organisée en fonction des valeurs de la Révolution de 1789.

En 1882, un autre historien français, Ernest Renan (1823–1892), a donné une conférence à la Sorbonne qui de nos jours est encore célèbre (et facile à trouver en ligne). Dans « **Qu'est-ce qu'une nation ?** », Renan reprend la conception de la nation en tant qu'association volontaire de ses citoyens. Plutôt que [*rather than*] la langue ou le groupe ethnique, l'unité d'un peuple dépend davantage [*more*] de ses valeurs. La guerre franco-prussienne n'étant pas lointaine, Renan insiste néanmoins [*nevertheless*] sur l'importance d'un passé commun — et de souffrances communes : « Je disais tout à l'heure : 'avoir souffert ensemble' ; oui, la souffrance en commun unit plus que la joie. En fait de souvenirs nationaux, les deuils valent mieux que les triomphes, car ils imposent des devoirs, ils commandent l'effort en commun. »

Il faut noter que les deux courts textes de Fustel de Coulanges et de Renan reflètent leur contexte historique et ne sont pas nécessairement représentatifs de leurs œuvres respectives (voir à ce sujet les ouvrages de François Hartog). Ils indiquent cependant que la question de l'Alsace-Moselle a continué à influencer la vie intellectuelle et surtout politique en France au cours de la IIIᵉ République. Les deux conceptions de la nation évoquées par les historiens seront plus tard au centre de nouveaux débats, en particulier durant l'affaire Dreyfus.

LA BELLE ÉPOQUE

Après « l'Année terrible », la France, et plus généralement l'Europe de l'Ouest, a connu une période relativement longue de paix — jusqu'en 1914. Cette période n'était pas sans tensions militaires, mais pour l'essentiel, les puissances européennes ont déplacé leurs rivalités internes vers l'extérieur : l'expansion coloniale, en particulier la « **ruée vers l'Afrique** », a remplacé les affrontements armés à l'intérieur de l'Europe. En France, la période qui précède le traumatisme historique de la Première Guerre mondiale (1914–1918) est appelée la Belle Époque (en anglais, on utilise plutôt le terme *Second Industrial Revolution*). Notons que s'il est clair que la Belle Époque prend fin en 1914, les historiens ne sont pas tous d'accord sur la date de ses débuts : 1870, 1880, 1889 ou 1900 ? Nous prendrons ici l'année 1880 pour point de départ, c'est-à-dire le moment où la IIIᵉ République se stabilise, n'étant plus sous la menace directe d'une restauration monarchique.

Irène et Marie Curie

Source : Wikimedia Commons / CC-BY-4.0

La Belle Époque, comme son nom l'indique, est le plus souvent considérée comme une période positive de l'histoire de France. C'est une période de paix, de progrès scientifiques et économiques, de prestigieuses réalisations culturelles et de relative stabilité institutionnelle. Pour une large part, **l'image traditionnelle de la France**, telle qu'elle est souvent perçue à l'étranger, date de cette période : la peinture impressionniste, le raffinement de l'art culinaire, la tour Eiffel (l'Exposition universelle de 1889), le cinéma (1895), le métro parisien (1900), le Tour de France (1903), la prépondérance de la bourgeoisie citadine (par opposition au monde paysan traditionnel), le rayonnement culturel de la capitale française, le prestige du monde littéraire et intellectuel, mais aussi les affrontements sociopolitiques qui ont caractérisé l'affaire Dreyfus (1894–1906) et la loi de séparation des Églises et de l'État (la laïcité, 1905).

À travers le monde, la fin du dix-neuvième siècle et le début du vingtième siècle sont marqués par une vague sans précédent de découvertes scientifiques et d'innovations technologiques, qui ont pour effet d'élever le niveau économique et de transformer la vie quotidienne dans de nombreux pays : l'automobile, l'avion, le téléphone, l'éclairage électrique, le cinéma, etc. Les progrès scientifiques, ainsi que les améliorations socioéconomiques, produisent une vague d'optimisme historique, en France comme ailleurs. Comme on le verra ci-dessous, la Première Guerre mondiale illustrera au contraire le côté sombre des avancées technologiques et industrielles.

Quelques événements importants de la Belle Époque

En 1883, l'**Alliance française** est créée, avec pour objectif de faire rayonner la langue et la culture françaises, à travers un réseau d'écoles et d'instituts progressivement établi à travers le monde.

Dans le domaine scientifique, la fondation de l'Institut Pasteur (1887) et celle de l'Institut Curie (1909) constituent des événements notables. **Louis Pasteur** (1822–1895), dont le nom est évidemment associé au procédé de la pasteurisation, est célèbre pour avoir mis au point un vaccin contre la rage [*rabies*]. L'Institut Pasteur est devenu un des grands centres de recherche médicale au niveau mondial. **Marie Curie** (1867–1934) a obtenu le prix Nobel de physique en 1903 (avec son époux, Pierre), ainsi que le prix Nobel de chimie en 1911. Elle est honorée au **Panthéon** pour ses contributions exceptionnelles à la recherche scientifique.

Dès ses débuts, l'innovation technologique des **frères Lumière** (Auguste et Louis) a connu un succès public remarquable. En 1895, les frères Lumière ont présenté à Paris leur invention, le « cinématographe », qui a projeté à l'écran le premier film de l'histoire : *La Sortie de l'usine Lumière à Lyon* (muet ; en noir et blanc ; durée : une minute). Le cinéma va rapidement constituer une industrie (avant de devenir un art) à l'échelle internationale, qui sera largement dominée par la production française — jusqu'en 1914.

Dans le domaine du sport et de l'éducation physique, les débuts des **Jeux olympiques** modernes (en 1896, sous l'impulsion de Pierre de Coubertin) et du **Tour de France** cycliste (en 1903) sont à noter.

Dans la capitale, la Belle Époque est marquée par de grandes cérémonies républicaines. En 1885, deux millions de personnes ont assisté aux funérailles nationales et à la « panthéonisation » de **Victor Hugo**, qui était devenu un symbole de la IIIe République. En 1889, le centenaire de la Révolution française a été commémoré par une Exposition universelle, à l'occasion de laquelle la **tour Eiffel** a été construite. En 1900, l'Exposition universelle a attiré 50 millions de visiteurs. La première ligne du **métro de Paris** a été inaugurée à cette occasion.

La journaliste **Marguerite Durand** (1864–1936), une pionnière du féminisme, a fondé le premier journal quotidien entièrement dirigé par des femmes : *La Fronde*, publié de 1897 à 1903 (voir le livre d'Élizabeth Coquart). Rappelons qu'à cette époque, non seulement les femmes n'avaient pas le droit de vote, mais de plus, le droit au travail, sous certaines conditions, leur était interdit (en particulier le travail de nuit, qui est pourtant indispensable au fonctionnement d'un journal quotidien). De nos jours, la Bibliothèque Marguerite Durand (13e arrondissement de Paris) est consacrée à l'histoire des femmes et du féminisme.

La loi du 1er juillet 1901 est bien connue de tous ceux qui adhèrent à [*join*] une association à but non lucratif [*not for profit*]. Une « **association loi de 1901** » peut être sportive, culturelle, caritative, politique, scientifique, etc. Le secteur associatif français est aujourd'hui très développé : il y a environ 1,3 millions d'associations loi de 1901, auxquelles participent plus de 15 millions de bénévoles [*volunteers*].

Le **Parti radical**, officiellement créé en 1901, est le plus ancien parti politique de France. À l'origine, il est surtout anticlérical (opposé au pouvoir politique de l'Église) et antimonarchiste. C'est le Parti radical qui a dominé la vie politique durant la plus grande partie de la IIIe République. **Attention à ce faux ami :** ce parti politique, essentiellement bourgeois et modéré, n'était pas « *radical* » au sens où on l'entend en anglais.

Blaise Diagne (1872–1934), après une carrière dans l'administration coloniale, a été élu député du Sénégal en 1914. Homme politique assimilationniste, il est un représentant emblématique des « quatre communes » sénégalaises (Dakar, Gorée, Rufisque et Saint-Louis) dont les habitants avaient la nationalité française.

Suite à la page suivante

Alors que la Belle Époque était caractérisée par les progrès scientifiques et économiques, la plupart des ouvriers subissaient des **conditions de travail** épouvantables [*appalling*]. Les luttes syndicales [*labor union struggles*] avaient pour but d'améliorer les salaires et de réduire la durée de la journée de travail (qui était parfois de 14 heures par jour). Ces luttes ont été marquées par la répression militaire et par des massacres. Le 1er mai 1891, la **fusillade de Fourmies** (département du Nord) a fait plusieurs morts et des dizaines de blessés. Les **grèves de Carmaux** (département du Tarn) de 1892–1895 ont marqué l'histoire du syndicalisme et du socialisme français.

| Lumière | Cyclisme | Durand | Diagne |

L'AFFAIRE DREYFUS, L'ANTISÉMITISME ET LA LAÏCITÉ

En dépit du fait qu'elle a duré plus longtemps — 70 ans — que toutes les autres républiques françaises, la IIIᵉ République a connu plusieurs scandales financiers et crises politiques, y compris [*including*] durant la Belle Époque : le boulangisme (1885–1890), le scandale de Panama (1892–1893) et surtout l'affaire Dreyfus (1894–1906), qui sera très brièvement examinée ici.

En 1894, le capitaine de l'armée française Alfred Dreyfus (1859–1935), juif d'origine alsacienne, est accusé d'avoir livré aux Allemands des secrets militaires. Il est jugé par une cour militaire, condamné à perpétuité [*life sentence*] et déporté au bagne [*penal colony*] de l'île du Diable (Guyane). Plus tard, il sera révélé que le véritable traître était un autre officier militaire. Néanmoins, l'état-major (le haut commandement de l'armée) refuse de reconnaître **l'erreur judiciaire** [*miscarriage of justice*]. En 1898, le romancier [*novelist*] Émile Zola publie dans un journal quotidien (*L'Aurore*) un article dont le titre est le plus célèbre de l'histoire du journalisme français : « **J'accuse !** ». Dans cet article détaillé, Zola accuse plusieurs officiers militaires et hommes politiques français non seulement d'avoir condamné un homme innocent, mais aussi d'avoir tenté d'étouffer [*cover up*] l'erreur judiciaire.

À la suite de l'article de Zola, l'affaire Dreyfus, un scandale judiciaire qui concernait l'innocence d'un seul homme, devient « l'Affaire », une crise politique et institutionnelle qui menace la stabilité de la IIIᵉ République. La France se divise rapidement en « dreyfusards » (partisans de l'innocence de Dreyfus) et « antidreyfusards » (qui affirment que Dreyfus est coupable). Parmi les antidreyfusards, on trouve l'essentiel de la hiérarchie militaire, de l'Église catholique et de la droite politique. Parmi les dreyfusards, on trouve la plupart de la gauche politique et une nouvelle catégorie, les « intellectuels ». À travers les débats envenimés sur « l'Affaire », deux conceptions de la France s'opposent :

- une nation traditionaliste — monarchiste et cléricale — construite sur le modèle ethnico-religieux (les antidreyfusards) ;
- une république laïque qui respecte et développe les valeurs issues de la Révolution de 1789 (les dreyfusards).

Notons au passage que ces deux conceptions rappellent en partie celles qui sont brièvement présentées dans la section « (Re)définir la nation » (voir plus haut). Notons également que l'évolution de « l'Affaire » a révélé un fort courant antisémite parmi l'opinion publique française durant la Belle Époque. En France (comme ailleurs en Europe), l'antisémitisme existait évidemment bien avant la condamnation de Dreyfus. En 1886, par exemple, le pamphlet antisémite d'Édouard Drumont, *La France juive*, avait connu un succès public considérable. Mais l'affaire Dreyfus a sans doute constitué un des pires épisodes de l'antisémitisme, qui recommencera à se manifester en France, avec virulence, à la fin des années 1930 (voir plus bas).

Au bout de multiples rebondissements [*unexpected developments*], Alfred Dreyfus a été gracié par le président de la République, avant d'être officiellement exonéré en 1906. Il a été réintégré dans l'armée française et a participé à la Première Guerre mondiale. Au-delà de [*Beyond*] son innocence, qui a fini par être [*ended up being*] unanimement reconnue, les conséquences de « l'Affaire » sont fondamentalement importantes. Les institutions républicaines ont été renforcées et la droite réactionnaire a été durablement affaiblie. La plupart des nationalistes, y compris ceux qui préconisaient [*advocated*] le revanchisme contre l'Allemagne, ont fini par accepter la démocratie parlementaire.

L'affaire Dreyfus, en accentuant l'opposition entre la gauche républicaine et la droite monarchiste et cléricale, a indirectement contribué à l'adoption d'une loi qui est devenue un des principes constitutionnels les plus importants de la République française : la laïcité. En **1905**, la loi de séparation des Églises et de l'État a mis fin au Concordat établi par Napoléon Iᵉʳ en 1801. Désormais [*Henceforth*], la République laïque ne favorise aucune religion spécifique et reconnaît officiellement la **liberté de conscience** (ce qui inclut la liberté de n'avoir aucune croyance religieuse). Nous reparlerons de ce sujet au chapitre 9.

L'invention des « intellectuels » est une des conséquences à long terme de l'affaire Dreyfus. **Maurice Barrès** (1862–1923) était un des écrivains les plus célèbres de la Belle Époque. Revanchiste, il voulait que les Français gardent les yeux fixés sur « la ligne bleue des Vosges ». Il était aussi un antidreyfusard fervent (*Scènes et doctrines du nationalisme*, 1902). Par dérision, il appelait les dreyfusards des « intellectuels » abstraits et détachés de la réalité de la vie nationale (qui devait être ressentie plutôt que pensée). Une de ses principales cibles [*targets*] polémiques était évidemment **Émile Zola** (1840–1902), l'auteur de l'article « J'accuse ! » qui avait relancé l'affaire Dreyfus. En cherchant à démontrer l'innocence d'Alfred Dreyfus, et en faisant appel à l'opinion publique, Zola incarnait la figure de l'écrivain « engagé » qui tente de lutter contre l'injustice (une tradition qui remonte à Voltaire). Le débat d'idées et de valeurs entre Barrès et Zola annonce d'autres débats entre écrivains qui auront lieu plus tard, par exemple entre Albert Camus et Jean-Paul Sartre (qui insistera sur la nécessité de « l'engagement »). En ce qui concerne le terme « intellectuel », il deviendra une marque d'honneur pour de nombreux écrivains. Quant à [*As for*] Zola, il aura une victoire posthume en 1908, en étant honoré au Panthéon.

Un épisode tragicomique : la mort de **Félix Faure** (1841–1899). Faure a été élu président de la République en 1895. C'est à lui que Zola s'est adressé dans son célèbre article, « J'accuse ! ». Rappelons que la IIIe République était parlementaire, et que le rôle du président (le chef de l'État) était essentiellement honorifique. Si la carrière politique de Faure a laissé peu de traces historiques, les circonstances de sa mort au palais de l'Élysée — à la suite d'ébats sexuels avec sa maîtresse — sont restées mémorables. Cette association de la mort et de la sexualité a suscité des plaisanteries grivoises [*bawdy*] : « Il voulait être César. Il ne fut que Pompée. »

Zola-Barrès

« J'accuse ! »

Faure

LA PREMIÈRE GUERRE MONDIALE

Comme on l'a vu plus haut, pendant la Belle Époque, les principales puissances européennes ont déplacé leurs rivalités internes vers l'expansion coloniale, surtout en Afrique. Mais ces rivalités politiques n'ont pas disparu et menaçaient souvent de devenir des affrontements militaires. La situation était particulièrement dangereuse à cause des alliances qui risquaient de transformer un conflit local en une guerre généralisée. C'est exactement ce qui s'est passé en août 1914 :

- La France était alliée avec la Grande-Bretagne et, moins logiquement, l'Empire russe. Plus tard, d'autres pays ont rejoint cette alliance, par exemple l'Italie et les États-Unis. La France et la Grande-Bretagne ont également mobilisé des troupes venant de leurs empires coloniaux.
- L'Allemagne était surtout alliée à l'Autriche-Hongrie, ainsi qu'à l'Empire ottoman.

La Première Guerre mondiale marque la fin de la Belle Époque et le triomphe du nationalisme chauvin en Europe et à travers le monde. De l'enthousiasme (ou la résignation) du départ des troupes en août 1914 jusqu'au 11 novembre 1918 (l'armistice), **la Grande Guerre ou la « Der des Ders »** [*the war to end all wars*] a ravagé et décimé l'Europe. À la première page de *Prélude à Verdun*, un des 27 volumes de son cycle romanesque, *Les Hommes de bonne volonté* (1932–1946), Jules Romains souligne l'immensité de la tragédie historique qui a débuté le 2 août 1914 : « Jamais tant d'hommes à la fois n'avaient dit adieu à leur famille et à leur maison pour commencer une guerre les uns contre les autres ». Il n'est pas question ici de suivre le détail des opérations militaires ni de dresser la liste des batailles. Nous aborderons cependant les conditions pour les soldats dans les tranchées, ainsi que les effets de la guerre à l'arrière. Nous examinerons surtout les conséquences de ce long conflit meurtrier.

L'assassinat de **Jean Jaurès**, le 31 juillet 1914, marque la fin de tout espoir d'éviter la guerre. Le célèbre homme politique socialiste était le principal opposant à l'entrée en guerre de la France. Après sa mort, le plus grand parti politique de gauche, la SFIO (Section française de l'Internationale ouvrière) s'est rallié à « l'Union sacrée » — c'est-à-dire à la guerre. Jaurès sera honoré, bien tardivement, au Panthéon en 1924.

Grâce aux innovations technologiques qui avaient caractérisé la Belle Époque, le niveau de violence et de mortalité de la Grande Guerre était sans précédent. Le premier grand conflit moderne et scientifique a vu l'utilisation des mitrailleuses lourdes, des premiers tanks, des bombardements aériens, de l'artillerie à longue portée, des lance-flammes et des gaz asphyxiants. Pendant la plus grande partie de la guerre, les soldats ont subi l'absurdité des attaques et contre-attaques continuelles, qui le plus souvent n'aboutissaient à [*did not lead to*] aucune percée décisive. La Première Guerre mondiale était essentiellement une guerre de position, une guerre statique qui obligeait les combattants à passer de longues périodes dans des tranchées boueuses et puantes [*muddy and smelly*], où abondaient les rats et les poux [*lice*]. Pendant les offensives, qui étaient nombreuses, les morts se comptaient — quotidiennement — par dizaines de milliers. Nous ne citerons ici que deux exemples : durant la seule journée du 22 août 1914, environ 27 000 soldats français sont morts sur les champs de bataille ; pendant la première journée de la bataille de la Somme, le 1er juillet 1916, près de 20 000 soldats britanniques ont été tués. Comme l'a dit le romancier Romain Rolland, un des rares pacifistes de l'époque : « La civilisation d'Europe sent le cadavre » (« Aux peuples assassinés », 1916).

> Du côté allemand, les pertes étaient tout aussi sévères. En 1914, les 3 600 soldats du « régiment List » (du nom de son premier commandant) ont participé à la **première bataille d'Ypres**. À la fin de la bataille, environ 600 hommes restaient debout. L'un d'eux s'appelait Adolf Hitler. Contrairement à beaucoup d'autres soldats, il n'est pas devenu un pacifiste après la Première Guerre mondiale.

Les soldats français étaient appelés les « poilus ». Au front, ils faisaient face aux « Boches », un terme péjoratif pour les Allemands qui était couramment utilisé à l'époque. Parmi les innombrables batailles de la Grande Guerre, nous évoquerons brièvement ici celle de **Verdun** en 1916, longtemps appelée « la plus terrible bataille de l'histoire ». Par sa durée (10 mois), par le nombre de morts et de blessés (environ 700 000), par le nombre d'obus [*shells*] qui sont tombés sur le champ de bataille (53 millions), par la destruction totale du paysage et de villages entiers, « l'enfer de Verdun » a laissé une trace durable dans la mémoire historique française. Le fort de Douaumont, pris par les soldats allemands et repris par les soldats français, est devenu célèbre. Le commandant français à Verdun, le futur maréchal Philippe **Pétain**, est devenu un héros national (malheureusement, son rôle sera moins glorieux durant la Seconde Guerre mondiale).

Le champ de bataille de Verdun, de nos jours

Source : Wikimedia Commons

De nombreux termes, argotiques ou non, étaient associés aux **poilus** de la Première Guerre mondiale. Le sens de certains de ces termes est indiqué ici. Il est recommandé de trouver en ligne le sens des autres :

les boyaux (tranchées) / la boue / l'attente / le cafard (la déprime) / l'odeur / les totos (poux) / les gaspards (rats) / le froid / les marmites (obus) / la Rosalie (baïonnette) / les nettoyeurs de tranchées (voir le film de Bertrand Tavernier, *Capitaine Conan* [1996]) / le bruit / la soupe / becqueter / le singe / la rata / le jus / la gnôle / la Madelon / un défilé / le bourrage de crâne / la chair à canon / le casse-pipe / un macchabée / les gueules cassées

Jaurès

Verdun

Capitaine Conan

Poilus

Comme c'est souvent le cas lors d'un long conflit militaire, la Grande Guerre a créé (ou intensifié) un certain nombre d'oppositions ou de divisions à l'intérieur de la société française :

- Le front et l'arrière : Évidemment, il faut d'abord distinguer entre les conditions de vie (et de mort) des soldats au front et la situation plus enviable de la population civile à l'arrière. Cependant, « ceux de l'arrière » subissaient une situation économique fortement dégradée, ainsi que la crainte constante de recevoir la notification du décès au front d'un membre de la famille.
- Les valides [*unharmed*] et les blessés [*wounded*] : À la fin de la guerre, les mutilés (les anciens soldats qui avaient perdu un bras ou une jambe, par exemple) se comptaient par centaines de milliers. Parmi ceux-ci, il y avait les milliers de blessés de la face ou « **gueules cassées** ». La chirurgie maxillo-faciale a fait ses débuts (de nos jours, on parle plutôt de chirurgie esthétique).
- Les simples soldats et les officiers : Il y avait une hiérarchie sociale au front, comme à l'arrière. Rappelons que les distinctions sociales (entre bourgeois, ouvriers ou paysans) étaient plus rigides à cette époque.
- Les paysans et les citadins : En 1914, la France était encore un pays largement agricole. Le départ des hommes (et des chevaux) vers le front a eu des conséquences sévères sur les conditions de travail dans les fermes.
- Les femmes et les hommes : La guerre a créé de nouveaux emplois — les munitionnettes — et de nouveaux rôles sociaux pour de nombreuses femmes. Cependant, dans la plupart des cas, ces femmes ont dû abandonner leurs emplois après la fin des conflits. Contrairement à d'autres pays (comme les États-Unis en 1920), les Françaises n'ont pas obtenu le droit de vote après la Première Guerre mondiale. Au contraire, comme nous le verrons au chapitre 10, en 1920 une loi a réduit les droits des femmes, en pénalisant la contraception et l'avortement.

La Première Guerre mondiale a transformé l'Europe :

- la chute des empires allemand, autrichien, ottoman et russe
- une redistribution des empires coloniaux allemand et ottoman, au profit de la France et de la Grande-Bretagne
- l'Allemagne a été battue, mais la guerre n'a pas eu lieu sur son territoire ; le développement du revanchisme

- la Révolution russe (1917) ; l'Union soviétique (URSS)
- une montée des nationalismes ; des pays nouvellement indépendants en Europe de l'Est
- l'intervention dans la guerre des États-Unis (en 1917), mais un retrait isolationniste dans les années 1920
- le traité de Versailles (1919) ; la création de la Société des Nations (dont le siège se trouvait à Genève)

« Gueules cassées »	Munitionnettes	Conséquences

Pour la France, la Grande Guerre a été une victoire atrocement coûteuse : 1,4 million de morts ; le double de blessés. Le total des pertes (morts, blessés, mutilés, disparus) représente environ 11 % de l'ensemble de la population française. La guerre a donc produit une « saignée » démographique : une génération de jeunes hommes a été décimée. Longtemps après la fin de la guerre, les mutilés, et en particulier les « gueules cassées », constituaient des rappels vivants des souffrances subies pendant le conflit meurtrier. Les régions du nord et de l'est de la France, où les plus sanglants combats avaient eu lieu, étaient dévastées à la fin de la guerre. Pendant des années, une grande partie du territoire était désignée « zone rouge » et donc interdite aux civils : il fallait d'abord enlever les milliers de cadavres (humains et animaux) et d'obus non explosés. Le principal objectif de la guerre a cependant été atteint : l'Alsace et la Moselle (Lorraine) sont redevenues françaises.

Il y a là un grand changement. Les hommes ont fait beaucoup de guerres, ont eu souvent à connaître la victoire, la défaite. Jamais, avant de célébrer la victoire, ils n'ont été gênés à ce point par la pensée des morts. C'est pourtant cette fois-ci une bien grande victoire ; la plus grande, en un sens, qu'il y ait jamais eu. Oui, mais c'est peut-être aussi qu'il n'y a jamais eu tant de morts. Dans cette mathématique de la folie humaine, il doit exister des limites qu'il est imprudent de franchir. Les proportions se disloquent. Le poids des morts grandit plus vite que la fierté des vainqueurs. Le tas de morts monte plus vite que le trophée. La victoire a beau grandir, elle ne réussit plus à rattraper les morts.

Jules Romains : *Vorge contre Quinette* (1939)

Les massacres et les destructions de la guerre ont également suscité, en France et ailleurs, de nombreuses (et conflictuelles) réactions socioculturelles et politiques : un sentiment général de culpabilité, des commémorations triomphalistes, un immense désir d'oubli et de changement, une volonté de **pacifisme**. Pendant et après la guerre, il y avait la chanson contestataire « La Chanson de Craonne ». Dans le domaine littéraire et artistique, on peut citer le cas des Surréalistes, qui rejetaient les valeurs bourgeoises, positivistes et scientistes d'avant-guerre, responsables, selon eux, du désastre guerrier. Parmi d'autres commentaires, celui du poète Paul Valéry reste mémorable : « Nous autres, civilisations, nous savons maintenant que nous sommes mortelles. [...] Tout ne s'est pas perdu, mais tout s'est senti périr » (« La Crise de l'esprit », 1919). En Allemagne, la série de gravures d'Otto Dix, *Der Krieg* (1924), est impressionnante. En Grande-Bretagne, citons par exemple la *war poetry* de Wilfred Owen ou de Siegfried Sassoon. Voir également le poème de l'officier canadien John McCrae, « *In Flanders Field* » (la **deuxième bataille d'Ypres**, 1915).

Des films à noter :

Les Croix de bois (1932), de Raymond Bernard

J'accuse (1919 / 1938), d'Abel Gance

La Grande Illusion (1937), de Jean Renoir

La Vie et rien d'autre (1989), de Bertrand Tavernier

Capitaine Conan (1996), de Bertrand Tavernier

La Chambre des officiers (2001), de François Dupeyron

Un long dimanche de fiançailles (2004), de Jean-Pierre Jeunet

Joyeux Noël (2005), de Christian Carion

Des romans à noter :

Henri Barbusse : *Le Feu : journal d'une escouade* (1916)

Georges Duhamel : *Civilisation* (1919)

Erich Maria Remarque : *À l'Ouest, rien de nouveau* (1929)

Blaise Cendrars : *La Main coupée* (1946)

Maurice Genevoix : *Ceux de 14* (1949)

Jean Rouaud : *Les Champs d'honneur* (1990)

En ce qui concerne les **bandes dessinées (BD)**, l'œuvre de Jacques Tardi est particulièrement significative. Voir par exemple : *Le der des ders* (1997) et *Putain de guerre !* (2008–2009).

Ypres	War Poetry	*La Grande Illusion*	Tardi

Dès la fin du conflit, des **monuments aux morts** ont été érigés, dans presque toutes les 36 000 communes [*municipalities*] de France. Un des monuments les plus connus, l'ossuaire de Douaumont, commémore les soldats tués lors de la bataille de Verdun. En 1984, le président de la République François Mitterrand et le chancelier allemand Helmut Kohl se sont tenu la main pendant une cérémonie à l'ossuaire de Douaumont. Soixante-dix ans après le début de la Première Guerre mondiale, et une quarantaine d'années après la fin de la Seconde, ce geste simple mais significatif symbolisait la réconciliation franco-allemande. Un autre symbole mémoriel très connu se trouve à Paris, à l'Arc de Triomphe : la flamme du tombeau du soldat inconnu.

On trouve en France de nombreux monuments aux soldats venus d'autres pays pour combattre aux côtés des soldats français. Pour le Canada, la bataille de la crête de Vimy (9–12 avril 1917), dans le département du Pas-de-Calais, est particulièrement notable. La bataille est commémorée par le Mémorial de Vimy, qui est le plus grand monument aux morts canadien de la Première Guerre mondiale. Pour les États-Unis, le cimetière de Meuse-Argonne, avec son Mémorial, est un des lieux de mémoire les plus importants de la Grande Guerre.

La « **grippe espagnole** », une conséquence de la Première Guerre mondiale, a été la pandémie la plus mortelle de l'histoire. À cause des brassages ou mélanges de populations (les troupes américaines et canadiennes, ainsi que celles qui venaient des empires coloniaux de la France et de la Grande-Bretagne), la pandémie de grippe (dite, à tort, « espagnole ») de 1918-1919 a tué au moins 50 millions de personnes à travers le monde.

Le nombre sans précédent de familles endeuillées [*in mourning*], qui souhaitaient désespérément entrer en contact avec leurs proches tombés sur les champs de bataille, a permis au **spiritisme** de connaître un renouveau après la Première Guerre mondiale.

Suite à la page suivante

Vimy

Meuse-Argonne

Grippe

L'ENTRE-DEUX-GUERRES

Après la « Der des Ders », durant ce qu'on n'appelait pas encore l'entre-deux-guerres, il y a eu une grande vague d'immigration vers la France. Environ **trois millions d'immigrés**, surtout originaires de l'Europe du Sud et de l'Est, sont arrivés pour compenser le manque de main-d'œuvre [*labor shortage*], une des conséquences de l'hécatombe [*slaughter*] de la Grande Guerre. Un film de Jean Renoir, *Toni* (1935), dont l'intrigue [*plot*] est située dans le sud de la France, reflète la nouveauté relative de ce nouveau brassage de langues et de cultures.

En France, les années 1920 sont généralement appelées les « **Années folles** », ce qui reflète la volonté de dépasser la longue période de conflits armés, de profiter de la nouvelle période de paix et de prospérité relative. Ce qui était appelé le *Jazz Age* de ce côté de l'Atlantique était très populaire en France. De nombreux artistes américains — des musiciens, des écrivains, des peintres — se sont installés en France, de façon temporaire ou permanente, selon les cas. L'écrivaine américaine Gertrude Stein (1874–1946) s'était installée à Paris dès 1904. C'est elle qui, après la Première Guerre mondiale, a appelé les nouveaux auteurs des années 1920 qui séjournaient en France (Hemingway, Fitzgerald, etc.) une *lost generation*. En 1925, la danseuse et chanteuse d'origine américaine **Joséphine Baker** (1906–1975) est arrivée à Paris. Sa popularité a été instantanée et immense. Elle est rapidement devenue un des symboles les plus célèbres des « Années folles » en France. Devenue française en 1937, elle s'engagera au service de la France Libre pendant la Seconde Guerre mondiale.

Le roman français qui résume le mieux les transformations des normes so-ciocultturelles au cours des années 1920 est ***La Garçonne*** (1922) de Victor Margueritte. L'héroïne de ce roman n'est pas mariée, elle a une carrière pro-fessionnelle et surtout elle mène sa vie amoureuse et sexuelle de façon indé-pendante. Considéré comme scandaleux à l'époque (même si la fin du récit est moralisatrice), ce roman a eu un énorme succès public. Plusieurs ten-dances nouvelles dans la vie quotidienne des femmes y sont représentées : l'héroïne a les cheveux courts, elle ne porte pas de corset (contrairement aux femmes de son milieu social durant la Belle Époque), elle conduit sa propre voiture et elle sort le soir pour danser sur de la musique jazz.

Toni	Joséphine Baker	*La Garçonne*

Le colonialisme et ses conséquences sont très présents durant l'entre-deux-guerres. L'empire colonial français s'est agrandi en Afrique, en absorbant le Cameroun et le Togo, anciennes colonies allemandes. En 1919, le Congrès pana-fricain s'est tenu à Paris, avec la participation, entre autres, de l'écrivain améri-cain W.E.B. Du Bois (qui sera associé au mouvement de la *Harlem Renaissance*) et du député français du Sénégal Blaise Diagne. En 1931, **l'Exposition coloniale** à Paris a probablement représenté l'apogée du colonialisme français. Ce qu'on appelait à l'époque la « mission civilisatrice » de la France à travers le monde a été représentée par une série de pavillons ou de villages qui illustraient la vie quotidienne dans chaque colonie. Paris était aussi la ville où les élites des colonies venaient pour faire des études, ce qui a produit de nouveaux échanges intellec-tuels. La **négritude** est un mouvement littéraire et politique qui a été créé à Paris durant les années 1930. Ses principaux fondateurs sont le Martiniquais Aimé Césaire, le Sénégalais Léopold Sédar Senghor et le Guyanais Léon-Gontran Damas. Ce mouvement a été influent jusqu'aux années 1960.

Paulette Nardal (1896–1985) a quitté [*left*] la Martinique en 1920 pour faire des études à Paris, devenant ainsi une des premières étudiantes noires à la Sorbonne. Avec sa sœur Jeanne, elle a fait de son appartement parisien un salon littéraire et politique où se réunissaient des intellectuels africains, antillais et américains. Elle est considérée comme une des inspiratrices du mouvement de la négritude.

Exposition coloniale

Négritude

Nardal

La France est un empire (1939), un film-documentaire de **propagande** coloniale, a été tourné pour illustrer et surtout glorifier les « bienfaits » de la « mission civilisatrice » française à travers son empire.

Les premiers signes avant-coureurs [*forerunner*] d'un nouveau conflit mondial sont apparus très tôt. Dès 1922, le **fascisme** s'est établi en Europe, avec l'accès au pouvoir de Benito Mussolini en Italie. En Allemagne, qui subissait l'hyperinflation, il y a eu une tentative de putsch en 1923, organisé par un ex-général (Ludendorff) et un ex-caporal (Hitler) de l'armée allemande. En URSS (l'Union soviétique), il y a eu la mort de Lénine en 1924 et la consolidation du pouvoir de Staline. Durant les années 1920, les États-Unis étaient préoccupés par les conséquences de la prohibition à l'intérieur de leurs frontières et pratiquaient l'isolationnisme à l'extérieur, refusant en particulier de participer à la Société des Nations (qui avait pourtant été créée sous l'impulsion du président Woodrow Wilson).

Le « krach de Wall Street » de 1929 et la Grande Dépression économique mondiale ont mis fin aux « Années folles ». Dans de nombreux pays, il y a eu une énorme hausse du chômage durant les années 1930. Paradoxalement, la France a été relativement moins touchée, à cause de son retard économique par rapport à des pays plus industrialisés comme la Grande-Bretagne ou l'Allemagne. La montée du chômage a certainement contribué à la prise du pouvoir par Adolf Hitler, qui est devenu chancelier allemand le 30 janvier 1933. Rappelons que l'Italie était gouvernée depuis 1922 par un dictateur fasciste (le *Duce*), qui s'est rapidement allié au nouveau dictateur nazi (le *Führer*) de l'Allemagne. En Espagne, la guerre civile de 1936–1939 a produit la dictature de Francisco Franco (le *Caudillo*). À travers l'Europe, les démocraties libérales semblaient reculer face à la montée des régimes fascistes, alors que le régime communiste se maintenait en Union soviétique. Dans l'ensemble, les années 1930 sont donc dominées par **le totalitarisme et le militarisme**.

Comme cela avait été le cas pendant la Belle Époque, des scandales financiers et politiques ont secoué la IIIe République au cours de l'entre-deux-guerres. En janvier 1934, l'affaire Stavisky (du nom d'un escroc [*crook*] qui était lié à des parlementaires corrompus) a contribué aux **manifestations du 6 février 1934** à Paris. Ces manifestations [*demonstrations*] ont tourné à l'émeute [*riot*] sur la place de la Concorde, près du palais Bourbon (le siège de l'Assemblée nationale). Face au danger d'une dérive fasciste en France, les partis de gauche ont tenté de s'unir. En 1936, le Front populaire, une alliance des communistes, des socialistes et des radicaux, a remporté les élections législatives. Un socialiste, Léon Blum, est devenu chef du Gouvernement (détail important dans le contexte de l'époque : Blum était juif). Si le gouvernement du Front populaire n'a pas duré longtemps (moins d'un an), « **l'été 36** » représente un bref moment d'espoir pour le peuple français, alors que le risque d'un nouveau conflit armé en Europe augmentait. Le principal acquis social du Front populaire reste les premiers **congés payés** (2 semaines par an), qui ont permis aux ouvriers et aux employés de prendre des vacances, souvent pour la première fois (nous reviendrons sur ce sujet aux chapitres 7 et 11). Par contre, le Front populaire n'a pas donné le vote aux femmes et n'a pas cherché à mettre fin à l'empire colonial français.

Plusieurs films évoquent, directement ou indirectement, les espoirs (et les désillusions) du **Front populaire**. Certains sont considérés comme des classiques du cinéma français : *Le Crime de Monsieur Lange* (1936) de Jean Renoir et *La Belle Équipe* (1936) de Jean Duvivier. Plus récemment, *Faubourg 36* (2008) de Christophe Barratier est une évocation à la fois détaillée et esthétisée de « l'été 36 ».

6 février 1934	Front populaire	*Faubourg 36*

Dans le contexte historique des années 1930, marquées par la Grande Dépression économique mondiale et la montée des régimes fascistes, le Front populaire constitue une brève parenthèse, une période d'optimisme qui a été de courte durée. En Europe et ailleurs, le totalitarisme politique et le militarisme se sont développés, avec peu de résistance de la part des démocraties libérales, qui restaient traumatisées par les souvenirs des massacres de la Grande Guerre. En 1935, l'Italie a envahi l'Éthiopie, le seul pays qui avait réussi à rester indépendant durant la « ruée vers l'Afrique ». L'empereur éthiopien Haïlé Sélassié s'est adressé à la Société des Nations, qui est restée impuissante. En 1936, l'Allemagne a remilitarisé la Rhénanie [*Rhineland*]. La France et la Grande-Bretagne n'ont pas réagi militairement à cette violation du traité de Versailles. Durant la Guerre d'Espagne (1936–1939), la France est restée neutre, alors que l'Italie et l'Allemagne soutenaient l'armée de Franco. En mars 1938, Hitler s'est livré à une nouvelle provocation avec l'*Anschluss* : l'Autriche a été rattachée au IIIᵉ Reich allemand. C'est surtout à **Munich**, en septembre 1938, que la France et la Grande-Bretagne ont pratiqué une politique d'apaisement face au diktat du dictateur allemand. Le chef du Gouvernement français, Édouard Daladier, et le premier ministre britannique, Neville Chamberlain, ont accepté le démembrement de la Tchécoslovaquie (c'est-à-dire l'annexion des Sudètes par l'Allemagne) en échange d'un bout de papier signé par Hitler. Lorsqu'ils sont revenus de Munich, Daladier et Chamberlain ont été acclamés, à Paris et à Londres, par des foules enthousiastes qui croyaient que le danger d'une guerre était écarté. Le pacifisme, devenu désir de paix à tout prix, avait tourné à l'apaisement du régime nazi, ce qui n'allait pas empêcher le déclenchement de la pire guerre de l'histoire de l'humanité (plus de 50 millions de morts, dont une majorité de civils).

POUR ALLER PLUS LOIN

1) Quelle était la principale justification de la politique coloniale française ? De quelles façons était-elle en contradiction avec les valeurs républicaines ?

2) Examinez le rôle de deux associations, l'Action française et la Ligue des droits de l'homme, durant et après l'affaire Dreyfus.

3) Quelles sont les différences entre le Concordat établi par Napoléon Iᵉʳ en 1801 et la loi de séparation des Églises et de l'État (1905) ?

4) Après la Première Guerre mondiale, on a commencé à appeler la période qui l'avait précédée la « Belle Époque ». Pourquoi ?

5) Pourquoi le Concordat est-il toujours en vigueur en Alsace-Moselle ? Y a-t-il d'autres territoires français où la loi de 1905 n'est pas appliquée ?

6) Y avait-il un mouvement féministe pendant la Belle Époque ? Quels étaient ses principaux objectifs ?

7) Parmi les centaines de milliers de mutilés après la Grande Guerre, les blessés de la face ou « gueules cassées » sont longtemps restés dans la mémoire historique des Français. Pourquoi ?

8) Pour les femmes en France, quelles ont été les conséquences de la Première Guerre mondiale ?

9) La Première Guerre mondiale a durablement marqué la mémoire historique française. Par contre, au Canada et aux États-Unis, cette guerre est presque oubliée. Qu'est-ce qui peut expliquer cette divergence ?

10) Quelles sont les principales différences entre les années 1920 et 1930 (dans le domaine social, culturel, économique ou politique) ?

Minitest

1) La Guyane, ainsi que les îles de la Martinique, la Guadeloupe, Mayotte et la Réunion, font partie des _____.

2) Traditionnellement, on insiste sur la mémoire dans le système scolaire français. Les écoliers doivent _____ les faits et les dates.

3) Aux États-Unis, les représentations populaires tendent à diviser l'histoire en décennies, alors qu'en France les périodes historiques sont plutôt divisées en _____.

4) En France, la _____ de la population est beaucoup plus élevée qu'aux États-Unis. Les logements français sont donc en général moins grands et plus chers.

5) La _____, un des principes de base de la Constitution, instaure une séparation rigoureuse entre l'État et la Religion.

6) La Première Guerre mondiale a mis fin à une longue période de paix en Europe de l'Ouest, qu'on appelle généralement _____.

7) La « mission civilisatrice » de la France a souvent été utilisée pour justifier le _____.

8) En France, le soir, on ferme les _____ de son logement, ce qui reflète l'importance de l'espace personnel ou privé.

9) Dans le domaine économique, le contraire du dirigisme, c'est le _____.

10) L'image stéréotypée des Français (snobs, arrogants, etc.) aux États-Unis est en général associée à la _____.

11) La France métropolitaine est divisée en 13 régions et 96 _____.

12) Les premiers congés payés (2 semaines par an) ont été institués en 1936 par le _____.

13) La « plus terrible bataille de l'histoire » a eu lieu en 1916 à _____.

14) Dans les écoles françaises, l'histoire, la _____ et l'éducation civique sont enseignées par un seul professeur.

15) Par opposition au système fédéral des États-Unis, la France a un système politique et administratif très _____.

16) Un des buts du système de soutien aux familles (allocations familiales, etc.) est d'encourager la _____.

17) En France, dans chaque département et région, le ministre de l'Intérieur nomme un _____, qui a de larges responsabilités administratives.

18) Entre les Français et les Américains, la relation est depuis longtemps _____, un mélange de fascination et de répulsion.

19) Selon sa définition sociologique, une culture représente la production matérielle et intellectuelle, ainsi que les représentations et les _____.

20) Grâce à un bon système de santé publique, les Français vivent plus longtemps. En particulier, les femmes ont une _____ de vie exceptionnellement longue.

ambivalente	départements	les Années folles
anarchique	dispersion	libéralisme
apprendre par cœur	« DOM-TOM »	millénaires
biologie	espérance	natalité
Bruxelles	fleuves	oublier
catholicisme	Front populaire	préfet
centralisé	géographie	retraite
cheminées	Gouvernement provisoire	siècles
colonialisme	gouverneur	toxicité
colonies	guillotine	universalisme
communes	harmonieuse	Verdun
communisme	haute culture	volets
comportements	la Belle Époque	
densité	laïcité	

3 Histoire : la Seconde Guerre mondiale et les Trente Glorieuses

Ce chapitre prolonge la présentation historique qui a été commencée au chapitre 2. Il s'agit donc ici de la période qui va du début de la Seconde Guerre mondiale jusqu'à la fin des « Trente Glorieuses » années d'expansion économique (c'est-à-dire le milieu des années 1970). Nous aborderons les transformations constitutionnelles : le Gouvernement provisoire, la IVᵉ République et la Vᵉ République. Nous examinerons également le processus de décolonisation.

LA SECONDE GUERRE MONDIALE

Évidemment, Hitler ne s'est pas contenté de ce qu'il avait obtenu à Munich (voir chapitre 2). En mars 1939, l'Allemagne a annexé une nouvelle partie de la Tchécoslovaquie, la Bohême, toujours sans réaction concrète de la part de la France et de la Grande-Bretagne. Le 23 août 1939, un pas décisif est franchi avec le pacte germano-soviétique (von Ribbentrop-Molotov) : l'Allemagne et l'Union soviétique — deux régimes totalitaires qui sont théoriquement des ennemis idéologiques — se mettent d'accord sur le partage du territoire polonais. Le 1ᵉʳ septembre 1939, l'Allemagne envahit la Pologne, qui est conquise en quelques semaines. La France et la Grande-Bretagne, qui sont alliées à la Pologne, déclarent la guerre contre l'Allemagne. Cependant, rien ne se passe à la frontière franco-allemande pendant plusieurs mois. L'armée française reste derrière la **ligne Maginot**, des fortifications qui avaient été construites après la Première Guerre mondiale. La « **drôle de guerre** » durera jusqu'en mai 1940.

En mai–juin 1940, l'Allemagne nazie envahit les Pays-Bas (la Hollande), la Belgique et le Luxembourg, avant d'envahir la France. En envahissant d'abord ces petits pays, l'armée allemande contourne la ligne Maginot, qui n'aura servi à rien. Pour les armées française et britannique, c'est un désastre militaire face à une armée allemande qui pratique la *blitzkrieg* (guerre-éclair) : des bombardements aériens intensifs suivis d'une offensive menée par des forces blindées (des tanks). C'est une guerre de mouvement rapide, alors que l'armée française s'attendait à [*expected*] une guerre de position, comme en 1914–1918. À Dunkerque, la Grande-Bretagne réussit à évacuer la plupart de ses soldats. Le 22 juin 1940, le nouveau chef du Gouvernement français, le maréchal Philippe Pétain, signe l'armistice (une photographie malheureusement célèbre, prise quelques mois plus tard, montre Pétain et Hitler se serrant la main). Après cette sévère défaite militaire française, l'Allemagne nazie impose des conditions tyranniques au pays envahi et occupé. Le territoire français est divisé en une **zone occupée** par l'armée allemande et une **zone « libre »** (ainsi qu'une zone italienne).

Le 10 juillet 1940, le Parlement français vote les pleins pouvoirs constituants à Pétain, qui le lendemain prend le titre de chef de « l'État français ». Au début, Pétain est extrêmement populaire en France. Il a une image de sauveur de la patrie, qui date de la Première Guerre mondiale, lorsqu'il était commandant durant la bataille de Verdun. Cependant, le **régime de Vichy** (la capitale de la zone « libre ») dirigé par Pétain pratique une politique de collaboration avec l'Allemagne nazie. La République et ses institutions démocratiques sont remplacées par « l'État français », avec pour devise « Travail, Famille, Patrie » (et pour hymne officieux : *Maréchal, nous voilà !*). Une police politique, la Milice, est créée en 1943. Elle torture et exécute les membres de la Résistance, en collaboration avec la Gestapo. Les principaux alliés idéologiques du régime de Vichy — des royalistes, des fascistes, l'Église — étaient surtout opposés aux valeurs républicaines. Pour tenter de légitimer son pouvoir et de justifier l'élimination de la République, Vichy rend responsable de la défaite militaire française les « forces de l'anti-France » : les juifs (ainsi que les communistes et les socialistes) ; les francs-maçons [*freemasons*] ; les protestants ; les « ploutocrates » étrangers (Wall Street, la City de Londres). Évidemment, le Front populaire (1936), cette alliance politique des partis de gauche (y compris le Parti communiste), avec à sa tête un premier ministre juif (Léon Blum), était une cible de choix pour la propagande du régime de Vichy.

Le maréchal **Philippe Pétain** (1856–1951) : le « vainqueur de Verdun » (1916) le chef de « l'État français » (1940–1944)	
Le général **Charles de Gaulle** (1890–1970) : le chef de la France Libre (1940–1944) le chef du Gouvernement provisoire (1944–1946) le président de la Vᵉ République (1958–1969)	

Le général Charles de Gaulle, récemment devenu sous-secrétaire d'État à la Guerre (un poste mineur dans le gouvernement français), refuse d'accepter la capitulation de la France. Le 17 juin 1940, il part pour Londres pour constituer un gouvernement en exil et continuer la lutte contre l'Allemagne nazie. Le premier ministre britannique Winston Churchill accepte de le reconnaître en tant que chef de la **France Libre**. De Gaulle lance le célèbre « **appel du 18 juin** » à la radio de Londres (la BBC). Dans son Appel, de Gaulle affirme que le combat doit continuer, car il s'agit d'une guerre mondiale, à laquelle les Forces françaises libres (les FFL) pourront participer : « La flamme de la résistance française ne doit pas s'éteindre et ne s'éteindra pas ». L'appel est peu entendu en France, mais les émissions radiophoniques de la France Libre — « Ici Londres » — deviendront progressivement connues dans la France occupée. Au début, les FFL, dirigées par De Gaulle, sont peu nombreuses et ont peu de poids sur le plan militaire. De Gaulle devra constituer une armée à partir des soldats français en exil et des forces armées de l'empire colonial français.

Félix Éboué (1884–1944), d'origine guyanaise, a fait carrière dans l'administration coloniale. En tant que Gouverneur général de l'Afrique-Équatoriale française (1941–1944), il a joué un rôle-clé dans le ralliement des colonies françaises au général de Gaulle pendant la période de l'Occupation, ce qui a permis à la France Libre de constituer une véritable armée. Félix Éboué a été honoré au Panthéon en 1949.

18 juin	France Libre	Éboué

Félix Éboué et Charles de Gaulle au Tchad, 1940

Source : Library of Congress, Prints and Photographs division / Wikimedia Commons

Si de Gaulle est rapidement reconnu comme le chef de la France Libre par Churchill, l'administration du président Roosevelt est nettement plus méfiante à son égard. Les États-Unis ont un ambassadeur officiel à Vichy jusqu'en 1942 (c'est-à-dire même après leur entrée en guerre). L'autorité du général de Gaulle ne sera pleinement reconnue par les États-Unis qu'en 1944. De Gaulle gardera le souvenir de ces mauvaises relations pendant la guerre, ce qui influencera son attitude plus tard.

En novembre 1942, l'armée allemande occupe la zone « libre », après le débarquement allié en Afrique du Nord. Toute la France métropolitaine est donc occupée. Le gouvernement de Vichy perd ainsi toute prétention d'indépendance, ce qui ne fait qu'intensifier la Collaboration, y compris dans le domaine économique. Par exemple, une grande partie de la production économique de la France est réquisitionnée pour servir à l'effort de guerre allemand. En 1942, l'armée allemande impose au régime de Vichy le **Service du travail obligatoire** (STO), qui oblige environ 600 000 Français à travailler dans des usines allemandes. Le STO a été un moment décisif pour la **Résistance** à l'intérieur de la France occupée, et particulièrement pour le développement des **maquis** clandestins. Le maquis du Vercors est le plus connu. Plusieurs mouvements et tendances politiques ont participé à la résistance intérieure française. Comme nous le verrons au chapitre suivant, ils domineront la vie politique après la Libération.

Le régime de Vichy a surtout collaboré à la **Shoah** — l'extermination des juifs. Les premières mesures antisémites ont été mises en place peu de temps après l'armistice de 1940 : il était par exemple interdit aux juifs de travailler dans la fonction publique, la presse ou le cinéma. Le **décret Crémieux** de 1870, qui avait donné la nationalité française aux juifs d'Algérie, a été abrogé [*repealed*]. Les mesures d'exclusion ont été suivies par la persécution, symbolisée par le port obligatoire de l'étoile jaune en 1942. Au début de la guerre, environ 300 000 juifs vivaient en France. Pendant l'Occupation, 76 000 juifs, français et étrangers, ont été déportés « vers l'est ». La **rafle du Vél d'Hiv** (Vélodrome d'Hiver) en juillet 1942 est l'événement le plus tristement célèbre : 13 000 juifs (dont un tiers d'enfants) vivant à Paris et en banlieue ont été arrêtés par des policiers et des gendarmes français et enfermés au Vélodrome d'Hiver (15e arrondissement ; il a été détruit en 1959), avant d'être déportés vers les camps d'extermination nazis. De nos jours, le Mémorial de la Shoah, à Paris, est le principal lieu de mémoire du génocide des juifs de France.

> **Génocide** : Ce mot a été inventé en 1943 par Raphaël Lemkin pour désigner la tentative d'extermination d'un peuple.
> **Holocauste** : Ce mot grec signifie « sacrifice par le feu ». C'est le mot le plus employé dans le monde anglophone.
> **Shoah** : « Destruction » ou « anéantissement » en hébreu. En 1985, Claude Lanzmann a choisi ce mot pour le titre de son film-document sur la destruction des juifs d'Europe.

Suite à la page suivante

Shoah	Vél d'Hiv	Lanzmann

Pour la grande majorité des Français, « les années noires » de l'Occupation allemande ont été dures et dangereuses, même pour ceux qui ne participaient pas à la Résistance. Un système de **rationnement** a été mis en place : le pain, la viande, les fruits, le sucre étaient rares, ainsi que le charbon pour le chauffage. Il fallait faire la queue pour espérer pouvoir acheter des produits comme la chicorée, les rutabagas ou le pain noir (qui remplaçaient le café, les pommes de terre et les baguettes, respectivement). Un marché noir s'est rapidement développé. Quant au manque de liberté, il se manifestait sous plusieurs formes : un **couvre-feu** [*curfew*], les laissez-passer obligatoires pour certains déplacements, la censure de la presse, les constantes vérifications d'identité, le risque d'être emprisonné, torturé, exécuté. La faim, le froid et la peur faisaient partie de la vie quotidienne. La nouvelle « Le Silence de la mer » (publiée clandestinement en 1942) de Vercors est un des textes littéraires les plus célèbres sur la vie des Français durant l'Occupation.

Deux exemples de la barbarie nazie :

Le **tata de Chasselay** (près de Lyon) est un cimetière militaire où sont enterrés les soldats africains des troupes coloniales de l'armée française, qui ont été faits prisonniers, puis massacrés par l'armée allemande le 20 juin 1940.

Le 10 juin 1944, l'armée allemande a massacré plusieurs centaines de civils à **Oradour-sur-Glane** (près de Limoges), avant de brûler le village. Les ruines d'Oradour-sur-Glane, qui ont été laissées en l'état après la guerre afin de servir de témoignage, constituent un important lieu de mémoire.

Occupation	Tata	Oradour

Environ 600 000 Français ont été tués pendant la Seconde Guerre mondiale, dont une majorité de civils. Immédiatement après la Libération, il y a eu « l'épuration » : plusieurs milliers de Français qui avaient collaboré avec l'Allemagne nazie ont été emprisonnés. D'autres « collabos » ont été exécutés, parfois sans jugement. Cependant, au cours des années qui ont suivi la Seconde Guerre mondiale, il y avait une volonté générale d'oubli, comme c'est souvent le cas après des événements traumatisants (la situation avait été semblable après la Première Guerre mondiale). Plusieurs aspects des « années noires », en particulier les pires réalités de la Collaboration, ont été en partie oubliés par une société française qui voulait « tourner la page » et qui a rapidement changé après la guerre. Pendant les années 1980 et 1990, des **procès** [*trials*] tardifs de nazis et de collaborateurs — Klaus Barbie, René Bousquet, Paul Touvier, Maurice Papon — ont contribué à renouveler la mémoire historique de l'Occupation.

Irène Némirovsky (1903–1942), romancière connue durant les années 1930, a été déportée au camp d'extermination d'Auschwitz. En 2004, la publication de son cycle inachevé de romans, *Suite française*, qui a obtenu le prix littéraire Renaudot (le seul cas où ce prix a été attribué à titre posthume), a permis la redécouverte de son œuvre.

Le **cinéma** français a connu une situation paradoxale sous le régime de Vichy. Il y avait une censure sévère, mais aussi des encouragements financiers à produire des films (« l'avance sur recettes » est instituée en 1941). Le nombre de spectateurs était en hausse sensible, en partie parce que les salles de cinéma étaient chauffées. Il était interdit aux juifs de travailler dans le cinéma. D'autre part, la concurrence [*competition*] étrangère (surtout américaine) était éliminée. Certains films classiques ont été tournés pendant l'Occupation : *Les Visiteurs du soir* (Marcel Carné, 1942) ; *Le Corbeau* (Henri-Georges Clouzot, 1943) ; *Les Enfants du paradis* (Marcel Carné, 1945). En 2002, Bertrand Tavernier a réalisé *Laissez-passer*, qui évoque cette période du cinéma français.

Des films (tournés après la guerre) à noter :
Claude Berri : *Lucie Aubrac*
Rachid Bouchareb : *Indigènes*
Robert Bresson : *Un condamné à mort s'est échappé*
Claude Chabrol : *Une affaire de femmes* ; *L'Œil de Vichy*
René Clément : *La Bataille du rail* ; *Jeux interdits* ; *Paris brûle-t-il ?*
Diane Kurys : *Coup de foudre*
Claude Lanzmann : *Shoah*

Suite à la page suivante

Joseph Losey : *Monsieur Klein*

Louis Malle : *Lacombe Lucien* ; *Au revoir les enfants*

Jean-Pierre Melville : *L'Armée des ombres*

Marcel Ophüls : *Le Chagrin et la pitié* ; *Hôtel Terminus*

Alain Resnais : *Hiroshima mon amour*

Bertrand Tavernier : *Laissez-passer*

François Truffaut : *Le Dernier Métro*

Némirovsky	Cinéma	Tavernier

À Londres, Charles de Gaulle a réussi à reconstruire une armée et à faire admettre la France Libre en tant que pays allié dans la lutte contre l'Allemagne nazie. Les troupes françaises ont participé aux batailles de la guerre en Europe, y compris le Débarquement de Normandie (le 6 juin 1944). Le Débarquement de Provence (le 15 août 1944), qui est moins connu, a vu la participation des troupes coloniales de l'armée française, majoritairement originaires de l'Afrique du Nord (ce que reflète le film de Rachid Bouchareb, *Indigènes* [2006]). Grâce à ces efforts politiques et militaires, la France, malgré sa défaite en 1940, a pu participer au nouvel équilibre international qui a été mis en place après la Seconde Guerre mondiale. Elle a obtenu un siège permanent au Conseil de sécurité de l'**ONU** (Organisation des Nations unies). Quant à son empire colonial, il a été préservé — ce qui, comme nous le verrons dans la dernière section de ce chapitre, mènera à des tragédies. Au niveau européen, un dernier événement important à noter : à **Yalta** (Ukraine), en février 1945, Roosevelt, Churchill et Staline (de Gaulle n'était pas présent) sont arrivés à un accord tacite sur la division de l'Europe. La guerre froide allait bientôt commencer.

LE GOUVERNEMENT PROVISOIRE

Le régime de Vichy prend fin à la Libération. Le nouveau **Gouvernement provisoire de la République française** (1944–1946), dirigé par Charles de Gaulle, est un gouvernement de transition et de coalition qui reflète les mouvements et les tendances politiques ayant participé à la Résistance. On y trouve des gaullistes, des chrétiens-démocrates, des radicaux, des socialistes et des communistes. En partie, le Gouvernement provisoire constitue donc le prolongement de la France Libre qui avait lutté contre l'Occupation allemande. L'extrême-droite française, durablement discréditée en raison de sa participation à la Collaboration, est marginalisée et disparaît de la vie politique jusqu'aux années 1980. Quant au principal représentant du régime de Vichy, Philippe Pétain, il a été jugé en 1945 et condamné à mort. Sa peine a été commuée en emprisonnement à perpétuité par De Gaulle. Pétain est mort en prison en 1951.

Les « années noires » de l'Occupation sont suivies par les « années grises » de l'après-guerre. À cause des pénuries [*shortages*], le rationnement alimentaire durera jusqu'en 1949. Le travail de reconstruction sera immense : pendant la Seconde Guerre mondiale, des centaines de milliers de logements avaient été détruits ou endommagés. Il fallait également reconstruire les infrastructures (routes, chemins de fer, etc.) et remettre en marche les usines. Le niveau de production industrielle ne remontera à celui de 1938 qu'à la fin des années 1940. Cependant, comme on le verra, ces débuts difficiles seront suivis par une période d'expansion économique exceptionnellement forte. Même s'il a peu duré, le Gouvernement provisoire a procédé à des **réformes** importantes :

- Des **nationalisations** : des secteurs importants de l'économie française ont été nationalisés, pour des raisons essentiellement plus pratiques qu'idéologiques. Il s'agissait d'éviter une vague de faillites [*bankruptcy*] parmi les principales entreprises après la guerre. Le Gouvernement provisoire a nationalisé le secteur énergétique : Électricité de France, Gaz de France et Charbonnages de France remplacent les anciennes entreprises privées. De même, le secteur des transports aériens est nationalisé, pour donner naissance à Air France. La plupart des grandes banques et des compagnies d'assurance sont également nationalisées. La nationalisation de certaines entreprises industrielles, dont le constructeur automobile Renault, est motivée par le fait qu'elles avaient participé à la collaboration économique durant l'Occupation. Après cette série de nationalisations, le secteur public est devenu exceptionnellement grand pour un pays démocratique, une situation qui a duré presque un demi-siècle et qui a facilité la tradition dirigiste française (voir chapitre 7).
- La création de la **Sécurité sociale** et des **Caisses d'allocations familiales** : ce qu'on appellera bientôt « l'État-providence » a véritablement commencé sous le Gouvernement provisoire. Il sera progressivement développé par la suite. La « Sécu » (ou l'ensemble des prestations sociales) deviendra

une institution centrale dans la vie quotidienne des Français et un secteur fondamentalement important de l'économie (voir chapitre 11).

- Le **droit de vote des femmes** : on peut dire que la France était en retard dans ce domaine. Au Canada (au niveau fédéral) et aux États-Unis, les femmes avaient obtenu le droit de vote après la Première Guerre mondiale. Par contre, les Françaises ont voté pour la première fois en 1945. Il faudra attendre encore une vingtaine d'années pour voir le féminisme se développer au-delà de certains cercles intellectuels et obtenir d'autres résultats dans le domaine des droits des femmes (voir chapitre 10).

- La création de l'**École nationale d'administration** (l'ENA) : les grandes écoles, un système universitaire parallèle, existaient déjà depuis longtemps. L'ENA va rapidement devenir la plus prestigieuse de ces institutions, pour l'essentiel contrôlées par l'État, et destinées à former [*train*] une élite républicaine (voir chapitre 6).

- La création du **Commissariat à l'énergie atomique** (CEA) : cet institut de recherche scientifique a pour mission de développer l'énergie nucléaire à des fins industrielles (la production de l'électricité) et militaires (la future force de frappe nucléaire).

Notons au passage que certaines mesures prises par le régime de Vichy n'ont pas changé après la guerre (voir à ce sujet l'ouvrage de Cécile Desprairies). Parmi celles-ci, on trouve la carte nationale d'identité, qui n'est pas obligatoire, mais qui est quasi universelle parmi les citoyens français. On trouve aussi la fête des Mères et l'extension des allocations familiales : des mesures gouvernementales ayant pour but d'encourager la **natalité**, une des tendances à long terme de la société française (voir chapitre 11).

En ce qui concerne la nouvelle constitution, de Gaulle veut un système présidentiel — c'est-à-dire une République avec une branche exécutive forte. Il devra attendre une douzaine d'années. En 1946, les électeurs français décident par référendum que la IVᵉ République sera **parlementaire**, comme l'avait été la IIIᵉ. Comme c'était le cas avant la guerre, le président de la République n'aura donc qu'un rôle honorifique. En 1947, de Gaulle fonde un parti politique de centre-droit, le Rassemblement du peuple français (le RPF), qui ne réussit pas à devenir un parti de gouvernement. L'ancien dirigeant de la France Libre se retire à Colombey-les-Deux-Églises pour rédiger ses *Mémoires de guerre* (publiées en trois volumes durant les années 1950). Pour lui, la IVᵉ République, durant laquelle il aura peu d'influence politique, constituera la « traversée du désert ». Le début des *Mémoires* reste célèbre, et indique quelle sera sa principale préoccupation politique — la place de la France dans le monde — lorsqu'il reviendra au pouvoir en 1958 : « Toute ma vie, je me suis fait une certaine idée de la France » ; « la France n'est réellement elle-même qu'au premier rang » ; « la France ne peut être la France sans la grandeur ».

| Sécu | Femmes | ENA | CEA |

LA IVᵉ RÉPUBLIQUE

La IVᵉ République n'a duré qu'une douzaine d'années, de 1946 à 1958. Caractérisé par la prépondérance d'un parlement bicaméral (le président de la République n'ayant presque aucun pouvoir), le système constitutionnel de la IVᵉ République n'est donc pas très différent de celui de la IIIᵉ. Cependant, le problème de **l'instabilité politique** est encore plus grave sous la IVᵉ, qui aura 25 gouvernements : en moyenne [*on average*] deux par an. À cette instabilité chronique s'ajoutent deux guerres coloniales, dont la deuxième finira par mener à la chute de la IVᵉ République : la **guerre d'Indochine** (1946–1954) et la **guerre d'Algérie** (1954–1962). Par contre, le Maroc et la Tunisie accéderont pacifiquement à l'indépendance en 1956. Il sera plus longuement question de la décolonisation à la fin de ce chapitre.

En dépit des difficultés politiques et institutionnelles, il y a eu de réels progrès sous la IVᵉ République. Le 9 mai 1950, la **Déclaration Schuman** (du nom du ministre des affaires étrangères, Robert Schuman) a mené au traité de Paris (en 1951) et à la première institution européenne, la CECA (Communauté européenne du charbon et de l'acier). En 1957, les traités de Rome ont institué la CEE (Communauté économique européenne). Comme nous le verrons au chapitre 5, le processus de construction des **institutions européennes** avait d'abord pour objectif d'éviter une nouvelle guerre sur le continent. Cependant, ces institutions ont contribué à stabiliser l'Europe de l'Ouest (malgré la guerre froide) et surtout à faciliter le libre-échange commercial. La forte croissance économique des « Trente Glorieuses » (voir la section suivante) a commencé sous la IVᵉ République.

La stabilisation de l'Europe de l'Ouest a été grandement assistée par deux initiatives américaines : le **plan Marshall**, qui a permis d'accélérer la reconstruction des économies européennes, alors dans un état catastrophique ; **l'OTAN** (Organisation du traité de l'Atlantique Nord), qui a assuré la protection des pays membres contre toute menace expansionniste en provenance de l'Union soviétique. L'aide économique et la protection militaire des États-Unis indiquaient clairement à quel point [*to what extent*] le pouvoir et l'influence de l'Europe occidentale avaient été diminués par la Seconde Guerre mondiale. Autrefois le centre économique et géopolitique du monde, l'Europe était divisée pendant la guerre froide en zones d'influence par les deux superpuissances de l'après-guerre, les États-Unis et l'Union soviétique. Rappelons que cette division avait été tacitement acceptée en 1945 à Yalta.

Comme dans d'autres pays, il y a eu un « **baby-boom** » en France après la Seconde Guerre mondiale. La population de la France métropolitaine, qui avait longtemps stagné à environ 40 millions, a dépassé le niveau de 50 millions, puis de 60 millions d'habitants. Non seulement les Français faisaient-ils plus d'enfants, ils vivaient aussi plus longtemps (ce dernier phénomène démographique continue actuellement). D'autre part, il y a eu une **vague d'immigration**, comme cela avait été le cas après la Première Guerre mondiale. Cette fois, les immigrés venaient majoritairement de l'Afrique du Nord et de l'Ouest. D'autres immigrés venaient du Portugal. La société française a progressivement été caractérisée par une plus grande diversité ethnique et religieuse.

Le phénomène de « **l'américanisation** » de la France est à la fois évident et difficile à mesurer. Pendant l'Occupation allemande, tous les produits américains (et canadiens et britanniques) étaient interdits. Après la Libération, pour des raisons évidentes, tout ce qui était américain était populaire en France. Les Français ont pu (re)découvrir la culture américaine : la musique, le cinéma, mais aussi le coca-cola ou le chewing-gum. Le jazz, par exemple, qui avait été introduit en France dès les années 1920, a connu un renouveau de popularité à la fin des années 1940. Les films américains que les Français n'avaient pas pu voir pendant l'Occupation ont été minutieusement étudiés par les critiques cinématographiques français. Le terme « film noir », qui s'applique à l'esthétique sombre et à l'ambiance pessimiste des films policiers américains, date de cette période. Dans le domaine de la littérature, la *Série noire* est une célèbre collection de romans policiers (souvent traduits de l'anglais) qui a été publiée à partir de 1945. Dans le domaine économique, l'influence américaine est moins visible, mais peut-être plus profonde : de nombreuses entreprises françaises ont pris pour modèles les méthodes de gestion commerciale [*business management*] qui avaient si bien réussi de ce côté de l'Atlantique.

La IVᵉ République : quelques événements à noter

En 1948, l'Assemblée générale des Nations unies, réunie (de façon exception-nelle) à Paris, adopte la **Déclaration universelle des droits de l'homme**.

Un signe de l'amélioration rapide de la situation économique au cours des années 1950 : le gouvernement a institué une **troisième semaine de congés payés** en 1956. À titre de rappel, les premiers congés payés (deux semaines par an) avaient été institués par le Front populaire en 1936.

Les débuts de la **télévision** en France sont fort modestes : jusqu'en 1964, il y avait une seule chaîne (en noir et blanc). En 1956, une émission télévisée annuelle, qui est encore populaire de nos jours, a fait ses débuts : le Concours Eurovision de la chanson. Cette année-là, il y avait environ cinq cent mille récepteurs de télévision en France.

L'existentialisme a été le mouvement intellectuel le plus influent de l'après-guerre, dominé par Jean-Paul Sartre et Simone de Beauvoir, tous deux philo-sophes, romanciers et diplômés de l'École normale supérieure (une des plus prestigieuses des grandes écoles ; voir chapitre 6). La revue littéraire qu'ils ont fondée et dirigée, *Les Temps modernes*, a dominé la vie intellectuelle en France pendant une quinzaine d'années (voir chapitre 12). À notre époque, Simone de Beauvoir est surtout connue pour *Le Deuxième Sexe* (1949), un des livres les plus influents de l'histoire du féminisme (voir chapitre 10).

À Paris, le quartier **Saint-Germain-des-Prés** (6ᵉ arrondissement) a été, pendant une dizaine d'années après la Seconde Guerre mondiale, un centre intellec-tuel et artistique où se retrouvaient des écrivains (dont Sartre et de Beauvoir), des cinéastes et des musiciens de jazz (voir l'ouvrage d'Éric Dussault).

Le mouvement poujadiste, du nom de son dirigeant Pierre Poujade, a com-mencé en 1953 et a pris fin à peu près en même temps que la IVᵉ République. Le **poujadisme**, officiellement l'Union de défense des commerçants et arti-sans, était d'abord un curieux mouvement d'opposition à la modernisation de l'économie française, avant de se transformer en un parti politique réaction-naire (voir le livre de Romain Souillac). Il n'a cependant pas empêché la moder-nisation du secteur de la distribution : le premier supermarché moderne (avec un parking ou parc de stationnement) en France a ouvert ses portes en 1958.

Suite à la page suivante

Publié en 1957, **Mythologies** de Roland Barthes constitue un document intéressant sur la société française durant les années 1950. Il est utile de le comparer avec l'ouvrage, publié cinquante ans plus tard, de Jérôme Garcin et al.

Déclaration	Télévision	Saint-Germain	*Mythologies*

Simone de Beauvoir et Jean-Paul Sartre, 1955

Source : Xinhua News Agency / Wikimedia Commons

LES TRENTE GLORIEUSES

En 1979, l'économiste Jean Fourastié a publié un livre qui est rapidement devenu célèbre : *Les Trente Glorieuses* (le titre renvoie aux « Trois Glorieuses » journées révolutionnaires de 1830, immortalisées par le tableau d'Eugène Delacroix, *La Liberté guidant le peuple*). Pendant la plupart des trente années qui ont suivi la Seconde Guerre mondiale, le **taux de croissance du PIB** [*GDP growth rate*] était en moyenne de 5 % par an, alors qu'elle est tombée à environ 2 % par la suite. Les effets cumulatifs de ce taux de croissance exceptionnel ont été impressionnants. L'économie française s'est rapidement modernisée, le **taux de chômage** [*unemployment rate*] était faible et le **niveau de vie** [*standard of living*] de la plupart des Français s'est nettement amélioré. La France a rattrapé son retard économique sur les pays voisins (en particulier la Grande-Bretagne) qui avaient développé leur secteur industriel plus tôt.

Pour illustrer cette transformation de la société française, Fourastié a présenté dans son livre des statistiques sur deux villages. Le premier est dominé par une économie agricole (le **secteur primaire**), avec une productivité et un niveau de vie faibles. Dans le deuxième village, au contraire, la plupart des habitants travaillent dans le **secteur secondaire** (industriel) ou **tertiaire** (les services), avec une productivité et un niveau de vie bien plus élevés. Fourastié révèle ensuite qu'il s'agit en fait du même village, au début et à la fin des « Trente Glorieuses » années d'expansion économique rapide (1945–1975). En une trentaine d'années (à peu près une génération), le village, microcosme de la France, a connu un processus de développement économique rapide qui a transformé sa structure sociale. Remarquons au passage que ces profonds changements n'ont pas été interrompus par la crise politique qui a mené à la fin de la IVe République et à la naissance de la Ve République.

Il est utile de prolonger l'analyse de Fourastié à travers celle d'Henri Mendras. Dans *La Seconde Révolution française 1965–1984*, Mendras examine la série de **mutations socioculturelles** que la société française a connues à la fin de, et juste après, les Trente Glorieuses. Il n'est guère surprenant de constater qu'une période de croissance économique d'une ampleur sans précédent ait pu contribuer à ces mutations : le passage définitif d'une économie encore partiellement rurale à celle de l'industrie et surtout des services ; la généralisation du travail des femmes en dehors du foyer [*household*] ; la fin du « baby-boom » de l'après-guerre ; la baisse de la fréquentation [*attendance*] des églises ; une hausse [*increase*] des divorces et des naissances hors mariage ; le déclin du prestige des grandes institutions qui avaient longtemps structuré le corps social (Église, Armée, mais aussi École et Syndicats) ; des attitudes moins conservatrices vis-à-vis des mœurs ou de la sexualité. Dans l'ensemble, la France est devenue un pays moins traditionaliste, plus individualiste et plus consumériste. Nous reparlerons de ces questions au cours des chapitres ultérieurs.

La littérature et le cinéma peuvent parfois anticiper ou annoncer les futures évolutions socioculturelles. Un roman et deux films des **années 1950** peuvent servir d'exemples ici.

Françoise Sagan a écrit son premier roman, ***Bonjour tristesse*** (1954), quand elle avait 18 ans. D'une indéniable valeur littéraire, ce roman a cependant été jugé scandaleux à l'époque. Trente ans plus tard, dans *Avec mon meilleur souvenir*, Sagan a donné son avis sur les raisons de ce scandale, en faisant référence à la narratrice du roman : « On ne tolérait pas qu'une jeune fille de dix-sept ou dix-huit ans fît l'amour, sans être amoureuse, avec un garçon de son âge et n'en fût pas punie. L'inacceptable étant qu'elle n'en tombât pas éperdument amoureuse et n'en fût pas enceinte à la fin de l'été. Bref, qu'une jeune fille de cette époque-là pût disposer de son corps, y prendre du plaisir, sans que cela méritât ou obligeât à une sanction, jusqu'ici considérée comme inexorable. » [Notons en passant l'usage de l'imparfait du subjonctif.]

Et Dieu… créa la femme (1956) de Roger Vadim, qui a lancé le « mythe B.B. » (Brigitte Bardot), n'est pas un des meilleurs films français, mais il reflète les nouvelles attitudes vis-à-vis de la liberté sexuelle qui allaient plus tard se répandre [*spread*] à travers la société. Ce film a aussi rendu célèbre le village de Saint-Tropez (qui a beaucoup changé par la suite).

Les Tricheurs (1958) de Marcel Carné (un cinéaste qui avait réalisé plusieurs chefs-d'œuvre au cours des années 1930 et 1940) présente un groupe de jeunes qui n'ont plus les valeurs morales conservatrices de la génération précédente, qui s'ennuient et qui semblent attendre une raison de se révolter.

Sagan	Bardot	Saint-Tropez	Carné

LA Vᵉ RÉPUBLIQUE

Comme il a été précédemment mentionné, c'est la guerre d'Algérie (1954–1962) qui a mené à la chute de la IVᵉ République. Les questions liées à la décolonisation seront traitées dans la section suivante. Mentionnons ici que l'Algérie ne faisait techniquement pas partie de l'empire colonial français. Au lieu d'être une colonie ou un protectorat, l'Algérie, divisée en départements, était administrativement intégrée à la France métropolitaine. Bien que cela semble étrange de nos jours, la plupart des Français considéraient que l'Algérie, c'était la France, et qu'il y avait une continuité « de Dunkerque à Tamanrasset ». Cette perception largement répandue explique en partie pourquoi le soutien à l'Algérie française, du moins au début du conflit, dépassait les traditionnels clivages politiques en France.

En 1958, la guerre d'Algérie a produit une crise politique grave, qui a mené au **retour au pouvoir de Charles de Gaulle** et à une nouvelle République. Le 13 mai 1958, des généraux de l'armée française ont organisé un coup d'État à Alger pour empêcher le gouvernement français d'engager des négociations avec le **FLN** (Front de libération nationale) algérien. Le but de cette tentative de coup d'État militaire était donc de s'opposer à tout changement politique qui pourrait aboutir à l'indépendance de l'Algérie. Devant la menace d'une prise du pouvoir par l'armée, ou même d'une guerre civile, le président de la République, René Coty, a demandé à De Gaulle de former un nouveau gouvernement. De Gaulle a accepté, mais il a clairement annoncé son intention de procéder à une réforme constitutionnelle. Les électeurs [*voters*] français ont approuvé la **nouvelle constitution** par référendum (79 % de « oui ») le 28 septembre 1958, et de Gaulle a été élu président de la République le 21 décembre. De Gaulle a donc été le dernier chef du Gouvernement de la IVᵉ République et le premier chef de l'État de la Vᵉ République. Ces circonstances extraordinaires sont dues à la guerre qui continuait en Algérie, où vivaient environ un million de Français (les pieds-noirs) et dix millions d'Algériens.

La Vᵉ République est un système mixte, à la fois présidentiel et parlementaire (voir chapitre 4). Cependant, le président de la République est au centre des institutions et dispose de plus de pouvoirs que sous la IVᵉ République. Détail important : le président a le droit de dissoudre l'Assemblée nationale et d'annoncer de nouvelles élections législatives (ce que de Gaulle fera deux fois, en 1962 et 1968). Ce dispositif constitutionnel convenait parfaitement à De Gaulle, qui pouvait définir les grandes lignes de la politique étrangère et économique et laisser le premier ministre s'occuper de la gestion des affaires courantes. Les premières années de sa présidence ont été dominées par la fin de la décolonisation (1960–1962). **L'année 1960** a été une étape importante : la plupart des anciennes colonies de **l'Afrique subsaharienne** sont devenues **indépendantes,** de façon pacifique (comme cela avait été le cas pour la Tunisie et le Maroc en 1956). Par contre, la guerre continuait dans ce qu'on appelait encore l'Algérie française. De Gaulle a d'abord tenté de détruire militairement le FLN, avant d'admettre qu'il n'y avait pas de solution militaire à cette guerre coloniale et que les Algériens voulaient créer un pays indépendant. En décidant de négocier avec le FLN, de Gaulle a pris des risques politiques : il y avait de fortes résistances dans l'armée et parmi les pieds-noirs. Comme nous le verrons dans la section suivante, l'indépendance de l'Algérie en juillet 1962 a mis fin à une guerre sanglante et doublement fratricide, dont les conséquences sont encore visibles aujourd'hui.

Sur le plan politique, les années 1960 sont dominées par la présidence de De Gaulle. Élu en 1958, il a été réélu (au suffrage universel) en 1965, avant de démissionner en 1969. Notons que le mandat [*term*] du président de la République était d'une durée de sept ans, jusqu'en 2002, lorsqu'il a été réduit à cinq ans. Bien qu'il y ait eu [*Even though there were*] plusieurs crises politiques au cours de sa présidence, il y avait une majorité gaulliste à l'Assemblée nationale. De Gaulle a donc pu nommer des premiers ministres qui correspondaient à ses choix politiques. Pendant les années 1960, la période de croissance exceptionnelle des Trente Glorieuses a continué, ce qui a permis à De Gaulle de mettre en œuvre [*implement*] une politique dirigiste, dans le but d'accélérer la modernisation économique du pays. En 1960, le **nouveau franc,** équivalent à 100 « anciens francs », est introduit (il durera jusqu'à l'introduction de l'euro en 2002). En 1961, le Centre national d'études spatiales (**CNES**) est créé (pour la base de lancement des fusées en Guyane, voir chapitre 4). En 1963, de Gaulle et le chancelier allemand Konrad Adenauer signent le **traité de l'Élysée,** qui rend officielle la réconciliation entre la France et l'Allemagne et qui facilite la coopération économique. Ce traité d'amitié renforce aussi le rôle central des deux pays à l'intérieur des institutions européennes. En 1965, le gouvernement annonce un plan d'aménagement du territoire dont le but est de créer des « **villes nouvelles** » (essentiellement autour de Paris), qui pourront constituer de nouveaux pôles économiques. En 1966, les Instituts universitaires de technologie (**IUT**) sont créés. En 1969, le Concorde fait son premier vol ; mais cet avion de ligne supersonique n'aura pas un grand succès commercial.

En ce qui concerne la politique étrangère, il a déjà été mentionné que la principale préoccupation de De Gaulle, c'est la place de la France dans le monde. Son objectif sera donc de renforcer l'indépendance de la France, surtout par rapport aux États-Unis, mais aussi par rapport aux institutions européennes (au lieu d'une fédération, il voulait une « Europe des nations »). En 1964, de Gaulle s'est opposé aux États-Unis en reconnaissant la République populaire de Chine. Il a aussi critiqué l'intervention militaire américaine au Vietnam. En 1966, la France s'est retirée (jusqu'en 2009) du commandement militaire intégré de l'OTAN ; les bases militaires américaines en France ont été fermées. Cependant, de Gaulle a soutenu les États-Unis pendant la crise des missiles de Cuba (1962). La **volonté d'indépendance nationale** était particulièrement manifeste dans la décision de développer une force de frappe nucléaire autonome (y compris des sous-marins nucléaires lanceurs d'engins). Rappelons à ce sujet que c'était de Gaulle qui avait créé le Commissariat à l'énergie atomique en 1945. Mentionnons également que le premier essai français d'une bombe nucléaire a eu lieu en 1960.

> De Gaulle est connu pour ses « petites phrases ». Une d'entre elles a créé une crise diplomatique avec le Canada. Durant une visite d'État en 1967, il a terminé un bref discours à Montréal par « Vive le Québec libre ! » Il a été longuement ovationné [*cheered*] par les 15 000 personnes qui ont assisté à son discours. Par contre, le gouvernement fédéral canadien a peu apprécié ce qu'il considérait — à juste titre — comme une ingérence [*interference*] dans les affaires intérieures du pays. De Gaulle a dû écourter sa visite et rentrer en France plus tôt que prévu.

| Retour | Afrique | Franc | Québec |

Sur le plan social, comme nous l'avons vu dans la section précédente, la France a connu de rapides évolutions à partir du milieu des années soixante. Certaines de ces évolutions ont été reflétées au niveau politique. En 1967, par exemple, alors que le baby-boom d'après-guerre était déjà terminé, une nouvelle loi a autorisé la **pilule contraceptive** (la « loi Neuwirth » ; voir chapitre 10). Mais dans l'ensemble, les dirigeants politiques français, et de Gaulle en particulier, ne semblaient pas se rendre compte que la société française était en train de changer, en grande partie à cause de sa nouvelle prospérité. Dès 1965, le roman de Georges Perec, *Les Choses*, faisait une description satirique de ce qu'on appellerait plus tard la **société de consommation**. Dans le domaine de la culture populaire, « l'américanisation » de la France se poursuivait : certains chanteurs de la période *yéyé* prenaient des noms de scène anglais (Johnny Halliday, Eddy Mitchell ou Dick Rivers). Dans de nombreux domaines, on parlait de nouveauté : la nouvelle vague (au cinéma), le nouveau roman, le nouveau réalisme ou la nouvelle cuisine.

En mai 1968, les étudiants parisiens ont lancé une vague de grèves et de manifestations [*strikes and demonstrations*] spontanées qui se sont rapidement étendues au reste du pays. Pendant quelques semaines, la vie économique s'est pratiquement arrêtée en France. Aux revendications [*demands*] antiautoritaires et de nature socioculturelle des étudiants se sont ajoutées celles, plus précises, des ouvriers et des employés sur les salaires et les conditions de travail. De Gaulle, qui était un modernisateur en ce qui concerne l'économie mais un traditionaliste sur le plan social, a été dépassé par l'ampleur [*size / scale*] de ce mouvement social, ainsi que par les revendications des étudiants. Il faut dire que les étudiants représentaient une nouvelle génération née après la Seconde Guerre mondiale, alors que de Gaulle était né au dix-neuvième siècle (en 1890). D'autre part, un des slogans des étudiants — « **Dix ans, ça suffit !** » — était une attaque directe contre celui qui était président depuis 1958 et dont le discours sur la « grandeur » de la France semblait dépassé.

Avec le recul historique, **Mai 68** marque symboliquement le déclin des grandes utopies politiques (surtout de l'utopie marxiste), ainsi que le début de nouveaux mouvements socioculturels et de nouvelles formes de contestation (féminisme, gais-lesbiennes, écologie, consommateurs, etc.). Mai 68 est également un écho distant des bouleversements révolutionnaires (en 1789, 1830, 1848 et 1871) des siècles précédents. Une grande différence : Mai 68 n'a pas été un événement révolutionnaire sanglant. C'est plutôt le côté festif qui constitue son originalité. Le mouvement était largement spontané et les revendications — un mélange d'anticapitalisme, de tiers-mondisme, de pacifisme et de libertarisme sexuel — ne ressemblaient à aucun programme politique structuré. Après la fin du mouvement, l'évolution de la plupart des étudiants a d'ailleurs été rapide. Certains d'entre eux, qui étaient engagés à l'extrême-gauche (le maoïsme était à la mode, par exemple), sont par la suite devenus des admirateurs du modèle socioéconomique américain. Plutôt qu'une révolution, Mai 68 a été un moment de défoulement libérateur, à une époque où le modèle socioculturel traditionaliste ne coïncidait plus avec une économie qui se modernisait rapidement. Nous reparlerons des conséquences sociétales de ce mouvement dans les chapitres ultérieurs. Par exemple, au chapitre 10, nous verrons que la « deuxième vague » féministe, portée par une nouvelle génération de militantes influencées par « l'esprit de Mai 68 », se développera au début des années 1970. Le sigle MLF (Mouvement de libération des femmes), même s'il ne recouvre pas toutes les organisations féministes, deviendra célèbre.

Quelques slogans de Mai 68 :

10 ans, ça suffit

Il est interdit d'interdire

Sous les pavés, la plage

Soyez réalistes, demandez l'impossible

L'imagination au pouvoir

Le rêve est réalité

La poésie est dans la rue

Jouissez sans entraves

CRS = SS

La crise de mai–juin 1968 a été résolue de deux façons : économique et politique. Les **accords de Grenelle** (le siège du ministère du Travail) du 27 mai, négociés entre le gouvernement, les syndicats [*labor unions*] et le patronat [*corporate managers*], ont surtout produit des augmentations de salaire. Quant à la quatrième semaine de congés payés par an, elle sera généralisée en 1969. Au niveau politique, le 30 mai 1968, de Gaulle a annoncé la **dissolution de l'Assemblée nationale** et la tenue d'élections législatives, un mois plus tard. Les électeurs, sans doute las ou effrayés [*tired or frightened*] par les grèves et les manifestations, ont donné une large majorité au parti gaulliste. Apparemment, de Gaulle était renforcé dans son autorité après la crise sociale. Cependant, sa présidence n'a duré qu'un an de plus. Le 27 avril 1969, les Français étaient appelés à voter sur un sujet assez technique (la réorganisation du Sénat). Ce **référendum**, qui était à l'initiative du président, est devenu une occasion pour les électeurs de s'exprimer sur De Gaulle lui-même. Le « non » a été majoritaire (à 52 %). Quelques heures plus tard, de Gaulle démissionnait. Conformément à la constitution de la Ve République, le président du Sénat est devenu président de la République par intérim, et une élection présidentielle a eu lieu. L'ancien premier ministre de De Gaulle, Georges Pompidou, a été élu président le 15 juin 1969. Même si de Gaulle s'était retiré de la vie politique, il y avait donc une continuité de la période gaulliste.

La présidence de Pompidou (1969–1974), dans l'ensemble moins dramatique que celle de De Gaulle, a néanmoins été marquée par quelques événements notables. En 1970, le **SMIC** (Salaire minimum interprofessionnel de croissance), indexé sur le taux de l'inflation, est institué (voir chapitre 7). En 1972, la troisième chaîne de télévision a été créée. En 1973, trois nouveaux pays (la Grande-Bretagne, l'Irlande et le Danemark) sont devenus membres de la Communauté économique européenne. De nouvelles infrastructures parisiennes ont été inaugurées : le boulevard périphérique en 1973 et l'aéroport Roissy-Charles de Gaulle en 1974. La mort de Pompidou en 1974 a coïncidé à peu près avec le premier **choc pétrolier** et avec la fin de la période d'essor économique des Trente Glorieuses. Nous verrons les étapes suivantes de la vie politique française au chapitre 4. Le chapitre actuel se termine par une courte présentation de la fin de l'époque coloniale.

LA DÉCOLONISATION

En 1945, l'empire colonial français, pour l'essentiel conquis pendant la Belle Époque, existe encore. Il s'agit principalement de :

- **L'Afrique du Nord (le Maghreb)** : le Maroc et la Tunisie (des protectorats), ainsi que l'Algérie (qui, rappelons-le, était administrativement intégrée à la France métropolitaine).
- **L'Afrique subsaharienne et Madagascar** : la plupart des colonies étaient regroupées dans deux fédérations, l'Afrique-Occidentale française et l'Afrique-Équatoriale française.
- **L'Indochine** : le Cambodge, le Laos et le Vietnam.

Pendant la Seconde Guerre mondiale, l'Indochine avait été occupée par le Japon. Pour sa part, l'Afrique du Nord avait été contrôlée par Vichy, puis par les alliés. Dans les deux cas, il y avait eu une rupture de l'autorité coloniale française, ce qui a favorisé le développement des **mouvements indépendantistes** (au Vietnam, Ho Chi Minh était déjà actif pendant la guerre).

On peut noter le contraste entre les politiques coloniales de la France et de la Grande-Bretagne après la Seconde Guerre mondiale. La Grande-Bretagne, qui avait connu sa « *finest hour* » (pour reprendre l'expression de Churchill) et qui avait fini par être victorieuse, a accepté l'indépendance de l'Inde — la plus importante de ses colonies — dès 1947. Par contre, la France, qui avait été occupée pendant la guerre, a tenté, par la force militaire, de préserver la plus grande partie de son empire colonial.

On peut également comparer de quelles façons chaque pays a cherché à justifier son impérialisme colonial. Pour la Grande-Bretagne, il s'agissait de gouverner par la force des peuples considérés comme étant arriérés ou barbares, et donc incapables de participer à la civilisation mondiale de façon autonome. C'est Rudyard Kipling qui a le mieux exprimé cette tentative de justification dans son poème « *The White Man's Burden* » (1899). En France, la « mission civilisatrice » qui servait à justifier les conquêtes coloniales reflétait une **attitude paternaliste** envers les peuples colonisés. Dans cette optique, la colonisation française avait pour but d'éduquer et de mener vers la modernité des peuples qui étaient implicitement comparés à des enfants. La politique coloniale devenait ainsi un prolongement du rayonnement de la langue et de la culture françaises (une tendance à long terme ; voir chapitre 1).

Évidemment, les réalités du colonialisme ne correspondaient pas aux justifications avancées par les pays colonisateurs. Il s'agissait en fait d'obtenir des **avantages géopolitiques** et d'**exploiter économiquement** des peuples et de vastes territoires. Parmi les cas les plus cyniques, il y a les deux guerres de l'opium (1839–1842 et 1856–1860), au cours desquelles la Grande-Bretagne (alliée à la France dans la seconde guerre) a attaqué la Chine pour l'obliger à accepter le commerce de l'opium en provenance de l'Inde. L'exploitation coloniale la plus atroce a probablement eu lieu au Congo belge, lorsque cet immense territoire était directement contrôlé par le roi Léopold II (Joseph Conrad s'en est inspiré pour *Heart of Darkness* [1899] ; voir l'ouvrage d'Adam Hochschild).

Rappels :

- La division de l'Afrique par les principales puissances euro-péennes : la conférence de Berlin (1885).
- Le triomphe de la « mission civilisatrice » française : l'Exposition coloniale à Paris (1931).
- Les « quatre communes » sénégalaises (Dakar, Gorée, Rufisque et Saint-Louis), dont les habitants avaient la nationalité française — et donc des représentants à l'Assemblée nationale.

A.O.F.	A.É.F.	Indochine

À travers l'empire colonial, l'attitude paternaliste de la « mission civilisatrice » française a mené à plusieurs tentatives de développement économique — dans un contexte général d'exploitation. Par exemple, l'administration coloniale faisait construire — souvent avec le travail forcé des populations locales — des lignes de chemin de fer qui reliaient un centre minier avec une ville portuaire. Il y a eu de véritables programmes d'alphabétisation, ainsi que l'accès limité à l'enseignement universitaire en France, dans le but de créer une élite francophone à l'intérieur des colonies. Cependant, si les conditions générales à travers l'ensemble des colonies françaises n'ont pas été aussi atroces qu'au Congo belge, l'armée française n'a pas hésité à réprimer de façon sanglante toute tentative de soulèvement [*uprising*] anticolonial.

Le 1er décembre 1944, dans le camp militaire de **Thiaroye** (près de Dakar), des tirailleurs sénégalais ont manifesté pour obtenir le paiement de leurs indemnités. Plusieurs dizaines d'entre eux ont été tués pendant la répression. Le réalisateur sénégalais Ousmane Sembène a consacré un film à cette tragédie, *Camp de Thiaroye* (1988).

En mai 1945, dans la région du Constantinois (nord-est de l'Algérie), des manifestations nationalistes ont dégénéré en émeutes [*riots*]. Une centaine d'Européens ont été tués. En représailles [*retaliation*], l'armée française a lancé une vaste campagne de répression. Les massacres de **Sétif**, **Guelma et Kherrata** ont fait plusieurs milliers de morts.

L'insurrection malgache de 1947–1948 a été écrasée dans le sang par l'armée française, au prix de dizaines de milliers de morts, pour la plupart des civils, à Madagascar.

Comme on l'a déjà dit, la plupart des anciennes colonies de l'Afrique subsaharienne sont devenues indépendantes, de façon pacifique, en 1960. Les protectorats du Maroc et de la Tunisie avaient déjà accédé à l'indépendance en 1956. De nos jours, les relations entre la France et la majorité des pays africains sont généralement bonnes. Pour plusieurs pays, il est clair qu'une relation de dépendance économique et politique — qu'on appelle parfois **le néocolonialisme ou la « Françafrique »** — a continué après l'indépendance. Comme on le verra au chapitre 8, la plupart des anciennes colonies françaises (et belges) sont devenues membres de l'Organisation internationale de la Francophonie. Le fait que la langue française soit présente dans plusieurs régions du monde est évidemment dû en grande partie à la colonisation. Si l'année 1960 est celle de la décolonisation pacifique, immédiatement après la fin de la Seconde Guerre mondiale, la France avait tenté de préserver la plus grande partie de son empire colonial, ce qui a mené à deux guerres, dont il est temps de parler.

La **guerre d'Indochine** (1946–1954). La France avait progressivement colonisé ces pays (le Cambodge, le Laos et le Vietnam) entre 1858 et 1887. Pendant la Seconde Guerre mondiale, l'Indochine a été occupée par le Japon. Après le départ des troupes japonaises en 1945, l'armée française a de nouveau occupé les territoires de l'Indochine. Cependant, le mouvement indépendantiste Vietminh, dirigé par Ho Chi Minh, a déclaré l'indépendance du Vietnam, avec Hanoi pour capitale. Soutenu militairement par l'Union soviétique et par la Chine (à partir de 1949), le Vietminh contrôlait la plus grande partie du nord du pays, alors que l'armée française, soutenue par les États-Unis, contrôlait le sud. La guerre d'Indochine, qui avait commencé comme une guerre d'indépendance, est rapidement devenue une lutte contre le communisme pour la France et son allié américain. En 1954, après la bataille de Diên Biên Phu, des négociations à Genève ont abouti à la division provisoire du pays en Vietnam du nord et du sud, en attendant les élections qui devaient avoir lieu en 1956. La France a accepté l'indépendance des pays de l'ancienne Indochine et a retiré ses troupes. Mais les États-Unis ont soutenu un nouveau gouvernement anticommuniste au Vietnam du Sud, avec Saigon pour capitale. Cette nouvelle guerre a duré jusqu'en 1975.

Il faut préciser qu'il y avait peu de Français en Indochine. Pendant la période coloniale, l'armée française contrôlait ces territoires avec l'aide de troupes locales. Pour la France, l'Indochine n'a jamais été une colonie de peuplement. Le but de la colonisation était l'exploitation économique, ce qui n'exigeait pas un grand nombre de colonisateurs français. Cette situation s'appliquait également dans la plus grande partie de l'empire colonial. Contrairement à d'autres pays européens qui ont connu des périodes d'émigration massive, peu de Français sont partis vers les colonies, et très peu ont choisi d'y rester. C'est sans doute une des raisons pour lesquelles la décolonisation a été accomplie de façon pacifique dans la majorité des cas. La grande exception, c'était l'Algérie, dont la colonisation avait commencé en 1830.

La **guerre d'Algérie** (1954–1962). Contrairement aux autres colonies, il y avait beaucoup de **Français en Algérie : environ un million**. Rappelons que l'Algérie était divisée en départements (3), et qu'elle était administrativement intégrée à la France métropolitaine. Mais les musulmans — c'est-à-dire la grande majorité des habitants — n'avaient pas le droit de vote et avaient perdu la plupart de leurs droits économiques (les meilleures terres avaient souvent été expropriées par les Français). Dans toute situation coloniale, il y a la distinction d'ordre politique entre les colonisateurs et les colonisés. En Algérie, comme ailleurs, il faut aussi tenir compte des **divisions religieuses, ethniques et économiques** :

- Les Français (ou les pieds-noirs ou les Européens) étaient majoritairement catholiques ou laïques. Il y avait environ **120 000 juifs**, dont la présence en Afrique du Nord remontait à l'Empire romain. Dans l'ordre sociopolitique de l'Algérie, les juifs étaient en position intermédiaire, puisqu'ils étaient citoyens français depuis le décret Crémieux de 1870. Les **10 millions de musulmans** n'avaient pas de droits politiques. La citoyenneté française leur était rarement accordée.
- Les **pieds-noirs** étaient majoritairement d'origine française, mais aussi espagnole, italienne et maltaise. Souvent installés en Algérie depuis plusieurs générations, ils ne se considéraient pas comme des colonisateurs. Les musulmans étaient divisés entre Arabes et Berbères (concentrés en Kabylie et dans l'Aurès ; environ 25 % de la population). Les Berbères ou Amazighs sont un groupe ethnique autochtone de l'Afrique du Nord, dont la langue est le tamazight. En général, les pieds-noirs alternaient entre une attitude paternaliste ou répressive vis-à-vis des Algériens musulmans. En ce qui concerne les juifs, il y avait parfois des vagues d'antisémitisme parmi les pieds-noirs, par exemple durant l'affaire Dreyfus.
- Les Français contrôlaient l'industrie et les grandes exploitations agricoles (y compris une grande production de vin). Les juifs vivaient surtout dans les grandes villes et travaillaient souvent dans le commerce. Les musulmans travaillaient dans l'industrie et l'agriculture. Ils étaient généralement concentrés dans les plus vieux quartiers des villes et sur les plus mauvaises terres à la campagne.

Les multiples divisions en Algérie étaient partiellement reflétées en France. Si le soutien à l'Algérie française était massif au début de la guerre, un pourcentage croissant de l'opinion publique a commencé à reconnaître l'inévitabilité de l'indépendance algérienne. Parmi les intellectuels français, on peut citer l'opposition célèbre entre Jean-Paul Sartre, qui soutenait le FLN et l'indépendance, et Albert Camus, qui était né en Algérie et qui préconisait la citoyenneté française pour tous ses habitants. Parmi les Algériens qui souhaitaient l'indépendance, il y avait également des divisions politiques. Les deux principaux mouvements indépendantistes étaient le Mouvement national algérien (MNA), dirigé par Messali Hadj, et le Front de libération nationale (FLN), qui a très tôt choisi la lutte armée contre la France (et contre le MNA, jugé trop modéré). Notons également que de nombreux Algériens musulmans — les **Harkis** — ont combattu dans l'armée française contre le FLN.

La guerre d'Algérie a fait environ 400 000 morts. En dehors des opérations militaires, il y eu un cycle de terrorisme et de contre-terrorisme, ainsi que des atrocités commises des deux côtés. Cette guerre a laissé des traces traumatiques dans la société française, qu'on peut comparer à celle du Vietnam pour les États-Unis. Comme on l'a vu, c'est la guerre d'Algérie qui a mené à la chute de la IVᵉ République. Comme dans le cas de la guerre d'Indochine, il y avait une dimension internationale au conflit colonial algérien : le FLN était soutenu par l'Union soviétique et par les pays arabes (surtout par l'Égypte, dirigée par Gamal Abdel Nasser) ; la France était soutenue par les États-Unis. En Algérie, le conflit ne s'est pas limité à l'affrontement entre le FLN et l'armée française. Lorsque de Gaulle a commencé à négocier avec les indépendantistes algériens, une nouvelle organisation politique, minoritaire mais armée, s'est développée parmi les pieds-noirs : l'Organisation armée secrète. L'OAS a commis des attentats en Algérie et en France (y compris des tentatives d'assassinats de De Gaulle). Du côté indépendantiste, le FLN a cherché à détruire militairement le MNA. Le conflit s'est également propagé en France métropolitaine, parmi les travailleurs immigrés algériens et leurs alliés politiques français.

Les **atrocités** ont été nombreuses, pendant et même après la guerre, en Algérie et même à Paris (la sanglante répression, par la police française, des manifestants algériens, le 17 octobre 1961). Parmi les tactiques du FLN, il y avait les bombes placées dans les lieux publics, ainsi que les mutilations des cadavres des Européens. L'armée française a répondu par la torture, les exécutions sommaires, les bombardements de villages au napalm. Il y a eu des massacres à l'intérieur de chaque camp. Le 28 mai 1957, des troupes du FLN ont massacré des centaines de villageois à Melouza, parce qu'ils soutenaient l'organisation indépendantiste rivale, le MNA. Le 26 mars 1962, lors de la fusillade de la rue d'Isly à Alger, l'armée française a tiré sur des manifestants français, faisant 80 morts. À la fin de la guerre, des milliers de Harkis, les troupes algériennes alliées, ont été abandonnés par l'armée française — et massacrés par les Algériens.

Sur le plan militaire, la **bataille d'Alger**, en 1957, a été importante. L'armée française a détruit le réseau clandestin du FLN, en utilisant largement la torture. Cette victoire militaire s'est rapidement transformée en un désastre politique et diplomatique pour la France, qui était isolée et condamnée par l'opinion inter-nationale : une quinzaine d'années après l'Occupation allemande, c'était l'armée française qui traquait des résistants. Nous avons déjà mentionné la tentative de coup d'État militaire du 13 mai 1958 à Alger, afin d'empêcher le gouvernement français d'engager des négociations avec le FLN. Cette tentative a abouti au retour au pouvoir de De Gaulle et au début de la Vᵉ République. En janvier 1961, de Gaulle a organisé un référendum pour pouvoir négocier avec le FLN. L'OAS a tenté de l'assassiner. Il y a eu une nouvelle tentative de coup d'État militaire à Alger, cette fois dirigé contre De Gaulle, qui avait acquis la certitude que la France devait se débarrasser du « boulet » colonial algérien. Le 5 juillet 1962, l'Algérie est devenue indépendante (Ahmed Ben Bella était le premier président). Obligés de choisir entre « la valise ou le cercueil » [*suitcase or coffin*], environ un million de pieds-noirs, de juifs et de Harkis sont partis en France. Les guerres coloniales françaises étaient enfin terminées.

De nos jours, l'Algérie est un grand producteur de pétrole et de gaz naturel (son principal client : la France). Pendant les années 1990, il y a eu une **guerre civile** entre l'armée algérienne et le mouvement islamiste FIS (Front islamique du salut). Les principales victimes étaient les civils : environ 200 000 morts et disparus. La guerre d'Algérie a laissé des traces historiques amères [*bitter*] des deux côtés de la Méditerranée, qui continuent d'avoir des effets sur les relations diplomatiques entre la France et l'Algérie. Presque tous les pays qui avaient été des colonies françaises ou belges ont choisi de devenir membres de l'Organisation internationale de la Francophonie, sauf l'Algérie (voir chapitre 8). Notons enfin l'ironie historique qui s'applique à l'Algérie, comme à plusieurs pays issus de la colonisation. Avant la période coloniale française, l'Algérie n'avait jamais existé en tant que pays indépendant. Les frontières et même le nom du pays sont le résultat de la colonisation : les Français ont simplement étendu le nom de la principale ville, Al-Djazaïr ou Alger, au reste du territoire.

| Françafrique | Pieds-noirs | Harkis | Alger |

POUR ALLER PLUS LOIN

1) En tenant compte de la situation historique des années 1930, est-ce vous pensez que la France et la Grande-Bretagne auraient pu réagir différemment face à Hitler, dès le début du régime nazi ? Pourquoi ces pays ont-ils hésité si longtemps à agir ?

2) Quelles sont les différences entre la IIIe République et le régime de Vichy ?

3) Imaginez que vous êtes un travailleur français en 1943, réquisitionné par le Service du travail obligatoire (STO). Est-ce que vous acceptez d'aller travailler dans une usine allemande ? Pouvez-vous faire un autre choix ? Si oui, y a-t-il des risques ?

4) Comparez la situation des juifs en France à ceux d'autres pays occupés par l'Allemagne pendant la Seconde Guerre mondiale.

5) Pourquoi l'empire colonial français était-il particulièrement important durant l'Occupation ?

6) Faites des recherches en ligne sur la vie quotidienne en France pendant l'Occupation. Quels en sont les aspects les plus surprenants ?

7) Imaginez que vous êtes le premier ministre français en 1954, c'est-à-dire l'année où la guerre d'Indochine se termine et où la guerre d'Algérie commence. Quelle sera votre ligne politique ?

8) Faites des recherches en ligne sur une des plus célèbres « petites phrases » de Charles de Gaulle : « Je vous ai compris ». Étant donné [Given] le contexte, que voulait-il dire ?

9) Faites des recherches en ligne sur Daniel Cohn-Bendit, un des principaux représentants des étudiants qui manifestaient en mai 1968. Que pensez-vous de son évolution politique ?

10) Qu'est-ce qu'une « société de consommation » ? Quels en sont les avantages et les inconvénients ?

Minitest

1) Les ruines du village d'_____ perpétuent le souvenir de l'un des pires massacres de civils perpétrés en France pendant l'Occupation.

2) Tournée vers l'avenir, la culture américaine tend à insister sur les ruptures ou le renouveau de l'histoire ; alors que la culture française, plus ancienne et traditionaliste, tend à privilégier la _____ historique.

3) La _____ (lignes régulières et ordonnées) des jardins ou des palais (Versailles, par exemple) est une des principales caractéristiques du classicisme, qui a longtemps influencé l'urbanisme en France.

4) Une culture parfaitement _____ serait totalement régulière, sans variation ni exception.

5) Les guerres coloniales (Indochine et Algérie), ainsi que l'instabilité politique, ont profondément ébranlé la _____ République.

6) Pendant l'Occupation allemande (1940–1944), le régime de Vichy a suivi une politique de _____ avec le régime nazi.

7) Le symbole traditionnel de la France (et de l'équipe de France de football), c'est le _____.

8) Charles de Gaulle était le chef du _____ (1944–1946), qui a procédé à de nombreuses réformes (nationalisations, Sécurité sociale, généralisation des _____, vote des femmes). Ce régime de transition était un gouvernement de coalition qui réunissait les principaux partis et mouvements ayant participé à la Résistance durant l'Occupation allemande (1940–1944), y compris le _____.

9) Pour l'essentiel, l'Afrique a été colonisée par les puissances européennes au cours du _____ siècle.

10) La loi de séparation des Églises et de l'État (la laïcité) date de

_____.

11) Depuis longtemps, la France et les États-Unis ont chacun tendance à proclamer l'_____ de leur modèle culturel respectif.

12) Il y a eu une grande vague d'immigration vers la France après chacune des _____.

13) La décentralisation et la _____ sont des tendances récentes qui ont pour but de corriger l'excessive centralisation administrative en France.

14) L'appel du _____ (1940) constitue le début de la Résistance.

15) Pendant le régime de Vichy, dont le chef d'État était le Maréchal _____, la devise de la République (Liberté, Égalité, Fraternité) a été remplacée par : _____, Famille, _____.

16) Les deux principaux mouvements indépendantistes algériens étaient _____ et le MNA.

18 juin	*allocations familiales*	*coupure*
1885	*Collaboration*	*de Gaulle*
1905	*confusion*	*dictature*
8 mai	*continuité*	*dispersion*
abandon	*coq gaulois*	*dix-neuvième*

exil

Front national

Gouvernement provisoire

Guerres mondiales

hétérogène

homogène

IIIe

IVe

l'OAS

le FLN

Marianne

monarchies

natalité

Oradour-sur-Glane

Parti communiste

Patrie

peine de mort

Pétain

régionalisation

Résistance

symétrie

Travail

universalisme

Vichy

vingtième

4 Les institutions

Dans ce chapitre, nous aborderons les systèmes constitutionnel, politique, administratif et juridique de la République française. Nous présenterons également la France d'outre-mer.

LA CONSTITUTION

La Constitution du 4 octobre 1958 est le document fondateur de la Vᵉ République. Adoptée par référendum, la Constitution a été amendée plusieurs fois. Son préambule fait référence à trois textes :

- la *Déclaration des droits de l'homme et du citoyen* de 1789 ;
- le préambule de la Constitution de la IVᵉ République (1946) ;
- la Charte de l'environnement de 2004.

Au-delà des multiples changements constitutionnels que la France a connus au cours de son histoire, il y a donc une certaine continuité des principes républicains. La *Déclaration des droits de l'homme et du citoyen* reflète les valeurs issues de la Révolution française et le préambule de la Constitution de la IVᵉ République celles de la France Libre. Plus récemment, la Charte de l'environnement correspond à l'importance croissante des questions liées au développement durable et à l'écologie.

Divisée en titres et en articles, la Constitution définit et organise les pouvoirs publics. L'ordre des titres reflète l'importance relative des branches du gouvernement. Le titre II, sur le **Président de la République**, est donc suivi par celui sur le **Gouvernement**, puis par celui sur le **Parlement**. La nature semi-présidentielle (ou présidentielle-parlementaire mixte) de la Constitution est ainsi clairement affirmée.

Il y a en effet deux grands types de démocraties : parlementaire et présidentielle. Le Canada constitue un bon exemple d'une démocratie **parlementaire** : c'est le premier ministre (le chef du Gouvernement), responsable devant la Chambre des Communes, qui dirige la politique du pays. Le Canada étant une monarchie constitutionnelle, la reine Elizabeth II (le chef de l'État) nomme un gouverneur général, qui a essentiellement un rôle honorifique. Par contre, on trouve aux États-Unis un bon exemple d'une démocratie **présidentielle** : le Président, à la fois le chef de l'État et le chef du Gouvernement, a tous les pouvoirs de la branche exécutive. Il n'y a pas de premier ministre. Au Canada comme aux États-Unis, le fédéralisme constitue un principe constitutionnel fondamental.

Au lieu d'avoir un système fédéral, la France est un des pays les plus centralisés de l'Europe (comme nous l'avons vu au chapitre 1), même si la tendance plus récente est celle de la décentralisation, à travers les régions. L'article premier de la Constitution précise : « La France est une République indivisible, laïque, démocratique et sociale ». **L'indivisibilité et la laïcité** font partie des principes constitutionnels les plus importants. Il a déjà été mentionné que la Constitution de la Ve République n'est ni parlementaire ni présidentielle. Elle appartient à une troisième catégorie — **semi-présidentielle** (ou présidentielle-parlementaire mixte) — qui réserve un rôle primordial au chef de l'État (le président de la République). Cependant, pour pouvoir mettre en œuvre [*implement*] sa politique, le président nomme un premier ministre (le chef du Gouvernement), qui est responsable devant l'Assemblée nationale. Le premier ministre doit donc avoir à la fois la confiance du président (sauf en cas de **cohabitation**) et une majorité à l'Assemblée. Le terme « cohabitation » désigne une situation où le président de la République et le premier ministre appartiennent à des partis politiques opposés, ce qui est arrivé trois fois au cours de la Ve République.

Le Canada, les États-Unis et la France ont tous un Parlement **bicaméral**. En France, la chambre haute s'appelle le **Sénat** et la chambre basse l'**Assemblée nationale**. Comme c'est le cas pour la Chambre des Communes du Canada, c'est la chambre basse qui a le plus de pouvoir en France (ce qui n'est pas le cas aux États-Unis), parce qu'elle est élue directement par l'ensemble des électeurs [*voters*]. Nous verrons les modalités des élections dans la section suivante.

Constitution	Semi-présidentiel	Cohabitation	Bicaméral

En ce qui concerne la branche judiciaire, son rôle est relativement limité, surtout par comparaison avec l'importance de la *Supreme Court* américaine, qui peut non seulement invalider, mais aussi changer des lois (tout en fonctionnant en tant que cour d'appel de dernier ressort). En France, le **Conseil constitutionnel**, comme son nom l'indique, sert essentiellement à vérifier la conformité des lois à la Constitution. Cependant, contrairement à la Cour suprême du Canada, il ne fonctionne pas comme une cour d'appel de dernier ressort. Cette fonction est réservée à la **Cour de cassation** qui, toujours comme son nom l'indique, peut « casser » un jugement prononcé par une autre cour de justice. Il y a une troisième institution judiciaire française, le **Conseil d'État**, qui conseille le gouvernement sur les projets de loi. Le Conseil d'État examine donc un projet de loi *avant*

Le palais Bourbon, siège de l'Assemblée nationale

Source : Guilhem Vellut / Wikimedia Commons / CC-BY-2.0

qu'il soit présenté au Parlement ; et le Conseil constitutionnel se prononce sur la conformité à la Constitution *après* que le Parlement a approuvé une loi. Les neuf juges du Conseil constitutionnel sont nommés par le président de la République, le président de l'Assemblée nationale et le président du Sénat (trois nominations chacun). Les juges sont nommés pour une période de neuf ans (non-renouvelable). Détail curieux : les anciens présidents de la République sont membres de droit du Conseil constitutionnel. Le Palais-Royal est le siège du Conseil constitutionnel et du Conseil d'État (c'est aussi le siège du ministère de la Culture). La Cour de cassation a son siège au palais de justice de Paris (1er arrondissement).

La théorie de la **séparation des pouvoirs** a été élaborée par plusieurs philosophes au cours des dix-septième et dix-huitième siècles. Un juriste (et romancier) français, à une époque où il y avait une monarchie absolue, a eu beaucoup d'influence, surtout en dehors de la France. Dans *De l'esprit des lois* (1748), Montesquieu a cherché à limiter l'absolutisme royal en établissant trois branches du gouvernement : exécutive, législative et judiciaire. La plupart des pays démocratiques ont adopté une variante de ce système, qui a pour but de préserver la liberté à travers l'équilibre des pouvoirs. Cependant, en France, la branche judiciaire a beaucoup moins de pouvoir qu'aux États-Unis. La tradition française en général (et Charles de Gaulle en particulier) s'oppose au « gouvernement des juges ». Les grandes réformes sociales (par exemple : la légalisation de l'IVG ou le mariage pour tous) ne peuvent donc être approuvées que par le Parlement, élu par le peuple. La théorie de Montesquieu donnait beaucoup d'importance à la branche judiciaire. Or en France, ce sont les branches exécutive et législative qui dominent. Nul n'est prophète en son propre pays.

Canada	États-Unis	France
Gouverneur général Premier ministre	Président	Président de la République Premier ministre
Sénat Chambre des Communes	Sénat Chambre des Représentants	Sénat Assemblée nationale
Cour suprême	Cour suprême	Conseil constitutionnel Cour de cassation Conseil d'État

La IVᵉ République (1946–1958) était un régime parlementaire, comme l'avait été la IIIᵉ (1871–1940). La vie politique était dominée par des alliances instables entre les partis. Le président de la République n'avait qu'un rôle honorifique. Dans le domaine institutionnel, la Vᵉ République a apporté un niveau notable de stabilité (même s'il y a périodiquement des appels à créer une VIᵉ République). Traditionnellement, les Français ont confiance en l'État et en la plupart de ses institutions. Par contre, ils ont presque toujours fait preuve de **scepticisme**, voire de cynisme, vis-à-vis des politiciens. En dehors des risques de corruption qui sont associés à l'exercice du pouvoir, et qui sont difficiles à mesurer, on reproche souvent aux politiciens français de faire partie d'un système politico-administratif centralisé et élitiste (système que les grandes écoles tendent à renforcer).

Avant de clore cette section, mentionnons **le lien à la Révolution** — ou plutôt aux révolutions — qui a longtemps caractérisé l'histoire politique française. Même s'il y a eu cinq républiques, toutes ont proclamé leur filiation à la Révolution française de 1789 et aux valeurs qui en sont issues, en particulier telles qu'elles sont exprimées dans la *Déclaration des droits de l'homme et du citoyen*. Les révolutions successives du dix-neuvième siècle n'ont fait que renforcer cette filiation et donc cette conscience révolutionnaire. À titre de comparaison, le Canada a accédé à l'indépendance pacifiquement en 1867 et n'a pas connu de bouleversements révolutionnaires par la suite, même si le mouvement pour l'indépendance du Québec a constitué un défi spécial pour la stabilité du fédéralisme canadien (voir chapitre 8). Quant à la *Revolutionary War* américaine, qui était plutôt une guerre d'indépendance, elle n'a pas été suivie, comme en France, par une série d'**alternances constitutionnelles** entre la République, la Monarchie et l'Empire. À l'exception partielle de la *Civil War* (ou la Guerre de Sécession), le principe constitutionnel des États-Unis — une république fédérale — n'a jamais été remis en question. En France, on peut considérer que Mai 68 a fourni le dernier exemple, en grande partie sur un mode parodique, d'une tentative d'accélération de l'histoire à travers un mouvement révolutionnaire. Il reste à savoir si, de nos jours, le lien à la Révolution, ou peut-être le mythe révolutionnaire, existe encore.

« En Amérique, on a des idées et des passions démocratiques ; en France, nous avons encore des passions et des idées révolutionnaires. »
Alexis de Tocqueville, *De la démocratie en Amérique*, Livre II (1840), 3ᵉ partie, chapitre XXI, « Pourquoi les grandes révolutions deviendront rares »

> « L'originalité française a été d'écrire la civilisation politique du pays, unique en tant qu'elle est nationale, dans le registre de l'universel ; l'exceptionnel étant non pas ce qui la sépare des autres nations, mais ce qui la rend au contraire exemplaire, ce qui la constitue en modèle. L'idée nationale en a tiré sa richesse et ses errements ; l'idée démocratique en a reçu aussi son histoire classique sur le mode révolutionnaire, alors que les États-Unis en présentaient l'autre version, sur le mode constitutionnel. »
>
> François Furet, « La France unie... », *La République du centre : la fin de l'exception française* (1988)

Séparation	Institutions	Scepticisme	Alternances

LES ÉLECTIONS NATIONALES

vote public [handwritten]

Le président de la République est élu au suffrage universel (depuis 1962) pour un mandat de cinq ans (depuis 2002 ; auparavant, le mandat était de sept ans). Il a le droit d'organiser un **référendum**, ainsi que celui de **dissoudre** l'Assemblée nationale (ce qui mène à de nouvelles élections législatives quelques semaines plus tard). Le palais de l'Élysée est la résidence du président de la République ; l'hôtel de Matignon est celle du premier ministre. Au chapitre 1, nous avons mentionné d'autres lieux de pouvoir parisiens, qui correspondent aux sièges de certains ministères : Bercy (le ministère de l'Économie et des Finances) ; la place Beauvau (le ministère de l'Intérieur) ; Grenelle (le ministère du Travail) ; le quai d'Orsay (le ministère des Affaires étrangères). Depuis 2015, « l'hexagone Balard » (15e arrondissement) est le siège de l'État-major des Forces armées françaises.

Il y a actuellement 577 députés (les membres de l'Assemblée nationale), qui sont élus directement pour cinq ans. Les 348 sénateurs sont élus pour six ans (depuis 2003) à travers des élections indirectes (environ 150 000 grands électeurs, qui sont eux-mêmes des élus). Le palais Bourbon est le siège de l'Assemblée nationale ; le palais du Luxembourg est celui du Sénat.

[handwritten notes in margin: *dissoudre* ; *les endroits où les moyens vivent* ; *Sénat* ; *siège de l'Assemblée*]

holdings

Le **cumul** des mandats est une spécificité française, heureusement en voie de disparition. Il a longtemps été normal qu'un député ou qu'un sénateur soit en même temps le maire d'une ville, ou le président d'un conseil régional ou départemental. Depuis les élections législatives de 2017, une loi a strictement restreint cette pratique, ce qui oblige la plupart des parlementaires à abandonner une de leurs fonctions électives au niveau municipal, départemental ou régional.

| Référendum | Dissolution | Sénat | Cumul |

Sunday

En France, on vote toujours un **dimanche**. La plupart des élections — municipales, départementales, régionales, nationales — sont à **deux tours**. Le second tour a lieu une semaine après le premier (deux semaines dans le cas de l'élection présidentielle). Pour être élu au premier tour, il faut obtenir la majorité absolue des voix [*votes*]. En général, il y a plusieurs candidats (quelquefois plus d'une douzaine) au premier tour. Les deux candidats qui ont obtenu le plus de voix se retrouvent au second tour (il y a aussi parfois des « triangulaires » : trois candidats au second tour). Ce système encourage la participation des « petits » candidats qui n'appartiennent pas aux principaux partis politiques. Mais il a aussi l'avantage de présenter un choix clair aux électeurs au second tour. On dit souvent que le premier tour des élections permet l'expression d'un vote « protestataire », alors que le second tour est décisif. Évidemment, à cause du système à deux tours, il faut se rendre aux urnes [*go vote*] plus souvent. En 2017, par exemple, à l'occasion de l'élection présidentielle et des élections législatives, les Français ont voté quatre fois.

LES PARTIS POLITIQUES

Jusqu'à l'élection présidentielle de 2017, les Français étaient habitués à voir la vie politique dominée par deux grands partis : **le PS** (Parti socialiste ; la gauche sociale-démocrate) et **LR** (Les Républicains ; la droite gaulliste-libérale). Malgré l'effondrement de l'Union soviétique en 1991, le PC (Parti communiste) continuait à survivre, surtout à cause de la CGT, un des principaux syndicats [*labor unions*] français. Les petits partis de gauche — le PC, les écologistes (EELV) et les radicaux de gauche — étaient souvent alliés au PS. Il y avait plusieurs très petits partis ou « groupuscules » à l'extrême-gauche (en particulier, les trotskistes). Il n'y avait pas de grands partis au centre (le MoDem était un petit parti), ce qui était très différent de la situation des IIIe et IVe Républiques. Depuis le milieu des années 1980, il y avait un important parti d'extrême-droite, **le FN** (Front national), qui tenait un discours radicalement anti-immigré et anti-européen (en 2018, le nom du parti a changé : le RN ou Rassemblement national).

En France, les **divisions idéologiques gauche / droite** étaient traditionnellement plus fortes qu'au Canada et qu'aux États-Unis. Dans le domaine économique, la droite était plus **libérale** et la gauche était plus **dirigiste**. En ce qui concerne les sujets socioculturels, la droite était plus conservatrice et la gauche plus progressiste. En général, la gauche défendait « le peuple » et la droite affirmait les valeurs de « la nation ». Comme dans d'autres pays, les clivages politiques correspondaient souvent à des divisions économiques, sociales et culturelles. Cependant, ces divisions tendaient à s'atténuer [*diminish*] depuis les années 1990 (exception : le FN), en partie à cause de facteurs externes : la fin de la guerre froide ; le développement de l'UE ; la mondialisation économique. Il y avait un large consensus sur, par exemple, la protection de la Sécurité sociale et sur une certaine indépendance en politique étrangère.

Le système des élections à deux tours encourageait les alliances entre partis, pour (en général...) arriver à un choix **droite / gauche** au second tour. Les petits partis (les écologistes, par exemple) étaient donc obligés de conclure des alliances pour avoir une chance d'être présents au second tour dans certaines **circonscriptions** [*legislative districts*]. Le taux de participation aux élections nationales était en général élevé (entre 70 % et 80 %). Le coût des élections était réduit à cause de l'accès gratuit (et égalitaire) à la télévision publique. Par comparaison avec d'autres pays européens, il y avait relativement **peu de femmes** dans la vie politique française (le PS était le seul grand parti à avoir fait un effort dans ce domaine). En général : peu de candidates et peu d'élues à l'Assemblée nationale et au Sénat. Au cours de toute l'histoire politique de la France, une seule femme a été première ministre : Édith Cresson (PS) en 1991–1992. Deux femmes sont arrivées au second tour d'une élection présidentielle : Ségolène Royal (PS) en 2007 et Marine Le Pen (FN) en 2017.

Telle était [*Such was*] la situation politique jusqu'à l'élection présidentielle de 2017. Comme nous le verrons à la fin de la section suivante, l'élection à la présidence de la République d'un novice en politique, Emmanuel Macron, suivi du triomphe aux élections législatives du parti qu'il avait récemment fondé, a radicalement transformé l'équilibre gauche / droite traditionnel, ainsi que beaucoup d'autres aspects de la vie politique. Avant d'aborder ces questions, nous examine-rons brièvement le déroulement des principaux événements politiques en France depuis la fin de la Seconde Guerre mondiale.

Quelques dates politiques importantes

1944–1946 : Gouvernement provisoire (nationalisations, Sécurité sociale et allocations familiales, droit de vote des femmes, création de l'ENA et de la CEA).

1946–1958 : IVe République ; Trente Glorieuses ; baby-boom ; guerre d'Indo-chine (1946–1954) et guerre d'Algérie (1954–1962) ; début des institutions européennes : traités de Paris (1951) et de Rome (1957).

1958 : Ve République ; Charles de Gaulle président (1958–1969), puis Georges Pompidou (1969–1974) [la mort de Pompidou coïncide à peu près avec le premier choc pétrolier et avec la fin de la période d'essor économique des Trente Glorieuses ; voir chapitre 3].

1974 : Valéry Giscard d'Estaing (UDF, libéral, centre-droit) élu président [contre François Mitterrand (PS)] ; Jacques Chirac, puis Raymond Barre premier ministre ; réformes sociales : abaissement de l'âge de la majorité civile de 21 à 18 ans, divorce par consentement mutuel, légalisation de l'avorte-ment (IVG).

1981 : François Mitterrand (PS) président [Valéry Giscard d'Estaing est battu au second tour] ; nationalisations ; abolition de la peine de mort ; « grands travaux » ; Mitterrand réélu président en 1988 contre Chirac ; deux périodes de cohabitation avec un premier ministre de droite : 1986–1988 (Chirac) et 1993–1995 (Balladur). Mitterrand a donc été président de la République pendant 14 ans : un record.

1993 : Les élections législatives donnent une forte majorité à la droite, qui procède à des privatisations d'entreprises publiques ; Édouard Balladur (RPR) premier ministre.

1995 : Jacques Chirac (RPR, gaulliste, centre-droit) président [Lionel Jospin (PS) est battu au second tour] ; Alain Juppé (RPR) premier ministre ; réforme : l'armée de métier (fin du service militaire obligatoire).

1997 : Chirac dissout l'Assemblée, mais les élections législatives donnent une majorité à la gauche ; nouvelle cohabitation : Lionel Jospin (PS) premier ministre ; à noter : les privatisations continuent ; réformes : RTT (Réduction du temps du travail à 35 heures par semaine) ; Pacs (Pacte civil de solidarité) ; parité hommes-femmes.

2002 : Jospin (PS) battu dès le premier tour de l'élection présidentielle ; au second tour : Chirac réélu président (avec une majorité exceptionnelle : 82 %) face à Jean-Marie Le Pen (FN) ; aux élections législatives : forte majorité pour le nouveau parti de droite, l'UMP (ex-RPR plus une partie de l'UDF) ; Jean-Pierre Raffarin premier ministre (jusqu'en 2005), puis Dominique de Villepin (jusqu'en 2007).

2007 : Nicolas Sarkozy (UMP) président ; François Fillon (UMP) premier ministre [Le Pen éliminé au premier tour ; ce qui reste de l'UDF devient le MoDem (François Bayrou) ; la candidate du PS, Ségolène Royal, obtient 47 % des voix au second tour]. Sarkozy est progressivement devenu impopulaire, en partie à cause de son style personnel, mais surtout parce qu'il n'a pas réussi à faire baisser le taux de chômage.

2012 : François Hollande (PS) président ; Jean-Marc Ayrault, puis Manuels Valls, puis Bernard Cazeneuve (PS) premier ministre [Marine Le Pen (FN) obtient 18 % au premier tour ; Jean-Luc Mélenchon obtient 11 % ; François Bayrou obtient 9 % ; Nicolas Sarkozy (UMP), le président sortant, est battu au second tour, obtenant 48 % des voix] ; réforme sociale : le mariage pour tous.

Depuis 1974, il est devenu traditionnel d'organiser un **débat télévisé** entre les deux candidats présents au second tour de l'élection présidentielle.

1974	1981	1988	1995

Suite à la page suivante

| 2002 | 2007 | 2012 | 2017 |

En 2017, plusieurs facteurs ont contribué à une transformation radicale de la vie politique. François Hollande, le président sortant, a choisi de ne pas se représenter (une première pour la Ve République). Comme cela avait été le cas pour Sarkozy, Hollande était progressivement devenu très impopulaire au cours de son mandat, en grande partie parce qu'il avait échoué à faire baisser le **taux de chômage** en France (environ 10 %). Marine Le Pen (FN, extrême-droite) était en tête des sondages [*polls*], principalement à cause des échecs successifs d'un président de droite (Sarkozy, 2007–2012), puis d'un président de gauche (Hollande, 2012–2017). D'autre part, les **attentats terroristes** de 2015 et 2016 (à Paris et à Nice ; voir Perspectives d'avenir) ont eu des effets sociaux traumatisants, ce qui semblait favoriser la candidate d'extrême-droite. En ce qui concerne les partis politiques traditionnels, il y a aussi eu quelques surprises. À droite, l'UMP est devenue Les Républicains (LR). François Fillon a gagné la « primaire ouverte de la droite et du centre » (en battant Alain Juppé et l'ancien président Nicolas Sarkozy). Du côté du PS, Benoît Hamon a gagné la « primaire à gauche » (en battant l'ancien premier ministre Manuel Valls). Les candidats des deux grands partis traditionnels ne correspondaient déjà plus aux schémas [*patterns*] politiques habituels. Cette nouveauté relative ne semble pas les avoir aidés : au premier tour de l'élection présidentielle, Fillon est arrivé troisième avec 20 % des voix, et Hamon est arrivé cinquième avec 6 %.

Contre toute attente [*Against all expectations*], c'est un novice en politique qui a été élu président, sans bénéficier du soutien d'un grand parti traditionnel. Au second tour de l'élection présidentielle (le 7 mai 2017), Emmanuel Macron a largement battu Marine Le Pen (qui a tout de même obtenu 34 % des voix, ce qui est un niveau sans précédent pour une candidate d'extrême-droite). Il faut préciser que Macron n'était pas totalement un inconnu. Il avait été un conseiller de François Hollande en 2012, puis ministre de l'Économie en 2014. Mais en 2016, il a démissionné [*resigned*] du gouvernement, pour préparer sa candidature à la présidence de la République. Il a également fondé un nouveau parti, qui est devenu en une année le plus grand de France : **La République en marche (LRM).** Macron et son parti sont positionnés au centre politique, ce qui n'avait jamais auparavant réussi tout au long de l'histoire de la Ve République. L'alternance traditionnelle entre la droite et la gauche a donc été remplacée par un nouveau parti centriste, qui a délibérément cherché à dépasser les clivages politiques habituels.

Pour simplifier, Macron semble être plutôt de droite (ou libéral) dans le domaine économique, mais de gauche (ou progressiste) sur les sujets socioculturels. Contrairement à Marine Le Pen, il est favorable au développement des institutions européennes. En dehors de ce profil politique inhabituel, Macron est le plus jeune président (39 ans) de l'histoire de la République. Un aspect de sa biographie est moins original : Macron est diplômé de l'École nationale d'administration (l'ENA), comme tant d'autres politiciens français, y compris trois de ses prédécesseurs — Valéry Giscard d'Estaing (1974–1981), Jacques Chirac (1995–2007) et François Hollande (2012–2017). LRM, le parti politique que Macron a fondé, a obtenu la majorité absolue à l'Assemblée nationale (308 sièges sur 577). À cette majorité s'ajoutent les 42 députés d'un parti centriste allié, le MoDem (dirigé par François Bayrou). Le nouveau président a nommé Édouard Philippe (LRM) premier ministre. Le nouveau gouvernement correspond aux engagements de Macron lorsqu'il était candidat : il y a autant de femmes que d'hommes. Quant aux grands partis politiques traditionnels, ils ont été laminés [*crushed*] : LR a obtenu 112 sièges et le PS (qui avait gagné les élections en 2012) n'en a obtenu que 30.

La nouvelle Assemblée nationale a connu un **taux de renouvellement** record : 75 % des députés sont nouveaux ; la moyenne d'âge (48 ans) a baissé ; environ **38 % sont des femmes** (le plus haut niveau jamais atteint en France). Un signal inquiétant pour l'avenir : le **taux d'abstention** a été exceptionnellement élevé (57 %) au second tour des élections législatives (le 18 juin 2017). Dans l'immédiat, ce taux d'abstention ne change rien aux conséquences de l'élection présidentielle et des élections législatives de 2017. Un nouveau président et un nouveau parti ont renouvelé la classe politique française. À présent, ils seront jugés sur les résultats de leur action politique, comme l'avaient été leurs prédécesseurs. Il faut insister sur le fait que les deux prédécesseurs immédiats d'Emmanuel Macron — Nicolas Sarkozy (2007–2012, libéral) et François Hollande (2012–2017, socialiste) — n'ont pas été réélus, essentiellement parce que leurs bilans économiques étaient décevants [*disappointing*], en particulier le fait qu'ils n'ont pas réussi à faire baisser le niveau du chômage.

> Pour illustrer à quel point [*to what an extent*] le renouvellement de la classe politique en 2017 a été exceptionnel dans le contexte de l'histoire politique française, considérons les cas de deux anciens présidents de la République, appartenant à des partis politiques opposés, mais qui ont tous deux eu une longue carrière.

Suite à la page suivante

François Mitterrand (centre-gauche, PS) a plusieurs fois été ministre sous la IVe République. Longtemps député, brièvement sénateur, Mitterrand a aussi été **quatre fois candidat** à la présidence de la République : en 1965 (battu par de Gaulle) ; en 1974 (battu par Giscard d'Estaing) ; en 1981 (il a battu Giscard d'Estaing) ; en 1988 (il a battu Chirac).

Jacques Chirac (centre-droit, gaulliste) a été député du département de la Corrèze, tout en étant maire de Paris (un exemple du cumul des mandats). Ministre et premier ministre (deux fois, dont un cas de cohabitation [1986– 1988]), il a été, comme Mitterrand, **quatre fois candidat** à la présidence de la République : en 1981 (battu au premier tour) ; en 1988 (battu par Mitterrand) ; en 1995 (il a battu Lionel Jospin [PS]) ; en 2002 (il a battu Jean-Marie Le Pen [FN]).

Mitterrand et Chirac sont les seuls présidents qui ont connu la **cohabitation**. Les résultats des élections législatives ont obligé Mitterrand à « cohabiter » deux fois avec un premier ministre de droite : 1986–1988 (Jacques Chirac) et 1993–1995 (Édouard Balladur). Pour sa part, Chirac a décidé d'annoncer la **dissolution** de l'Assemblée nationale en 1997, dans l'espoir d'augmenter sa majorité parlementaire. Il a perdu son pari : la « Gauche plurielle » (une alliance du PS et des petits partis de gauche) a gagné les élections. Chirac a dû « cohabiter » avec Lionel Jospin jusqu'en 2002.

LA STRUCTURE ADMINISTRATIVE

Comme nous l'avons mentionné au chapitre 1, dans chacun des 101 départements et chacune des 18 régions de la France, le ministre de l'Intérieur nomme un **préfet**, qui a de larges responsabilités dans les domaines de l'administration et de la sécurité publique. La préfecture représente donc un des symboles de la centralisation politique de la République française. Le préfet est en effet le représentant de l'État — et donc le garant du respect des lois — dans chaque département (et région). La **loi de décentralisation de 1982** a cependant réduit le pouvoir de contrôle administratif et financier des préfets sur les actes des collectivités locales. Du point de vue de la plupart des citoyens, c'est la **préfecture** qui délivre les passeports, les cartes nationales d'identité, les permis de conduire et autres documents officiels.

| Préfecture | Collectivités | Décentralisation |

Cependant, toute la vie locale (ou « provinciale ») n'est pas directement administrée à partir de la capitale. Les **collectivités territoriales** (ou locales) ont acquis plus d'importance et de pouvoirs depuis le début du processus de **décentralisation** au cours des années 1980. Si la République reste « indivisible », une révision constitutionnelle adoptée en 2003 précise que « son organisation est décentralisée ». La structure administrative de la France inclut donc trois niveaux de collectivités locales (ainsi que certains cas spéciaux outre-mer). Précisons qu'il ne s'agit pas de fédéralisme : la seule souveraineté (y compris le vote des lois) se situe au niveau national. Les régions et les départements ne sont donc comparables ni aux provinces canadiennes ni aux *states* américains. En France, l'État a simplement transféré certaines compétences administratives aux collectivités territoriales. Chaque collectivité est représentée par un conseil, dont les membres sont élus.

- Les régions (13 en métropole ; cinq outre-mer) : Ce sont les collectivités territoriales les plus récentes. Elles n'ont pleinement acquis ce statut qu'au cours des années 1980.
- Les départements (101, dont cinq outre-mer) : Leur création remonte à la Révolution. Chaque département a un chef-lieu (ou une préfecture), ainsi qu'un numéro de code postal (qui lui est attribué en fonction de l'ordre alphabétique des départements). Le numéro de Paris (la seule commune qui soit également un département) est le plus connu : 75.
- Les communes / municipalités / villes (environ 36 000) : La France a de très loin le plus grand nombre de communes en Europe. À cause de ce morcellement extrême, il y a beaucoup de communes avec très peu d'habitants. Notons au passage que le chiffre est couramment utilisé pour indiquer un nombre excessivement élevé (« il y a 36 000 choses à faire », par exemple).

La région	Le département	La commune
Les élections *régionales* (scrutin proportionnel à **2** tours)	Les élections *départementales* (ex-cantonales) (scrutin binominal majoritaire à **2** tours)	Les élections *municipales* (scrutin proportionnel à **2** tours)
Le Conseil régional	Le Conseil départemental (ex-général)	Le Conseil municipal

Comme l'indique le tableau ci-dessus, il y a des élections pour chaque niveau des collectivités territoriales. Dans les trois cas, la durée des mandats est la même : six ans. Par contre, les modalités du scrutin [*voting systems*] sont variables. Le cas le plus intéressant est celui des élections départementales : afin de garantir la parité, les électeurs votent pour un binôme composé d'une femme et d'un homme. Dans le cas des élections municipales, le mode de scrutin dépend également du nombre d'habitants de la commune.

Les conseillers régionaux, départementaux et surtout municipaux sont nombreux. En tout, il y a environ 600 000 élus [*elected officials*] en France. On peut se demander si un pays de 67 millions d'habitants a vraiment besoin d'avoir trois niveaux de collectivités territoriales. Si on ajoute les élections nationales (et européennes), on arrive à une sorte de « mille-feuilles » (du nom d'une pâtisserie) administratif, qui devient trop complexe pour beaucoup d'électeurs. La possibilité de réduire l'épaisseur [*thickness*] de ce mille-feuilles, par exemple en éliminant les départements, a souvent été évoquée, jusqu'à présent sans succès.

Région	Département	Commune	Mille-feuilles

L'OUTRE-MER

La France d'outre-mer existe depuis le premier empire colonial français, dont la plus grande partie a été perdue à la suite de la guerre de Sept Ans (1756–1763). De nos jours, il y a un peu moins de trois millions d'habitants dans ces divers territoires de la République française (ce qui représente à peu près 4 % de la population totale du pays). Les populations de l'outre-mer sont d'origines variées (africaine, amérindienne, européenne, océanienne, etc.). La France d'outre-mer est communément appelée les « **DOM-TOM** » (Départements d'outre-mer et Territoires d'outre-mer), mais ce terme est dépassé. Il faudrait parler de « **DROM-COM** » (Départements et régions d'outre-mer et Collectivités d'outre-mer). Ce sigle (peu utilisé) reflète la variété des statuts administratifs et le degré variable d'autonomie des territoires situés en dehors de l'Hexagone ou de la France métropolitaine.

Quelques dates importantes :

1635 : le début de la colonisation de la Martinique et de la Guadeloupe

1763 : la fin de la guerre de Sept Ans ; la perte de l'Amérique du Nord et de l'Inde

1794 : la première abolition de l'esclavage

1802 : Napoléon rétablit l'esclavage ; la guerre d'indépendance d'Haïti

1848 : l'abolition définitive de l'esclavage

1946 : la départementalisation

1982 : la régionalisation

Dans les Antilles, les îles de Martinique, Guadeloupe et Saint-Domingue, colonisées par la France, étaient de grandes productrices de **sucre** au dix-huitième siècle, lorsque cette denrée [*commodity*] était d'une haute valeur commerciale. L'économie sucrière était fondée sur l'esclavagisme, et le royaume de France participait au commerce triangulaire qui transportait de force des esclaves africains vers les colonies françaises en Amérique. **L'esclavage** colonial avait même fait l'objet d'une réglementation, le **Code noir**, promulgué par Louis XIV en 1685. La première abolition de l'esclavage a eu lieu pendant la période révolutionnaire (1789–1799). Mais Napoléon a rétabli l'esclavage huit ans plus tard, ce qui a produit une révolution armée à Saint-Domingue. L'ancienne colonie deviendra indépendante en 1804 sous le nom d'Haïti. Les autres îles et territoires des colonies françaises devront attendre 1848 (la IIᵉ République) pour voir l'abolition définitive de l'esclavage, sous l'impulsion du député martiniquais Victor Schœlcher.

Sous la IIIᵉ République, le nouvel empire colonial français est gouverné de Paris, par le ministère des Colonies.

En 1946, après la Seconde Guerre mondiale, les quatre « vieilles » colonies ont choisi d'abandonner le statut colonial et de devenir des départements français à part entière : l'île de la Réunion dans l'océan Indien, la Guyane en Amérique du Sud et les îles antillaises de Guadeloupe et Martinique. La **loi de départementalisation** a été adoptée sous l'impulsion de plusieurs députés, dont les plus connus sont le Guyanais Gaston Monnerville et le Martiniquais Aimé Césaire. En devenant des départements, ces anciennes colonies étaient, d'une part, plus étroitement rattachées à la République française. D'autre part, elles obtenaient plus d'autonomie administrative vis-à-vis des institutions gouvernementales parisiennes. Ce processus d'autonomisation sera complété en 1982 lorsque ces quatre départements d'outre-mer obtiendront un double statut, départemental et régional. En 2009, après un référendum local, Mayotte (dans l'océan Indien) est également devenue département et région d'outre-mer (DROM). Les autres anciennes colonies qui n'ont pas choisi d'accéder à l'indépendance en 1960 sont devenues des territoires d'outre-mer — de nos jours, des collectivités d'outre-mer (COM). La Nouvelle-Calédonie constitue un cas spécial, qui peut évoluer vers l'indépendance (le référendum du 4 novembre 2018).

Gaston Monnerville (1897–1991) et **Aimé Césaire** (1913–2008) ont tous deux eu de longues carrières politiques. D'abord député de la Guyane, Monnerville est devenu sénateur, puis président du Sénat, et enfin membre du Conseil constitutionnel. De tradition radicale-socialiste, Monnerville a cherché à maintenir l'influence du parlement face au pouvoir présidentiel de Charles de Gaulle (voir l'ouvrage de Jean-Paul Brunet). Quant au poète Aimé Césaire, nous avons vu au chapitre 2 qu'il était un des fondateurs du mouvement de la négritude durant les années 1930. Son œuvre la plus célèbre est *Cahier d'un retour au pays natal* (1939). Voir également *Une tempête* (1969), qui transpose la pièce de Shakespeare dans un contexte colonial et esclavagiste. En tant que député (1945–1993) et maire de Fort-de-France (1945–2001), Césaire a longtemps dominé la vie politique martiniquaise.

Départementalisation

Monnerville

Césaire

Négritude

Pour résumer, on trouve dans la France d'outre-mer :

- les DROM : la Martinique, la Guadeloupe, la Guyane, la Réunion et Mayotte ;
- les COM : la Polynésie française, Wallis-et-Futuna, Saint-Pierre-et-Miquelon, Saint-Martin et Saint-Barthélemy ;
- un cas spécial : la Nouvelle-Calédonie ;
- des territoires inhabités : l'île de Clipperton et les Terres australes et antarctiques françaises (terre Adélie, îles Kerguelen, île Tromelin, etc.).

Pour la plus grande partie de l'outre-mer, l'économie est encore largement dépendante de la métropole (et de l'Union européenne). Le tourisme et l'agriculture sont les plus grands secteurs économiques. L'industrie est peu développée (la Nouvelle-Calédonie a cependant d'importantes mines de nickel). Même si certaines parties de la France d'outre-mer ont la réputation d'être des « destinations touristiques de rêve » (la Polynésie, par exemple), le niveau de vie y est généralement plus faible, et le taux de chômage y est plus élevé, qu'en métropole.

Quelques faits à noter sur l'outre-mer :

Par sa surface, la Guyane est le plus grand département français. Le Centre spatial guyanais (CSG) à Kourou est la base de lancement des fusées européennes Ariane. Le CSG est géré [managed] par le Centre national d'études spatiales (CNES), qui a été créé en 1961 pendant la présidence de Charles de Gaulle (voir chapitre 3).

Mayotte, le 101ᵉ et le plus récent département français, est le seul département dont la population est majoritairement musulmane.

À Pointe-à-Pitre (Guadeloupe), le Mémorial ACTe (Centre caribéen d'expressions et de mémoire de la traite et de l'esclavage) a été inauguré le 10 mai 2015. Notons que le 10 mai est depuis 2006 la « journée nationale des mémoires de la traite, de l'esclavage et de leur abolition ».

À cause de l'outre-mer, l'espace maritime (ou la zone économique exclusive) de la France est le deuxième du monde, après celui des États-Unis.

Suite à la page suivante

| CSG | Mayotte | ACTe | Maritime |

LA JUSTICE ET LA POLICE

Précisons tout d'abord quelques termes : une **loi** peut être adoptée par le Parlement ; on peut faire des études de **droit** ; un(e) **avocat(e)** peut plaider devant une **cour de justice** (c'est-à-dire un **tribunal**). Notons également qu'on a le **droit** [*right*] de ne parler qu'en présence de son avocat(e). La distinction la plus importante à retenir [*keep in mind*], c'est celle qui existe entre une **loi** individuelle et le **droit** en tant que système juridique.

Dans le domaine juridique [*legal field*], on peut constater de grandes différences entre les **codes** français et les systèmes en vigueur de ce côté de l'Atlantique, qui sont inspirés par la tradition jurisprudentielle de la *common law* britannique. La jurisprudence, à travers la « règle du précédent » ou *stare decisis* (la conformité aux décisions juridiques antérieures, ou *cases*), constitue une source importante du droit au Canada et aux États-Unis. Par contre, le système juridique français (comme, en partie, ceux du Québec et de la Louisiane) est inspiré par le droit romain (ou romano-civiliste), qui est fondé sur le principe de la codification — c'est-à-dire, un système complet de règles que les juristes (avocats, magistrats, etc.) doivent interpréter.

En France, la création des codes (civil, pénal, etc.) modernes a commencé durant la période napoléonienne (1799–1815). En 1804, le **Code civil**, le résultat d'un travail monumental auquel Napoléon Bonaparte avait directement participé, a été promulgué. Il est encore en vigueur [*valid / in use*] de nos jours, même s'il a été profondément transformé à la suite de plusieurs réformes. Le **Code pénal** napoléonien de 1810 a été entièrement remplacé par un nouveau code pénal en 1994. D'autres textes de codification du droit français ont progressivement été élaborés : le Code de commerce, le Code du travail, le Code général des impôts [*taxes*], le Code de la santé publique, etc. La première version du Code de la route, par exemple, date de 1921.

Au niveau du gouvernement, l'administration judiciaire dépend du ministère de la Justice (le titre officiel du ministre est le « garde des Sceaux »). Quant à l'administration policière, elle dépend du ministère de l'Intérieur (et de la Défense pour la Gendarmerie). Rappelons que la France est un pays centralisé et non fédéral. La police et la justice sont donc des institutions strictement **nationales** : il n'y a ni *provincial courts* ni *state police*. Nous avons déjà vu qu'au niveau constitutionnel, le rôle de la branche judiciaire est relativement limité en France. Contrairement à la situation au Canada et aux États-Unis, il n'y a pas de Cour suprême. La Cour de cassation constitue la cour d'appel de dernier ressort, mais c'est sa seule fonction. Elle n'a aucune compétence dans le domaine constitutionnel. Seul le Conseil constitutionnel peut statuer sur la conformité d'une loi à la Constitution de la Vᵉ République. Par contre, le Conseil constitutionnel ne peut pas faire preuve de « *judicial activism* » : il ne peut ni modifier une loi ni accorder un nouveau droit.

Deux *cases* ou jugements célèbres peuvent servir à illustrer l'opposition entre les pouvoirs considérables de la branche judiciaire de ce côté de l'Atlantique et son rôle limité en France. Aux États-Unis, en 1973, la Cour suprême a décriminalisé l'avortement (le cas *Roe v. Wade*). De même, en 2015, la Cour suprême a légalisé le mariage entre personnes de même sexe (le cas *Obergefell v. Hodges*).

Le Palais-Royal, siège du Conseil constitutionnel et du Conseil d'État

Ce type de « gouvernement des juges » n'est pas possible en France. Dans les deux cas, c'est le Parlement, élu par le peuple, qui a légiféré : l'IVG (interruption volontaire de grossesse, ou avortement) a été légalisée en 1975 (**la loi Veil**) et la loi sur le mariage pour tous (**la loi Taubira**) a été adoptée en 2013. Le nom de chaque loi, comme c'est la coutume, provient de la ministre qui a préparé le projet de loi. Le progrès social doit donc passer par le Parlement, pas par les tribunaux (ou, si on préfère, par des lois, pas par des *cases*). Notons au passage que la peine de mort a été abolie en 1981 (**la loi Badinter**).

Canada et États-Unis	France
fédéralisme	centralisme
common law / cases	codes (civil, pénal, de la route, etc.)
jurisprudence (cas précédents)	interprétation d'une règle générale abstraite
« *judicial activism* »	la justice est une branche de l'administration
juges et justice forts	État fort

Common law	Code civil	Garde des Sceaux

Quittons le niveau constitutionnel pour aborder celui du fonctionnement des tribunaux. Une fois de plus, précisons certains termes :

- En ce qui concerne les infractions à la loi, la **contravention** est la catégorie la moins grave. Ensuite il y a le **délit** [*misdemeanor*], qui est moins grave qu'un **crime**. Les contraventions les plus connues sont dans le domaine de la **sécurité routière** (le Code de la route). On risque d'avoir une contravention pour non-paiement d'un stationnement [*parking*] payant, par exemple. Dans ce cas, on doit payer une **amende**. Notons en passant les nombreux termes argotiques pour désigner une contravention : une contredanse, un PV (procès-verbal), un papillon, etc.

- On peut **intenter un procès** à quelqu'un (ou attaquer quelqu'un en justice) [*to sue*], mais c'est une pratique beaucoup moins fréquente en France qu'aux États-Unis, par exemple.

- Le rôle du **juge d'instruction** n'est pas de juger mais de diriger **l'enquête** [*investigation*] policière en cas de crime grave.

- En France, ce sont des **magistrats** qui jugent, sauf à la Cour d'assises, où il y a neuf jurés et trois magistrats. Dans le système juridique français, le **jury criminel** — « *jury of one's peers* » — constitue donc une exception.

- La magistrature « **assise** » désigne les juges. La magistrature « **debout** » désigne les **procureurs,** ceux qui accusent (et qui font partie du **Parquet**).

- Lors d'un **procès** [*trial*], **l'accusé(e)** a le droit d'être assisté(e) par un(e) **avocat(e)** pour organiser sa défense au **tribunal**. Un accusé qui a été déclaré coupable par une **Cour d'assises** risque d'être condamné à une **peine d'emprisonnement**. Notons que c'est la Cour d'assises qui juge les crimes les plus sérieux.

- Il y a relativement peu de **détenus** (ou prisonniers) en France : environ 70 000. À peu près 30 % d'entre eux sont en **détention provisoire** — c'est-à-dire, avant d'être jugés. Le système de libération sous caution [*bail*] est très rare. Les **femmes** ne représentent que 4 % de la population carcérale. Signe des temps technologiques : il y a environ 10 000 personnes placées sous **surveillance électronique**, dans le cadre d'une libération sous contrainte.

- Le **juge d'application des peines** est chargé de suivre la vie des détenus à l'intérieur de la prison et après leur sortie de prison.

- En France, comme dans la plupart des pays de l'Europe de l'Ouest, les **taux de criminalité** sont relativement faibles. Dans ce domaine, la France est bien plus comparable au Canada qu'aux États-Unis.

- L'article 223-6 du Code pénal sur la **non-assistance à personne en danger** n'a pas d'équivalent direct dans le droit canadien ou américain. On peut être poursuivi en justice si on s'abstient volontairement, alors qu'il n'y a pas de risque pour soi-même, de porter assistance à une personne en péril.

- Les femmes sont de plus en plus présentes dans les **métiers du droit**. Il est devenu normal de dire : une avocate, la juge d'instruction ou une magistrate.

- La **justice administrative,** une troisième branche du système juridique français, traite les cas d'abus de pouvoir par des fonctionnaires. La juridiction administrative suprême est le **Conseil d'État**.

Le tableau suivant présente, de façon très simplifiée, l'organisation des tribunaux (juridictions civiles et pénales) en France.

Justice civile	Justice pénale
Tribunal de première instance (loyers, dettes, mineurs)	Tribunal de police [*contraventions / infractions*] (circulation, coups et blessures, flagrants délits)
Tribunal de grande instance (mariages, adoptions, nationalité)	Tribunal correctionnel [*délits*] (fraude fiscale, association de malfaiteurs)
	Cour d'assises [*crimes*] (meurtres, viols, attaques à main armée)
Cour d'appel (en cas de contestation)	Cour d'appel (en cas de contestation)
Cour de cassation (en cas de vice de procédure)	Cour de cassation (en cas de vice de procédure)
	Grâce présidentielle

Juridictions	Juge d'instruction	Métiers du droit

Parmi celles et ceux qui exercent les métiers du droit, les **notaires** ont une place à part. Leur principale fonction est de certifier et authentifier les actes légaux, y compris les ventes immobilières [*real estate*], les testaments (ou successions) et les contrats de mariage. En général, pour qu'un contrat soit légal, il faut « passer devant le notaire ».

Terminons cette section (et ce chapitre) par un bref aperçu de l'administration policière. Comme il a été mentionné, une des principales forces de police est d'origine militaire, et dépend donc en partie du ministère de la Défense : la **Gendarmerie** nationale, qui est généralement chargée de la sécurité dans les zones rurales. Pour sa part, la **Police** nationale, qui dépend entièrement du ministère de l'Intérieur, est généralement chargée de la sécurité dans les zones urbaines. Chacune de ces forces de police dispose [*has at its disposal*] d'une unité d'élite, spécialisée dans la lutte contre le terrorisme : le **GIGN** (Groupe d'intervention de la Gendarmerie nationale) et le **RAID** (Recherche, assistance, intervention, dissuasion). Ces deux unités d'élite sont mieux connues depuis les attentats terroristes de 2015 et 2016. Il y a également d'autres forces de police qui sont actives dans des domaines sécuritaires plus spécialisés : la Direction générale de la Sécurité intérieure (DGSI), par exemple, est chargée de missions dans le domaine du contre-espionnage. Les Compagnies républicaines de sécurité (CRS), qui étaient particulièrement célèbres au cours des manifestations de Mai 68, sont chargées du maintien de l'ordre public, en particulier en cas d'émeutes [*riots*]. Au niveau local, de nombreuses villes sont dotées d'une Police municipale, qui est par exemple chargée de la sécurité routière.

Comme dans tous les pays, les forces de police sont parfois craintes [*feared*], parfois admirées (après les attaques terroristes, par exemple) par le public. Connus sous les termes officiels d'agents de police ou de gardiens de la paix — mais aussi sous les termes argotiques de « flics » ou de « poulets » — les policiers et les gendarmes accomplissent des tâches [*tasks*] difficiles et souvent dangereuses. En France, leur image auprès du public est variable : les CRS ont une réputation de brutalité, d'être prompts à manier la matraque [*nightstick*] au cours des manifestations ; par comparaison, les gendarmes, généralement plus proches du public, ont une meilleure réputation. Dans tous les cas, les agents de police sont des **fonctionnaires**, au service de l'État et de la population. Notons enfin que, comme c'est le cas pour l'administration judiciaire, l'administration policière se féminise progressivement : on voit de plus en plus de policières ou d'agentes de police.

| GIGN | Gendarmes | CRS | Poulets |

POUR ALLER PLUS LOIN

1) Quelles sont les principales différences entre la Ve République d'une part, et les IIIe et IVe Républiques d'autre part ?

2) Le fédéralisme est un élément central des systèmes constitutionnels du Canada et des États-Unis. Est-ce que la France pourrait devenir une République fédérale ? Pourquoi ou pourquoi pas ?

3) Pensez-vous que la disparition du cumul des mandats puisse améliorer le fonctionnement — et la réputation — de la vie politique française ? Expliquez votre raisonnement.

4) Faites des recherches en ligne sur les élections départementales en France. Que pensez-vous du mode de scrutin, en particulier le fait de voter pour un binôme composé d'une femme et d'un homme ?

5) De quelles façons est-ce que l'élection d'Emmanuel Macron en 2017 représente une nouveauté par comparaison avec la plupart des élections présidentielles de la Ve République ?

6) Faites des recherches en ligne sur la Nouvelle-Calédonie. Pourquoi est-il possible qu'elle devienne indépendante ?

7) Faites des recherches en ligne sur le « permis à points », qui existe depuis 1992 en France. Pourquoi le permis de conduire a-t-il des points ? Qu'est-ce qu'on risque si on perd des points ?

8) Est-ce qu'il vaut mieux être jugé ou par des jurés — « un jury de ses pairs » — ou par des magistrats professionnels ? Pourquoi ?

9) Qu'est-ce qu'un(e) juriste ? Quelles peuvent être ses activités professionnelles ?

10) Faites des recherches en ligne sur le nombre de détenus au Canada et aux États-Unis. Quelles comparaisons peut-on faire avec la population carcérale en France ?

Minitest

1) ____ les guerres coloniales

2) ____ le Front populaire (1936)

3) ____ l'affaire Dreyfus (1894–1906)

4) ____ la IIIe République

5) ____ Valéry Giscard d'Estaing

6) ____ Charles de Gaulle, 1958–1969

7) ____ la « Grande Guerre »

8) ____ le régime de Vichy (1940–1944)

9) ____ l'appel du 18 juin (1940)

10) ___ Mai 68

11) ___ la IVᵉ République

12) ___ le coq gaulois

13) ___ Jacques Chirac

14) ___ François Mitterrand

15) ___ Charles de Gaulle, 1944–1946

16) ___ 1905

17) ___ la cohabitation

18) ___ la Marseillaise

19) ___ la Vᵉ République

20) ___ 1960

21) ___ Marianne

22) ___ les « Trente Glorieuses »

23) ___ Lionel Jospin

24) ___ la Belle Époque

25) ___ la régionalisation

A.   chef du Gouvernement provisoire, réformes : vote des femmes, création de la Sécurité sociale, nationalisations

B.   quand le président et le premier ministre sont de partis politiques opposés

C.   1946–1958, régime parlementaire, instabilité gouvernementale

D.   l'hymne national

E.   un symbole de la France traditionnelle

F.   décolonisation (pacifique) en Afrique de l'Ouest et à Madagascar

G.   Indochine (1946–1954), Algérie (1954–1962)

H.   1945–1975, période de rapide développement économique, immigration

I.   le symbole de la République

J.   erreur judiciaire qui a divisé les Français

K.   président (1974–1981), libéral, réformes : vote à 18 ans, divorce par consentement mutuel, légalisation de l'avortement (IVG)

L.   loi de séparation des Églises et de l'État (le principe de la laïcité)

M.   Première Guerre mondiale (1914–1918)

N.   président (1981–1995), socialiste, réformes : décentralisation, abolition de la peine de mort

O.   premier ministre (1997–2002), socialiste, période de cohabitation, réformes : RTT (35 heures), Pacs, parité hommes-femmes

P.   le transfert de certains pouvoirs de l'État vers les régions

Q. révolte des étudiants, grèves, mouvements socioculturels, crise gouvernementale

R. 1871–1940, régime parlementaire, conquêtes coloniales

S. Collaboration avec l'Allemagne

T. président (1995–2007), gaulliste, réforme : l'armée de métier

U. président, fondateur de la Ve République, réformes : décolonisation, rapprochement franco-allemand

V. gouvernement de gauche, réforme : congés payés

W. de Londres, Charles de Gaulle appelle à la résistance contre l'Allemagne

X. 1880–1914, paix relative en Europe

Y. depuis 1958, régime semi-présidentiel

5 L'Union européenne

Dans ce chapitre, nous retracerons l'histoire, les réussites et les limites actuelles des institutions européennes.

L'EUROPE EN 1945

De 1914 à 1945, l'Europe a connu une série de désastres qui ont drastiquement réduit son importance géopolitique, économique et même culturelle. Durant la Belle Époque, l'Europe était de loin la région la plus puissante et la plus riche du monde (même si les États-Unis et le Japon étaient des pays en pleine expansion). Après la Seconde Guerre mondiale, l'Europe n'était plus qu'un continent **dévasté et appauvri,** avec des millions de réfugiés et de sans-abri. Avant la Première Guerre mondiale, les Européens n'hésitaient pas à mettre en avant la « supériorité » de leur civilisation pour tenter de justifier leur impérialisme colonial. Après 1945, les Européens étaient ceux qui avaient produit deux guerres mondiales, le totalitarisme raciste et les camps d'extermination.

La chute brutale, en une trentaine d'années, de l'importance de l'Europe dans le monde a été clairement matérialisée par sa division en deux parties antagonistes par les **nouvelles superpuissances** de l'après-guerre, les États-Unis et l'Union soviétique. La vague d'indépendance des anciennes colonies européennes en Afrique et en Asie a constitué un nouveau rappel que les pays européens n'étaient plus des puissances à l'échelle mondiale. Au cours de leurs luttes pour l'indépendance, les pays anciennement colonisés pouvaient affirmer, à juste titre, que les Européens, ayant détruit leur propre civilisation, n'avaient plus aucune justification pour continuer leur « mission civilisatrice » à travers le monde.

Il faut tenir compte de ce contexte historique catastrophique pour comprendre le développement des premières institutions européennes. L'unité européenne est une vieille idée, qui a pris de nombreuses formes au cours des siècles. La formulation la plus célèbre est celle de Victor Hugo. En 1849, lors d'une Conférence pour la paix qui s'est tenue à Paris, Hugo a appelé à créer « **les États-Unis d'Europe** » (un appel qu'il répétera deux ans plus tard, lors d'un discours à l'Assemblée nationale). Hugo a longtemps été ridiculisé, à l'Assemblée nationale et ailleurs [*elsewhere*], pour son optimisme béat (ou naïf) vis-à-vis d'une vision de l'Europe unie, pacifique et prospère. Tant que certains pays européens dominaient le monde, ce niveau de ridicule paraissait justifié. Mais après la Seconde Guerre mondiale, la situation géopolitique de l'Europe était radicalement transformée. Quant aux conséquences désastreuses de la guerre, elles étaient visibles partout. Il fallait donc non seulement reconstruire, mais surtout tenter d'éloigner [*push away*] le risque d'une nouvelle guerre mondiale. C'est dans ces conditions historiques que l'idée européenne a ressurgi [*reappeared*] : une Europe unie, c'était la condition de la paix, et donc de la prospérité.

| 1945 | Après-guerre | Bilan | Hugo |

Les premiers pas vers l'établissement d'institutions européennes ont été accomplis dans le contexte de l'après-guerre, mais aussi dans celui de la **guerre froide** — c'est-à-dire de la division de l'Europe en zones d'influence américaine et soviétique. Chacune de ces zones a été organisée sous la forme d'une alliance militaire : l'OTAN (Organisation du traité de l'Atlantique Nord) pour l'Europe de l'Ouest ; le Pacte de Varsovie pour l'Europe de l'Est. Comme nous l'avons vu au chapitre 3, cette division Est-Ouest avait été tacitement acceptée à **Yalta** en 1945. L'Europe telle que nous la connaissons aujourd'hui ne pouvait certainement pas commencer dans la zone d'influence soviétique. À l'Ouest, le principal objectif initial était d'éviter une nouvelle guerre entre la France et l'Allemagne. Rappelons qu'il y en avait eu trois en moins d'un siècle : la guerre franco-prussienne (1870–1871) ; la Première Guerre mondiale (1914–1918) ; la Seconde Guerre mondiale (1939–1945). Rappelons également que **l'Alsace-Moselle** était au centre de l'affrontement [*confrontation*] franco-allemand. À titre d'exemple, les habitants de **Strasbourg** étaient allemands en 1914, français en 1919, allemands en 1940 et français en 1945. Pour permettre l'émergence d'une nouvelle Europe, il fallait mettre fin à ce cycle de guerres et de conquêtes.

Les gouvernements européens n'étaient pas les seuls à réfléchir à ces questions. Des intellectuels et des associations prônaient [*advocated*] l'unité européenne, en particulier sous la forme d'une fédération. Par exemple, l'Union européenne des fédéralistes (une organisation qui existe encore actuellement) a participé au Congrès [*Conference*] de La Haye (Pays-Bas) en 1948, qui est considéré comme l'événement fondateur du fédéralisme européen (un courant d'opinion qui jusqu'à aujourd'hui reste minoritaire). Les participants à ce Congrès représentaient toutefois [*nevertheless*] des tendances politiques diverses et des points de vue opposés sur la future organisation de l'Europe. Parmi eux, on trouve les noms de Winston Churchill, Konrad Adenauer, François Mitterrand, Bertrand Russell et Denis de Rougemont. Le Congrès de La Haye a mené à la création du **Conseil de l'Europe**, une organisation intergouvernementale qui compte actuellement 47 États membres et qui siège à Strasbourg (près du Parlement de l'Union européenne). Il faut préciser que le Conseil de l'Europe, dont le rôle et les pouvoirs sont restés très limités, est une organisation **différente** des institutions européennes que nous allons examiner ci-dessous.

Le **fédéralisme** n'était toutefois pas la seule option pour l'Europe. Un certain niveau d'unité politique (et donc de paix et de stabilité) pouvait être construit dans le cadre d'une **confédération**, qui respecterait davantage la souveraineté nationale de chaque État membre. C'est cette option qui a été choisie par les dirigeants français et allemands. Pour de nombreux partisans d'une Europe unie, le fédéralisme est resté à l'état d'idéal. Cependant, la construction des institutions européennes a été un lent processus, par étapes successives, qui n'a pas sévèrement limité la souveraineté nationale des États membres.

> Les points de vue de deux participants au **Congrès de La Haye** (1948) peuvent servir à illustrer les différences entre les fédéralistes européens et ceux qui souhaitent préserver la souveraineté de chaque État membre.

Suite à la page suivante

Puisque son parti avait perdu les élections de 1945, **Winston Churchill** n'était plus premier ministre, ce qui lui permettait de s'exprimer plus librement sur les sujets de politique étrangère. Comme il l'avait fait lors de son discours à Zurich en 1946, Churchill soutenait la version « unioniste » de l'Europe — c'est-à-dire, une confédération souple, qui permettrait aux États membres de s'associer sur des sujets économiques précis, sans perdre leur souveraineté. D'autre part [*Furthermore*], Churchill pensait que la Grande-Bretagne pouvait rester en dehors de la future communauté européenne (notons que le « Brexit » semble lui avoir donné raison). De nos jours, cette conception confédérale ou **souverainiste** est souvent appelée « l'Europe des nations ».

Par contre, l'écrivain suisse francophone **Denis de Rougemont** (son livre le plus célèbre : *L'Amour et l'Occident* [1939]) était un **fédéraliste** convaincu. Son modèle pour l'avenir de l'Europe était justement la Suisse, un pays multiethnique, multilingue — et pacifique depuis des siècles. La Suisse est organisée en fonction d'une constitution fédérale qui donne toutefois beaucoup de pouvoirs aux divers cantons de la fédération. Selon [*According to*] Rougemont, seule une constitution fédérale était à même de [*was capable of*] maintenir la cohésion d'une organisation supranationale telle que l'Europe. Notons au passage que la Suisse, fière de son indépendance multiséculaire, a toujours refusé de faire partie des institutions européennes.

| Guerre froide | Régions | Fédéralisme | La Haye |

LA CONSTRUCTION DES INSTITUTIONS EUROPÉENNES

La **Déclaration Schuman** est l'acte fondateur des institutions européennes actuelles. Le 9 mai 1950, Robert Schuman, ministre des Affaires étrangères français, a fait une courte déclaration, principalement adressée à l'Allemagne et à d'autres pays européens. Rappelant la nécessité de créer les conditions qui pourraient permettre une paix durable en Europe, Schuman a appelé les pays de l'Europe occidentale à agir « sur un point limité, mais décisif : Le gouvernement français propose de placer l'ensemble de la production franco-allemande du charbon et d'acier sous une Haute Autorité commune, dans une organisation ouverte à la participation des autres pays d'Europe ». Le charbon et l'acier [*coal and steel*] : voilà donc les débuts — apparemment fort modestes et limités — de la construction d'une communauté européenne. Précisons qu'à l'époque ces deux produits étaient évidemment nécessaires pour le développement économique, mais aussi pour les industries de l'armement. La coopération autour de la production du charbon et de l'acier avait ainsi pour but de lier les économies des pays européens, de renforcer leur niveau d'interdépendance, afin de rendre une nouvelle guerre « non seulement impensable, mais matériellement impossible ».

La date de la Déclaration Schuman était en elle-même symbolique. C'est le 8 mai 1945 que l'Allemagne nazie avait capitulé, mettant fin à la guerre en Europe (le Japon a capitulé le 2 septembre 1945). Le lendemain du cinquième anniversaire de la fin du régime nazi, le gouvernement français proposait donc d'éliminer « l'opposition séculaire [*centuries-old*] de la France et de l'Allemagne ». Au niveau personnel, **Robert Schuman** (1886–1963) incarnait le passé conflictuel des deux pays : né en Moselle (une partie du territoire de l'Alsace-Moselle annexé par l'Allemagne en 1871), et donc allemand de naissance, il est devenu français après la Grande Guerre. Nous aurons l'occasion de revoir le statut historique de Schuman, un des principaux « pères » de l'Europe. Mentionnons ici le rôle essentiel de **Jean Monnet** (1888–1979), qui était commissaire au Plan (la planification économique a longtemps été une priorité du gouvernement français). Monnet, un ami de Schuman, est à l'origine du projet diplomatique que le ministre des Affaires étrangères a mis en œuvre à partir de 1950. C'est lui qui a eu l'idée de commencer le processus de coopération européenne par la mise en commun du charbon et de l'acier. Mentionnons également la place importante de **Konrad Adenauer** (1876–1967) parmi les « pères » de l'Europe. En tant que chancelier allemand (de 1949 à 1963), Adenauer a accepté le principe de la proposition de Schuman, ce qui a mené au **traité de Paris** en 1951 et à la création de la première institution européenne, la **CECA** (Communauté européenne du charbon et de l'acier). Adenauer a été le partenaire allemand de la paix dont le gouvernement français avait besoin pour que le projet de Schuman puisse réussir.

Jean Monnet pensait que le processus d'unification européenne serait long et se ferait **par étapes** [*step by step*]. La première étape devait être la réconciliation entre la France et l'Allemagne, parce que l'hostilité entre ces deux pays avait mené aux guerres mondiales : « L'Europe n'a pas été faite, nous avons eu la guerre ». L'approche **réaliste et prudente** de Monnet est reflétée dans l'extrait suivant de la Déclaration Schuman.

Suite à la page suivante

> « L'Europe ne se fera pas d'un coup, ni dans une construction d'ensemble : elle se fera par des réalisations concrètes créant d'abord une solidarité de fait. Le rassemblement des nations européennes exige que l'opposition séculaire de la France et de l'Allemagne soit éliminée. L'action entreprise doit toucher au premier chef la France et l'Allemagne. »

| Déclaration | CECA | Monnet |

Il faut noter le paradoxe qui est au cœur des institutions européennes : ce sont surtout des facteurs politiques et culturels qui sont à **l'origine** du mouvement vers l'unification de l'Europe ; mais ce mouvement s'est surtout effectué par des **moyens** économiques. Ce sont les guerres mondiales qui ont fait brutalement apparaître la nécessité d'une Europe unie ; mais celle-ci reste principalement orientée vers l'intégration des économies nationales. Voici un autre paradoxe — cette fois budgétaire — pour des institutions européennes qui ont été fondées sur la mise en commun de produits industriels : la **Politique agricole commune**, ou PAC, constitue environ 40 % du budget européen. S'il était sans doute logique de vouloir améliorer la productivité de l'agriculture au cours des années 1950 et 1960, il est moins logique de continuer de nos jours à subventionner à un tel niveau [*subsidize to such an extent*] la production agricole, qui ne représente plus qu'une faible partie du produit intérieur brut, ou PIB [*Gross Domestic Product — GDP*], de la plupart des pays européens. Il faut préciser que la France est un des principaux pays bénéficiaires de la PAC.

On trouvera ci-dessous une chronologie détaillée du développement des institutions européennes. Les dates les plus importantes, en dehors de la Déclaration Schuman et du traité de Paris, sont celles des traités de Rome (1957) et du traité de Maastricht (1992). Les **traités de Rome** ont permis d'élargir les domaines de coopération : la Communauté économique européenne (**CEE**) n'était plus limitée au charbon et à l'acier. Le **traité de Maastricht**, une autre étape décisive, a créé l'Union européenne (**l'UE**), et prévoyait la mise en circulation de la monnaie unique, **l'euro** (2002 pour les billets et les pièces). De 1950 à 2017, les institutions européennes ont connu des élargissements successifs, passant de 6 États membres à 28 — bientôt 27 en tenant compte du « Brexit » (la sortie de la Grande-Bretagne de l'UE).

Chronologie des institutions européennes

1er janvier 1948 : l'union douanière du Benelux (Belgique, Pays-Bas, Luxembourg) constitue une préfiguration de l'UE

9 mai 1950 : la Déclaration Schuman prévoit la réconciliation franco-allemande

18 avril 1951 : le traité de Paris créant la Communauté européenne du charbon et de l'acier (CECA) est signé par les Six (l'Allemagne de l'Ouest, la Belgique, la France, l'Italie, le Luxembourg et les Pays-Bas)

25 mars 1957 : les traités de Rome créant l'Euratom et la Communauté économique européenne (CEE) sont signés par les Six

1er juillet 1968 : le début de l'Union douanière de la CEE

1er janvier 1973 : le Danemark, l'Irlande et le Royaume-Uni deviennent membres de la CEE (les électeurs norvégiens ont voté contre l'adhésion)

9 mars 1979 : le début du Système monétaire européen

10 juin 1979 : les premières élections directes au Parlement européen (Simone Veil est la première présidente)

1er janvier 1981 : la Grèce adhère à la CEE

1er janvier 1986 : l'Espagne et le Portugal adhèrent à la CEE

28 février 1986 : l'Acte unique européen est signé

3 octobre 1990 : l'unification de l'Allemagne

7 février 1992 : le traité créant l'Union européenne est signé à Maastricht (Pays-Bas) par les Douze

2 juin 1992 : les électeurs danois votent contre le Traité de Maastricht

9 septembre 1992 : les électeurs français approuvent, de justesse (51 % pour, 49 % contre), le traité de Maastricht

1er janvier 1993 : le début du Marché Unique

Suite à la page suivante

18 mai 1993 : un nouveau référendum : les électeurs danois approuvent le
     Traité

1er novembre 1993 : l'entrée en vigueur du traité sur l'Union européenne

1er janvier 1994 : le début de l'Institut monétaire européen, qui préfigure
     l'actuelle Banque centrale européenne (ou BCE ; la première réunion
     des gouverneurs des douze banques centrales a lieu à Francfort)

1er janvier 1995 : l'Autriche, la Finlande et la Suède deviennent membres de
     l'Union européenne (nouveau refus des électeurs norvégiens)

1er janvier 1999 : l'introduction de la monnaie unique européenne (l'euro)

1er janvier 2002 : le début de l'utilisation généralisée de l'euro (billets et pièces)

1er mai 2004 : dix nouveaux pays rejoignent l'UE : Chypre, l'Estonie, la Hongrie,
     la Lettonie, la Lituanie, Malte, la Pologne, la République Tchèque, la
     Slovaquie et la Slovénie

13 juin 2004 : les premières élections au Parlement européen de l'UE à 25 pays
     membres

29 mai 2005 : les électeurs français votent contre le projet de
     Constitution européenne (résultat semblable aux Pays-Bas le 1er juin)

1er janvier 2007 : deux nouveaux pays rejoignent l'UE : la Bulgarie et la
     Roumanie

12 juin 2008 : les électeurs irlandais votent contre le projet — révisé — de
     Constitution européenne

2 octobre 2009 : les électeurs irlandais approuvent le projet — révisé — de
     Constitution européenne (le traité de Lisbonne)

1er juillet 2013 : la Croatie devient membre de l'UE (l'UE actuelle : 28 pays
     membres ; 510 millions d'habitants)

23 juin 2016 : le « Brexit » : par référendum, 52 % des électeurs du Royaume-
     Uni décident de quitter l'UE (les négociations sont en cours [*ongoing*])

| Traités | PAC | Maastricht | Rome |

Une tendance générale à noter : lorsqu'ils ont été consultés par référendum, les électeurs de plusieurs pays **ont souvent rejeté** les projets d'extension des institutions européennes. En France, une crise de confiance était évidente en 2005 : en disant « non » à 55 % au référendum du 29 mai, les Français ont désavoué [*disapproved*] les principaux partis de gouvernement (centre-droit et centre-gauche) qui soutenaient le projet de Constitution européenne. Si l'échec [*failure*] de ce référendum n'a pas mis fin au projet européen, il a freiné [*slowed down*] son développement. En particulier, le terme « Constitution » ne figure plus dans les traités européens, ce qui exclut, du moins dans un avenir prévisible, toute évolution vers une forme de fédéralisme.

Après le choc politique du « non » au référendum de 2005, l'échec a été partiellement dépassé en négociant un nouveau traité (celui de Lisbonne) qui a été approuvé en France par voie parlementaire en 2008. Le traité de Lisbonne reprend la plupart des éléments du projet de Constitution, mais l'unité européenne ne progresse plus. En particulier, la plupart des pays membres de l'UE ont une politique monétaire [*monetary policy*] commune, matérialisée par l'euro et la Banque centrale européenne. Par contre, il n'y a pas de politique fiscale commune en Europe : cela exigerait [*would require*] un véritable gouvernement fédéral (et donc une perte partielle de souveraineté pour chaque pays membre). Ce que l'échec du référendum de 2005 illustre, c'est que le travail de construction des institutions européennes a pour l'essentiel été accompli par les **gouvernements** des pays membres. Par contre, les **électeurs** ont rarement fait preuve d'enthousiasme vis-à-vis du projet européen, en partie parce que le principal résultat positif de ce projet — la paix — semble être devenu naturel et normal. Rappelons que la première section de ce chapitre était consacrée à l'état catastrophique de l'Europe après la Seconde Guerre mondiale. Le processus d'unification européenne a grandement contribué à transformer un continent qui était autrefois connu pour ses guerres continuelles.

LA STRUCTURE ACTUELLE DE L'UE

Avant de continuer, il faut se rappeler que la construction par étapes de l'UE représente une situation unique dans l'histoire : c'est la première fois que des

États-nations établis, avec des langues et des cultures différentes, et avec une longue histoire de guerres et d'hostilités réciproques, ont décidé d'entamer [*begin*] un processus d'unification pacifique. Ce processus, comme on l'a vu, n'a pas suivi un plan d'ensemble [*overall plan*] préconçu et cohérent. Il est le résultat d'initiatives et de négociations qui correspondaient aux nécessités de chaque étape historique. Par conséquent, les structures et les mécanismes de fonctionnement de l'UE ne ressemblent à ceux d'aucun pays, d'aucune fédération. L'UE s'est progressivement dotée de nombreuses agences, cours et autres institutions, dont les sièges [*headquarters*] sont répartis à travers les pays membres. Nous allons examiner uniquement les plus importantes de ces institutions. À première vue, l'UE semble être dotée d'une structure constitutionnelle habituelle, à trois branches : exécutive, législative et judiciaire. D'autre part, comme c'est le cas pour presque tous les pays, l'UE est dotée d'une banque centrale.

Les principales institutions de l'Union européenne
510 millions d'habitants — 28 États membres

La Commission	Le Parlement	La Cour de justice
28 commissaires	751 députés	28 juges
(nommés — 5 ans)	(élus — 5 ans)	(nommés — 6 ans)
Bruxelles	**Strasbourg**	**Luxembourg**

Le Conseil européen
chefs d'État ou de
Gouvernement
(4 fois par an)

La Banque centrale
président nommé pour 8 ans
Francfort

Le Conseil de l'UE
(Conseil des ministres)

Commençons par la branche judiciaire : La **Cour de justice** de l'Union européenne (CJUE) a son siège à Luxembourg. Elle inclut actuellement 28 juges : un par État membre. Chaque juge est nommé par le gouvernement de son pays. Son mandat est de six ans (renouvelable). En général, chaque cas (ou affaire) qui est présenté à la Cour de justice est jugé par un plus petit groupe de juges. Les multiples traités européens ont créé un ensemble de règles juridiques : un véritable **droit** européen. Les tâches [*tasks*] de la Cour de justice sont d'interpréter ce droit et de contrôler la légalité des actes des diverses institutions européennes.

Le Parlement européen à Strasbourg

Source : Ralf Roletschek - Fahrradtechnik und Fotografie / Wikimedia Commons / CC-BY-3.0

La branche législative de l'UE est la seule qui soit élue directement par l'ensemble des électeurs européens. Les 751 députés du **Parlement** européen sont élus au suffrage universel pour un mandat de cinq ans. Le mode de scrutin [*voting system*] est proportionnel, ce qui permet à presque tous les partis politiques d'être représentés. Le Parlement est unicaméral (une seule chambre) et a son siège à Strasbourg (certaines sessions ont toutefois lieu à Bruxelles). Le Parlement européen a moins de pouvoir qu'un parlement national, puisqu'il ne peut pas proposer une loi (la proposition des lois est réservée à la Commission européenne). Cependant, le Parlement peut obliger un membre de la Commission à démissionner, à travers une motion de censure. Le Parlement peut contrôler la partie « dépenses » du budget de l'UE. Mais la partie « recettes » (les impôts ou la fiscalité) est réservée au Conseil européen (voir ci-dessous). Dans la plupart des cas, la branche exécutive (la Commission et le Conseil) a donc plus de pouvoir que la branche législative (le Parlement). En général, les élections européennes ne mobilisent pas beaucoup les électeurs : le taux d'abstention est généralement plus élevé, par comparaison avec les élections nationales. Notons au passage que Simone Veil, dont nous reparlerons au chapitre 10, a été la première présidente (de 1979 à 1982) du Parlement européen élu au suffrage universel.

C'est la branche exécutive de l'UE qui diffère le plus d'un gouvernement démocratique ordinaire. Il n'y a pas d'élections. Tous les membres sont nommés, y compris le président de la **Commission** européenne (qui a son siège à Bruxelles). Comme c'est le cas pour la Cour de justice, il y a un commissaire (à peu près équivalent à un ministre) par État membre. Chaque commissaire est nommé par son gouvernement, pour un mandat de cinq ans (renouvelable). Il faut noter que la Commission ne représente pas toute la branche exécutive de l'UE. Il y a aussi le **Conseil européen,** qui réunit (quatre fois par an) les chefs d'État ou de Gouvernement des États membres. Lorsque les ministres compétents sur un sujet précis — par exemple : les ministres de l'Environnement, ou les ministres de la Santé publique, etc. — se réunissent, il s'agit du **Conseil de l'Union européenne** (qui a théoriquement une fonction institutionnelle à la fois exécutive et législative). Notons par ailleurs qu'il y a un président du Conseil européen, qui est différent du président de la Commission européenne. C'est donc la branche exécutive de l'UE qui illustre le mieux le niveau de complexité (et donc d'opacité) de l'ensemble des institutions européennes.

Enfin, il faut mentionner une institution européenne plus récente, qui est devenue extrêmement importante : la **Banque centrale** européenne, dont le siège est à Francfort, et qui est une des conséquences du traité de Maastricht (1992). Pour la plupart des Européens, le symbole le plus important et le plus réel de l'UE, c'est l'euro, d'où l'importance de la Banque centrale, qui émet la monnaie unique [*issues the common currency*] européenne. La politique monétaire commune, gérée [*managed*] par la Banque centrale, est un des résultats positifs du processus d'unification européenne (mais il n'y a toujours pas de politique fiscale commune). Une des tâches principales de la banque centrale, c'est de lutter contre l'inflation (son objectif est de maintenir le taux d'inflation en-dessous de 2 % par an). Le président de la Banque centrale est nommé par les chefs d'États et de Gouvernement de la **zone euro.** Son mandat est de huit ans (non renouvelable).

| Institutions | En bref... | Élections | Zone euro |

Résumons la situation : il n'y a pas d'élections directes pour les institutions européennes, sauf pour le Parlement, qui a relativement peu de pouvoir (alors que la Commission, dont les membres ne sont pas élus, a plus de pouvoir). D'autre part, ces institutions sont complexes, essentiellement de nature bureaucratique, de sorte qu'elles sont peu connues ou comprises parmi les citoyens des pays membres. La représentativité démocratique semble donc être très limitée, ce qui mène aux critiques fréquentes d'un « **déficit démocratique** » de l'UE. **L'opacité** (ou le manque de transparence) des institutions, due en grande partie à leur niveau de complexité, est également une source de critiques. Au chapitre 4, nous avons parlé du « mille-feuilles » administratif en France, avec les élections municipales, départementales, régionales et nationales. Le niveau européen vient s'ajouter à cette complexité administrative déjà existante. Il y a au moins un niveau de trop.

Terminons cette section en remarquant [*noticing*] que les sièges de trois des principales institutions européennes sont situés sur une ligne nord-sud (Bruxelles — Luxembourg — Strasbourg) qui correspond grosso modo (ou approximativement) à la frontière [*border*] entre la France et l'Allemagne. La ville de Strasbourg, située sur le Rhin, en face de la ville de Kehl en Allemagne, est emblématique à cet égard [*in that respect*]. Le principal objectif initial des institutions européennes était de réconcilier les deux pays. Les sièges de la Commission (Bruxelles), de la Cour de justice (Luxembourg) et du Parlement (Strasbourg) en sont l'illustration. Par contre, une institution plus récente, la Banque centrale, a son siège à Francfort, ce qui reflète le poids économique de l'Allemagne à l'intérieur de l'UE. Le choix de Francfort reflète aussi l'évolution de l'UE, et le fait que son principal objectif initial a été atteint.

LES SYMBOLES DE L'UE

Nous avons vu au chapitre 1 les symboles, plus anciens, de la République française. Les symboles nationaux et internationaux ont leur importance, surtout si une charge émotionnelle, ressentie par un grand nombre de citoyens, est associée à ces symboles. Dans le cas de l'UE, les symboles sont plus récents, **plus**

abstraits, et reflètent la recherche d'un consensus parmi les États membres. La charge émotionnelle des symboles européens est sans doute généralement plus faible, par comparaison avec celle des symboles nationaux. Par exemple, si le traité de Maastricht (1992) a créé une « citoyenneté de l'Union européenne », elle s'ajoute à la citoyenneté nationale et ne la remplace pas. Le passeport européen indique donc, bien en évidence, la nationalité spécifique du porteur du passeport. De même, lors des cérémonies officielles, le drapeau européen s'ajoute au drapeau national, tout comme l'hymne européen est joué après l'hymne national. Dans tous les cas, les symboles européens ne remplacent pas les symboles nationaux.

L'hymne européen est la version instrumentale du célèbre quatrième mouvement (« l'Ode à la joie ») de la neuvième symphonie de Beethoven. Un reflet des valeurs universalistes des Lumières [*Enlightenment*], l'hymne européen, contrairement à de nombreux hymnes nationaux qui sont des chants de guerre (parfait exemple : *La Marseillaise*), est dédié à la paix.

Sur le **drapeau européen,** on voit douze étoiles dorées, disposées en cercle, sur fond bleu. Le nombre des étoiles n'est pas lié à celui des États membres, mais à la valeur symbolique de l'harmonie et de l'unité (d'où également leur disposition en cercle, sans commencement ni fin). À noter : le terme « étoile jaune » est à éviter, pour d'évidentes raisons historiques.

La **devise** de l'UE transforme une opposition en une complémentarité : « Unie dans la diversité ». C'est donc une devise tout à fait appropriée pour une organisation supranationale qui tente de faire coexister pacifiquement plusieurs États-nations, sans les obliger à abandonner leurs identités respectives. C'est aussi une devise qui tente de concilier les deux principales tendances politiques en ce qui concerne l'Europe : les fédéralistes et les souverainistes.

Chaque année, la **Journée de l'Europe** commémore la Déclaration Schuman du 9 mai 1950. Comme nous l'avons mentionné, cette Déclaration constitue le point de départ des institutions européennes. Contrairement au 14 juillet, cet événement est relativement peu connu en France (et ailleurs). Il y a des cérémonies officielles, mais avec peu de participation populaire.

La monnaie unique européenne, **l'euro,** n'est pas un symbole officiel. Cependant, au niveau de la vie quotidienne, c'est la représentation matérielle la plus évidente de l'existence — et du pouvoir — de l'UE. Le fait de pouvoir traverser les frontières nationales sans aucune barrière douanière [*customs*] avait déjà transformé les habitudes et les perceptions des Européens. La possibilité d'utiliser une monnaie unique facilite les déplacements [*travels*] et les échanges économiques et culturels. Parmi les 28 pays membres de l'UE, 19 ont adopté l'euro. Ces 19 pays membres font partie de la zone euro à l'intérieur de l'UE.

Jean Monnet et Konrad Adenauer, 1953

Source : Bundesarchiv, B 145 Bild-F001192-0003 / Unterberg, Rolf / CC-BY-SA 3.0

Les **« pères » de l'Europe** doivent être mentionnés dans cette section, même si peu d'Européens les connaissent. Comme nous l'avons mentionné, Jean Monnet (commissaire au Plan) et Robert Schuman (ministre des Affaires étrangères) ont rédigé la Déclaration Schuman du 9 mai 1950, qui marque le début de la construction de l'Europe unie, et qui est commémorée chaque année par la Journée de l'Europe. La Déclaration Schuman a mené à la création de la CECA, dont Monnet a été le président (de 1952 à 1955). Schuman est par la suite devenu président de l'Assemblée parlementaire européenne de Strasbourg, ainsi que président du Mouvement européen. Le chancelier allemand Konrad Adenauer, un des principaux fondateurs des institutions européennes, a signé le traité de Paris (1951), les traités de Rome (1957), ainsi que le traité de l'Élysée (1963). Parmi les autres « pères » de l'Europe, citons : Paul-Henri Spaak (la Belgique), Alcide de Gasperi (l'Italie), Johan Willem Beyen (les Pays-Bas), Joseph Bech (le Luxembourg). Sur le plan politique, la plupart d'entre eux étaient des chrétiens-démocrates (centre-droit). Plus tard, des dirigeants politiques de tendance social-démocrate (centre-gauche) ont largement contribué à l'unité européenne. Mentionnons en particulier Jacques Delors qui, en tant que président de la Commission européenne de 1985 à 1995, a participé à l'élaboration du traité de Maastricht (1992).

| Symboles | Citoyenneté | L'euro | « Pères » |

RÉUSSITES, LIMITES ET POLÉMIQUES

Dans l'ensemble, le processus d'unification européenne par étapes qui a été initialement préconisé par Jean Monnet (probablement le plus important des « pères de l'Europe ») s'est révélé efficace. Cette **approche pragmatique** a réussi là où de nombreux projets utopiques avaient échoué. Le continent européen, autrefois ravagé par des guerres endémiques, est véritablement devenu un havre de paix dans le monde. Le processus par étapes a été ponctué de retards et d'échecs occasionnels, mais il a abouti à des institutions stables qui renforcent régulièrement le niveau d'interdépendance des pays membres, réduisant ainsi le risque d'un retour aux hostilités. Heureusement, le contexte historique dans lequel les premières institutions européennes se sont développées — l'après-Seconde Guerre mondiale, la guerre froide, le risque d'une guerre nucléaire, la division est-ouest du continent — a disparu. Pour la plupart des Européens, une paix apparemment permanente, ainsi qu'un niveau relatif de prospérité, sont progressivement devenus la norme. Il y a évidemment de nouveaux défis, tel que le terrorisme ; mais les menaces quasi existentielles qui pesaient autrefois sur le continent européen tendent à être oubliées. Le développement et la fonction de l'UE ne sont donc plus perçus de la même manière.

La libre circulation des personnes est un des résultats les plus visibles de l'unification de l'Europe. Dans la plupart des pays européens, **l'espace Schengen** a éliminé les contrôles frontaliers : on n'a plus besoin d'un passe-port pour voyager à l'intérieur de l'Europe. Pour les étudiants, le programme d'échanges universitaires **Erasmus** permet de poursuivre ses études dans d'autres pays européens.

Longtemps le point focal de l'affrontement franco-allemand, la ville de Strasbourg est devenue le symbole de la réconciliation entre les deux pays. Plusieurs ponts traversant le Rhin permettent de relier **Strasbourg et Kehl**, y compris un pont piéton [*pedestrian*] et un pour le tramway. Il n'y a aucun contrôle à la frontière, et l'euro est la devise (monnaie) commune. On a l'im-pression de passer d'une région à une autre, plutôt que de traverser une fron-tière nationale. Rappelons que le Parlement de l'UE a son siège à Strasbourg.

| Erasmus | Strasbourg | Passerelle | Tramway |

À notre époque, l'Union européenne a généralement une image **technocra-tique,** souvent éloignée des citoyens. Pourtant, l'influence grandissante de l'UE dans la vie quotidienne de chaque pays, y compris la France, est facile à constater, en particulier dans le domaine économique. De façon générale, l'UE tend à **réduire le rôle dirigiste** de l'État dans la vie économique. Par exemple : la déréglementa-tion dans les secteurs des télécommunications et des transports ; la réduction ou l'élimination des subventions aux entreprises. Cependant, l'UE a également pro-duit un certain niveau d'uniformisation. La monnaie unique constitue un exemple évident, même si l'euro n'a pas été adopté par tous les pays membres.

Le traité de Maastricht (1992) a établi des **critères de convergence** pour l'euro :
- un déficit budgétaire annuel ne dépassant pas 3 % du PIB ;
- une dette accumulée ne dépassant pas 60 % du PIB ;
- un taux d'inflation ne dépassant pas 3 % par an ;
- des taux d'intérêt à long terme ne dépassant pas 10 % par an.

Suite à la page suivante

> Théoriquement, les membres de la zone euro sont tenus de [required] respecter ces critères économiques. En pratique, plusieurs pays (dont la France) ont dépassé les limites de certains critères, en particulier le déficit budgétaire. Ce que ces critères indiquent, c'est la volonté des signataires du traité (et de la Banque centrale européenne) de faire de l'euro une monnaie forte, qui puisse rivaliser avec le dollar.

En dépit de ses réussites historiques, l'Europe mobilise peu les électeurs. EELV (Europe-Écologie-Les Verts) est le seul parti français qui en a fait un aspect central de son programme, sans succès. Cependant, il y a une **tendance générale** : ce sont plutôt les partis d'extrême-gauche (le PC) et d'extrême-droite (le FN) qui sont opposés au développement des institutions européennes, alors que les partis qui sont plus près du centre politique sont généralement favorables à une Europe plus unie (Macron et son parti LRM). Pour simplifier : euroscepticisme et souverainisme aux extrêmes de la vie politique ; optimisme et européanisme au centre.

Rappelons que l'UE résulte d'un processus qui a des causes **politiques** (guerres, division Est / Ouest, décolonisation, etc.), mais des moyens essentiellement **économiques** (union douanière, PAC, euro, etc.). De nos jours, l'image technocratique (ou éloignée des citoyens) de l'UE est en grande partie due au niveau de complexité et à la relative opacité (ou manque de transparence) du fonctionnement de ses institutions. Si on considère deux des principales institutions européennes, la Commission et le Parlement, il est clair que c'est la Commission qui le plus de pouvoir. Or, contrairement au Parlement, la Commission n'est pas élue, et la réalité de ses activités reste peu connue de la plupart des Européens, d'où la critique communément citée d'un « déficit démocratique » des institutions européennes.

> Une particularité des institutions européennes : toutes les langues nationales sont acceptées comme des langues de travail. Par comparaison, l'Organisation des Nations unies n'a que six langues officielles (et le Secrétariat des Nations unies n'a que deux langues de travail : l'anglais et le français). L'UE compte 28 pays membres et **24 langues de travail** (l'Autriche utilise l'allemand, la Belgique utilise le français et le néerlandais, etc.). Tous les innombrables documents produits par les diverses institutions de l'UE doivent être traduits. D'autre part, il faut des interprètes pour toutes les réunions de travail des multiples comités. Au cours de ces réunions, les combinaisons possibles de langues sont fort nombreuses : portugais-suédois, grec-polonais, danois-tchèque, etc. Le **multilinguisme** fait partie des richesses de l'UE. Cependant, ces richesses culturelles ne cessent d'augmenter les budgets consacrés à la traduction et à l'interprétariat.

| Vie quotidienne | Euroscepticisme | Multilinguisme |

L'Union européenne est devenue une partie importante de l'édifice constitutionnel de la République française. Le modèle français traditionnel, fondé sur la centralisation politique et administrative, est potentiellement menacé au niveau supérieur par l'UE et au niveau inférieur par la régionalisation. Actuellement, l'opposition entre **fédéralistes et souverainistes** n'est pas résolue (nous verrons au chapitre 8 dans quelle mesure cette opposition existe au Québec). En ce qui concerne les perspectives d'avenir, on peut se demander si l'UE en restera au stade de l'Europe des Nations, ou si elle évoluera vers une forme originale du fédéralisme qu'on pourrait appeler l'Europe des Régions ? Enfin, après le « Brexit », y aura-t-il d'autres décisions semblables ?

POUR ALLER PLUS LOIN

1) Faites des recherches en ligne sur deux institutions européennes : la Commission et le Parlement. Laquelle est la plus démocratique ? Laquelle a le plus de pouvoir ? Pensez-vous que la Commission européenne devrait être élue au suffrage universel, au lieu d'être nommée ?

2) Pour l'hymne européen, pourquoi Beethoven est-il un meilleur choix que Wagner, par exemple ?

3) Si vous aviez la possibilité de réformer la branche exécutive de l'UE, que feriez-vous ?

4) Pourquoi est-ce que les premières institutions européennes se sont développées en Europe de l'Ouest ?

5) Pourquoi est-ce que les premières institutions européennes se sont développées après la Seconde Guerre mondiale ?

6) En général, l'opinion publique en France (et dans d'autres pays) n'est pas très favorable à l'Europe. Quelles sont les origines de l'euroscepticisme ?

7) Pourquoi la ville de Strasbourg a-t-elle une valeur symbolique importante pour l'UE ?

8) Faites des recherches en ligne sur le Congrès de La Haye (1948). Imaginez un débat entre Winston Churchill et Denis de Rougemont sur l'avenir de l'Europe. Quels sont les arguments pour et contre le fédéralisme et le souverainisme ?

9) Si vous deviez organiser une campagne publicitaire pour mieux faire connaître les symboles européens, que feriez-vous ?

10) Est-ce qu'il faudrait que l'UE choisisse une seule langue de travail ? Laquelle ? Quels seraient les avantages et les inconvénients ?

QCM

1) Le Parlement européen a son siège à :

___ Francfort   ___ Genève

___ Strasbourg   ___ Luxembourg

2) Le principal parti politique d'extrême-droite s'appelle :

___ le MoDem   ___ LR

___ LRM   ___ le FN

3) En 1951, six pays européens ont signé le traité de Paris, qui a créé :

___ la CEE   ___ la CECA

___ l'UE   ___ l'OTAN

4) Les partis politiques qui sont les plus opposés à l'unification européenne sont :

___ LR et le PS   ___ le MoDem et LRM

___ le PS et les écologistes   ___ le PC et le FN

5) De toutes les institutions européennes, la seule qui soit directement élue est :

___ la Banque centrale   ___ la Cour de justice

___ le Parlement   ___ la Commission

6) L'actuel président de la République, ainsi que trois de ses prédécesseurs, sont des diplômés de :

___ le Commissariat à l'énergie atomique (CEA)

___ l'Institut universitaires de technologie (IUT)

___ l'École nationale d'administration (ENA)

___ le Centre national d'études spatiales (CNES)

7) Sur le drapeau européen, on voit :

___ 12 étoiles dorées   ___ 12 étoiles jaunes

___ 12 croix dorées   ___ 28 étoiles dorées

8) Le Système international d'unités (SI) est le nom officiel :

____ de la Francophonie ____ du système métrique

____ des Trente Glorieuses ____ de la Banque centrale européenne

9) On critique souvent les institutions européennes pour leur manque :

____ d'opacité ____ d'argent

____ de technocrates ____ de transparence

10) Jusqu'en 2017, la plupart des femmes politiques les plus connues en France étaient membres du :

____ PC ____ PS

____ LR ____ FN

11) En cas de crime grave (meurtre, viol, etc.), un accusé se retrouve devant :

____ le Tribunal de première instance ____ le Tribunal correctionnel

____ la Cour d'assises ____ le Tribunal de Police

12) Paris est la seule commune à avoir le statut de :

____ département ____ province

____ région ____ collectivité d'outre-mer

13) Le symbole qui rappelle la France rurale et traditionnelle, c'est :

____ l'Hexagone ____ la fleur de lys

____ Marianne ____ le coq gaulois

14) Quand on est « en Province », on peut « monter » :

____ au ciel ____ à l'étage

____ à Paris ____ sur l'échelle

15) En France, on vote toujours :

____ le soir ____ par correspondance

____ un dimanche ____ un mardi

16) Charles de Gaulle, lorsqu'il était chef du Gouvernement provisoire (1944–1946), a procédé aux réformes suivantes, à l'exception de :

____ l'abolition de la peine de mort ____ les nationalisations

____ le droit de vote des femmes ____ la création de la Sécurité sociale

17) La division de l'Europe en zones Est et Ouest a tacitement été acceptée :

____ à Alger   ____ au traité de Paris

____ à Yalta   ____ à Brazzaville

18) Chacun de ces hommes a été président de la Ve République, à l'exception de :

____ Georges Pompidou   ____ Gaston Monnerville

____ Valéry Giscard d'Estaing   ____ François Mitterrand

19) La IVe République (1946–1958) était un régime :

____ parlementaire   ____ présidentiel

____ mixte   ____ fasciste

20) En 1957, la Communauté économique européenne (CEE) a été créée par :

____ le traité de l'Élysée   ____ les traités de Rome

____ le traité de Paris   ____ le traité de Maastricht

21) La France est le plus grand pays de l'Union européenne, par sa :

____ population   ____ économie

____ superficie   ____ histoire

22) Depuis la IIIe République (1871–1940), la République française est représentée par :

____ la langue   ____ la guillotine

____ la fleur de lys   ____ Marianne

23) Le président de la République est le chef :

____ de l'UE   ____ du Gouvernement

____ de l'équipe   ____ de l'État

24) Une des réformes importantes pendant la présidence (1974–1981) de Valéry Giscard d'Estaing a été la légalisation de :

____ l'avortement (l'IVG)   ____ la peine de mort

____ la cocaïne   ____ la religion

25) La Martinique, la Guadeloupe, la Guyane, la Réunion, et Mayotte sont des :

____ « TOM »   ____ villes nouvelles

____ arrondissements   ____ « DOM »

6 L'éducation

Ce chapitre est consacré au système éducatif (élémentaire, secondaire, supérieur) en France.

UN SYSTÈME CENTRALISÉ

Comme son nom l'indique, le ministère de l'Éducation nationale fournit un nouvel exemple de la tendance centralisatrice française. Au Canada, par comparaison, il n'y a pas de Département de l'Éducation au niveau fédéral. Le système éducatif est géré aux niveaux provincial et local. La situation est assez semblable aux États-Unis, où il y a un *Secretary of Education* au niveau fédéral, mais qui a un budget réduit et peu de pouvoir. Ce sont les *states* et surtout les très nombreux *school districts* (plus de 13 000) qui contrôlent le système éducatif au niveau local. Par contre, en France, le **ministère de l'Éducation nationale** gère directement un système d'enseignement public unifié. Comme nous le verrons, il subventionne et influence aussi, à travers le système des contrats, l'enseignement dans le secteur privé. Si on inclut l'enseignement supérieur, ce ministère a le plus grand budget de l'État. Il est aussi le plus grand employeur du pays : l'ensemble du personnel de l'Éducation nationale représente environ 1 200 000 employés (soit environ 4 % de la population active). La plupart des enseignants, ainsi que le personnel administratif et technique, sont donc des fonctionnaires. Chaque année, il y a entre 12 et 13 millions d'élèves dans les écoles françaises. Au niveau universitaire, il y a environ 2,5 millions d'étudiants. Par comparaison avec le Canada et les États-Unis, il y a relativement moins de différences de niveau parmi les écoles et les universités françaises (à l'exception des grandes écoles, dont il sera question plus bas), à cause du système plus uniforme de financement.

Un rappel historique : c'est durant la IIIe République que l'Instruction publique (comme on l'appelait à l'époque) est véritablement devenue un enjeu [*major issue*] politique national. Comme dans d'autres domaines, l'objectif des gouvernements successifs était de réduire le pouvoir et l'influence sociale de l'Église catholique — qui contrôlait encore une grande partie de l'enseignement, surtout au niveau élémentaire — et d'établir des institutions républicaines durables. L'éducation des jeunes enfants était donc au centre du nouvel édifice républicain, à une époque où l'accès à l'école était encore limité. Les lois Ferry (1881–1882) sur l'Instruction publique ont constitué une étape décisive, en rendant l'école **gratuite, laïque et obligatoire**. Comme on l'a vu au chapitre 2, à partir des lois scolaires mises en place par le ministre de l'Instruction publique, Jules Ferry, l'État a progressivement développé un réseau d'écoles élémentaires. Les instituteurs [*elementary school teachers*] sont devenus « les hussards noirs de la République », chargés de répandre la langue française et les valeurs républicaines à travers le pays.

> La question de l'enseignement des **langues régionales**, que ce soient celles de la métropole (l'occitan, le breton, le corse, etc.) ou de l'outre-mer (le tahitien, les divers créoles, etc.), reste controversée. La tradition républicaine, qui remonte à la Révolution de 1789, insistait sur la nécessité d'une seule langue commune à travers la France. Quant à la Constitution de la Ve République, l'article 2 précise qu'il n'y a qu'une seule langue officielle : « La langue de la République est le français. » Cependant, une révision constitutionnelle en 2008 a ajouté : « Les langues régionales appartiennent au patrimoine [*cultural heritage*] de la France » (Article 75). Notons également que la France n'a pas ratifié la Charte européenne des langues régionales ou minoritaires.

Comme c'est le cas dans la plupart des pays, les enfants, puis les adolescents, puis les jeunes adultes, peuvent passer par quatre étapes au cours de leur processus d'éducation : maternelle, élémentaire, secondaire, universitaire (ou supérieure). Certaines étapes du système éducatif avaient déjà fait l'objet d'un travail de **centralisation et de normalisation** depuis la période napoléonienne : les lycées et le baccalauréat ; les universités. Les objectifs de Napoléon étaient déjà en partie ceux des gouvernements de la IIIe République : faire de l'éducation une affaire publique ou étatique, afin de favoriser l'émergence d'une élite administrative, capable de gérer les institutions nationales. Les dirigeants de la IIIe République étaient particulièrement conscients de la nécessité d'exclure l'Église catholique du domaine de l'enseignement public. En 1905, la loi sur la séparation des Églises et de l'État a fait de la laïcité un des piliers constitutionnels de la République. L'enseignement public pouvait donc se développer sous le seul contrôle de l'État.

Par contre, en 1959 — c'est-à-dire au début de la Ve République — la loi Debré (du nom du premier ministre de l'époque, Michel Debré, qui était en même temps ministre de l'Éducation nationale) a établi une importante exception dans le système d'enseignement public. La loi Debré instituait le financement partiel de l'enseignement privé par l'État. Dans la quasi-totalité des cas, les écoles privées étaient contrôlées par l'Église catholique (ce qui a peu changé depuis). Les écoles qui signaient un contrat avec le ministère de l'Éducation nationale devaient suivre les mêmes programmes que dans l'enseignement public, y compris la préparation au baccalauréat. En échange, les salaires des enseignants étaient payés par le ministère, ce qui était une façon pour l'État de subventionner [*subsidize*] les écoles privées. En donnant une nouvelle place à l'enseignement confessionnel [*religious*] privé, cette loi reflétait le traditionalisme social du président Charles de Gaulle. De nos jours, **l'enseignement privé sous contrat** avec le ministère de l'Éducation nationale scolarise environ 17 % des élèves, de la maternelle au lycée, en majorité (95 %) dans l'enseignement catholique (le nombre des écoles musulmanes tend cependant à augmenter). Cette exception à la loi de séparation des Églises et de l'État dans le domaine de l'enseignement est comparable au statut exceptionnel de l'Alsace-Moselle, où le Concordat napoléonien (1801) est encore en vigueur (voir chapitre 9).

LES ÉLÈVES

Le terme « élève » peut s'appliquer à tous les niveaux, sauf à l'université, où on utilise le terme « étudiant ». Parmi les élèves, il y a trois niveaux : les écoliers, les collégiens et les lycéens. On peut donc dire : un(e) élève [un(e) écolier(ère) / un(e) collégien(ne) / un(e) lycéen(ne)] et un(e) étudiant(e). Notons par ailleurs le faux ami « collège » [*middle school*]. Parmi les enseignants, il y a les instituteurs et les professeurs. Traditionnellement, on utilise « **une institutrice / un instituteur** » pour les enseignants des écoles élémentaires. Depuis 1990, le titre officiel est « professeur des écoles », mais le terme traditionnel est encore couramment utilisé. Aux niveaux secondaire et universitaire, le terme « professeur » est universel. Par contre, on utilise « Madame » ou « Monsieur » pour **s'adresser à** un enseignant, quel que soit le niveau scolaire ou universitaire. Les termes « *Professor* » ou « *Doctor* », couramment utilisés pour s'adresser à un enseignant au niveau universitaire de ce côté de l'Atlantique, n'ont pas d'équivalent en France. Quant à la féminisation des titres professionnels, elle n'est pas encore complètement acceptée en France : on entend « la professeure », mais probablement moins souvent qu'au Québec.

Comme on peut le constater sur le tableau suivant, l'échelle des *grades* utilisée dans les écoles américaines et canadiennes a son équivalent en France, mais les noms sont différents, ainsi que l'ordre (cinquième = *grade 7* ; quatrième = *grade 8* ; etc.). L'importance de l'école maternelle est à noter : presque tous les enfants français sont **scolarisés dès l'âge de trois ans** (et environ 10 % dès l'âge de deux ans). Comme dans d'autres pays, l'enseignement aux premiers niveaux est une activité essentiellement féminine en France : les enseignants des écoles maternelles et élémentaires sont à 80 % des femmes. Comme dans tous les pays, l'école publique a une fonction de socialisation aussi bien que d'enseignement. C'est d'ailleurs un des principaux arguments en faveur des trois années passées à l'école maternelle. Mentionnons au passage un aspect quotidien des écoles américaines qui étonne souvent les visiteurs français : dans les écoles françaises, il n'y a pas d'équivalent au « *pledge of allegiance* » que récitent chaque matin la plupart des élèves américains.

Le Canada et les États-Unis	La France
Kindergarten	**École maternelle**
(généralement pendant une année)	(généralement pendant trois ans)
Elementary School	**École élémentaire**
Grade 1	Cours préparatoire (CP)
Grade 2	Cours élémentaire niveau 1 (CE1)
Grade 3	Cours élémentaire niveau 2 (CE2)
Grade 4	Cours moyen niveau 1 (CM1)
Grade 5	Cours moyen niveau 2 (CM2)
Middle School	**Collège**
Grade 6	Sixième
Grade 7	Cinquième
Grade 8	Quatrième
Grade 9	Troisième

High School	Lycée
Grade 10	Seconde
Grade 11	Première
Grade 12	Terminale
High School Diploma	**Baccalauréat**

Système	Privé	Institutrice	Niveaux

Il faut insister sur l'importance du baccalauréat dans le système éducatif en France : il est à la fois **un diplôme de fin d'études secondaires et un examen d'entrée à l'université** (il n'y a pas d'équivalent au « *SAT score* »). Historiquement, le « bac » était un diplôme de grande valeur. Considéré comme difficile — à juste titre — il était d'une utilité certaine sur le marché du travail. Depuis la fin des années 1980, le bac est en quelque sorte [*in a way*] victime de son succès. En 1985, le ministre (socialiste) de l'Éducation nationale, Jean-Pierre Chevènement, a fixé comme objectif d'arriver à 80 % d'une classe d'âge [*birth cohort*], ou d'une génération, ayant obtenu le bac. Les ministres successifs ont par la suite poursuivi le même objectif. Il faut préciser qu'au début des années 1980, seul un jeune sur trois avait le bac. Depuis, le taux de réussite au bac a continuellement augmenté. En 2017, l'objectif ministériel semble avoir été atteint. Étant devenu ordinaire, le bac n'a toutefois [*however*] plus la même valeur. Puisqu'il y a beaucoup plus de bacheliers parmi les nouvelles générations, le bac est devenu un niveau minimal, plutôt qu'une réussite exceptionnelle.

Il y a plusieurs versions du baccalauréat : général (le plus connu), professionnel et technique. Dans chacune de ces **filières**, il y a des **séries**. Pour le baccalauréat général, ce sont les séries S (scientifique), L (littéraire) et ES (économie sociale). Dans chaque série, le nombre d'heures de cours est plus important dans certains domaines : les mathématiques pour la série S, la philosophie pour la série L, par exemple. Il y a aussi l'effet des **coefficients** au bac : pour la série S, par exemple, on multiplie la note [*grade*] de l'examen de mathématiques par un coefficient élevé, et la note de l'examen de philosophie par un coefficient plus faible. Dans la série L, les coefficients sont inversés : faible en mathématiques, élevé en philosophie. Le choix de la série peut être déterminant pour le succès à l'université :

Lycée Voltaire, Paris

Source : Siren-Com / Wikimedia Commons

un futur ingénieur choisira la série S, alors qu'un futur professeur de littérature choisira la série L. Évidemment, la plupart des adolescents n'ont pas encore choisi une carrière. Néanmoins [*Nevertheless*], il faut choisir une série avant d'entrer au lycée. Donc, à la fin du collège — c'est-à-dire la troisième [*grade 9*] — il faut prendre une décision très importante. De façon pratique, ce sont le plus souvent les parents qui décident. Malheureusement, ces décisions ont souvent pour effet de reproduire d'anciens stéréotypes : les garçons sont plus souvent orientés vers la série S (dominée par les mathématiques, la physique-chimie et les sciences de la vie et de la Terre), alors que les filles sont plus souvent orientées vers la série L (dominée par la littérature, les langues étrangères et la philosophie).

La principale fonction de la filière générale du baccalauréat, c'est de préparer les lycéens à entreprendre des études universitaires. Les filières professionnelle et technique sont habituellement plus orientées vers l'accès direct au monde du travail. Cependant, comme on le verra dans la section suivante, il y a aussi des options au niveau universitaire pour les autres filières. Les termes « filière », « série » et « coefficient » font donc partie du vocabulaire essentiel de la vie des lycéens, pour qui **le bac est l'objectif central** (pour ne pas dire unique). Même si le bac n'est plus aussi valorisé — puisque presque tout le monde peut l'obtenir — il reste tout aussi crucial dans la vie des jeunes : « Passe ton bac d'abord » est devenu un cliché. Les parents n'ont d'ailleurs plus besoin de le répéter à leurs enfants : l'ensemble de la société française — et en particulier le monde du travail — s'en charge [*takes care of it*].

Le bac est une série d'examens — ou d'épreuves — que l'on passe à la fin de l'année terminale (sauf pour les épreuves écrite et orale de français, que l'on passe à la fin de la première [*grade 11*]). Les cours de littérature française au lycée se terminent donc par le « bac de français » (sauf pour la série L). En terminale, on suit des cours de philosophie à la place. Chaque année, tous les élèves de l'année terminale de tous les lycées de France passent le bac en même temps : c'est un événement national dont on parle beaucoup dans les médias. En 2017, ils étaient environ 700 000 candidats à « plancher » [*work hard*]. Le bac comporte des **épreuves écrites et orales** dans chaque matière. Par exemple, l'épreuve écrite d'histoire-géographie de la série ES dure quatre heures (les deux sujets sont enseignés par le même professeur ; voir chapitre 1). Les épreuves se déroulent [*take place*] donc pendant plusieurs jours, répartis [*spread out*] sur deux semaines. Pour les 170 000 enseignants qui notent [*grade*] les épreuves écrites du bac, il y a environ quatre millions de copies [*exams*] à examiner.

Comme il a déjà été mentionné, c'est durant la période napoléonienne — en 1808, plus précisément — que le baccalauréat moderne a été instauré en France. Il a été réformé et surtout développé au cours des **deux siècles de son existence**. Souvent critiqué pour sa rigidité et son niveau de difficulté, le bac a néanmoins influencé les diplômes de fin d'études secondaires de plusieurs autres pays. On le retrouve évidemment à travers une grande partie du monde francophone. D'autres pays ont choisi des modèles qui intègrent parfois le contrôle continu : le *Gaokao* en Chine, l'*Abitur* en Allemagne, les *Advanced Levels* en Grande-Bretagne, etc. Au niveau international, l'Organisation du baccalauréat international (en anglais : IB), dont le siège est à Genève, organise des programmes d'enseignement complets en collaboration avec des écoles à travers le monde. En France, il est parfois question de transformer radicalement le bac, pour qu'il devienne un diplôme qui reflète les résultats du contrôle continu plutôt que ceux d'une série d'examens. Dans son programme électoral, Emmanuel Macron a fait des propositions qui allaient dans ce sens. Le bac français va-t-il évoluer ?

Les notes dans les écoles françaises sont très différentes du système utilisé au Canada et aux États-Unis. On est noté sur 20 (au lieu de 100) et on peut obtenir une « mention ». Une note de 10 sur 20 est « passable » ; 12 sur 20 est « assez bien » ; 14 sur 20 est « bien » ; 16 sur 20 est « très bien » (la mention la plus élevée). Une note de **10 sur 20** constitue donc le strict minimum pour réussir à un examen en général, et à une épreuve du bac en particulier. La note globale (en tenant compte des coefficients) qu'on obtient aux épreuves écrites détermine si on doit passer les épreuves orales. L'ensemble du processus — le « bachotage » (la préparation) et les épreuves — est très anxiogène, ou « stressant ». Tout le monde (ou presque) fait la fête après le bac.

L'enseignement en France était autrefois traditionaliste et discipliné, ce qui exigeait un effort constant d'acquisition des connaissances de la part des élèves. Comme on l'a mentionné dans l'introduction, le système éducatif français a longtemps privilégié **l'acquisition (ou la mémorisation) des faits et des données** [*data*]. Il s'agissait de produire des têtes « bien pleines » de savoir, de connaissances. Cependant, il y a eu des changements importants depuis les années 1970 (ou, si on préfère, après Mai 68). Par exemple, au niveau de l'école élémentaire (et même du collège), la tendance actuelle est de réduire ou d'éliminer les devoirs [*homework*] à faire à la maison. Selon le point de vue de chaque observateur, les écoles françaises sont devenues moins rigides ou plus laxistes [*permissive*].

Le baccalauréat, même si sa valeur a baissé sur le marché du travail, représente un facteur de continuité et de stabilité à travers les générations. La préparation intense (le **bachotage**) au cours de l'année terminale du lycée oblige les lycéens à acquérir des connaissances dans tous les domaines scolaires : SVT ; physique-chimie, mathématiques, histoire-géographie, langue(s) étrangère(s), littérature, philosophie, etc. L'ensemble de ces connaissances contribue à la notion de « culture générale ». Notons au passage que les SVT (sciences de la vie et de la Terre) correspondent à ce qui était autrefois appelé la biologie-géologie.

Il y a dans la société française une valorisation traditionnelle de la **culture générale**, au statut ambigu, qui recouvre des connaissances historiques, littéraires et philosophiques — les connaissances que, théoriquement, tout individu éduqué devrait avoir. Personne ne veut passer pour un « illettré », quel que soit son niveau d'éducation. Attention à ce faux ami qui n'est pas équivalent à « *illiterate* » (on utilise « analphabète » dans ce cas). Pour un adulte, être « illettré » est aussi inacceptable que le fait d'être « mal élevé » pour un enfant. On s'efforcera donc de glisser dans la conversation ordinaire des références culturelles qui pourraient sembler pompeuses dans d'autres cultures nationales. L'influence du bac est particulièrement évidente en ce qui concerne les références philosophiques, qui sont sans doute plus fréquentes en France — à la fois dans les médias et dans la conversation ordinaire — et qui reflètent l'expérience acquise de la rationalité (ou du savoir-faire) scolaire.

| Passe ton bac | Coefficients | Bachotage | Culture |

LES ÉTUDIANTS

Selon les gouvernements, l'enseignement supérieur est parfois rattaché au ministère de l'Éducation nationale, parfois géré par un ministre indépendant. La France est un des rares pays au monde qui soit doté d'un double système d'enseignement supérieur : les **universités** (il suffit d'avoir le bac pour être admis) et les **grandes écoles**, qui sont beaucoup plus sélectives (il faut avoir le bac — de préférence « avec mention » — et suivre deux ans de cours préparatoires et passer un concours d'entrée). Nous traiterons d'abord les études à l'université.

Quelques termes à noter

Au Canada et aux États-Unis, il y a des étudiants « *undergraduates* » et « *graduates* ». Les « *undergraduates* » peuvent faire une « majeure » et une « mineure ». Par contre, il n'y a pas de « *major / minor* » dans le système universitaire français. Quant au baccalauréat, comme on l'a vu, il représente à la fois un diplôme de fin d'études secondaires [*high school diploma*] et un examen d'entrée à l'université. Après avoir obtenu le « bac », on **étudie** (« *to major* » n'existe pas) un sujet spécifique à l'université. Par exemple, on peut **étudier la médecine** — à l'âge de 18 ans, directement après le bac (il faut généralement huit ans de travail acharné pour étudier la médecine...). Il n'y a pas de « *pre-med* », puisqu'il n'y a pas de « *undergraduates* » et « *graduates* ». Les étudiants français peuvent donc dire, par exemple : J'étudie **le** droit / **la** psychologie / **l'**histoire / **les** mathématiques. On peut également dire : Je suis étudiant(e) **en** philosophie / économie / chimie...

Suite à la page suivante

> Une dernière chose à noter : il n'y a pas d'équivalent direct au verbe « *to graduate* » (« graduer » est un faux ami : *to calibrate / regulate*). On peut **terminer ses études** ou **obtenir un diplôme** : J'ai terminé mes études de linguistique / J'ai obtenu un master en science politique.

Un énorme avantage dans les **universités françaises** : il n'y a pas de « *tuition* » (il y a des frais d'inscription [*registration costs*], qui sont de l'ordre de 200 € par an). La plupart des étudiants français n'accumulent donc pas de dettes, comme il est courant de ce côté de l'Atlantique. Par contre, puisque les bacheliers sont de plus en plus nombreux, les étudiants le sont aussi, avec pour résultat que la plupart des universités françaises sont **saturées ou surchargées** [*overcrowded*]. Traditionnellement, les étudiants français ne travaillaient pas pendant leurs études : leur tâche [*task*] était justement d'étudier. Il était courant de continuer à loger chez ses parents pendant au moins une partie de ses études, ce qui réduisait les frais et permettait aux étudiants de se consacrer à plein temps [*full-time*] à leurs cours. Depuis une vingtaine d'années, le nombre des étudiants qui ont un « petit boulot » augmente régulièrement. Davantage [*More*] d'étudiants quittent le domicile parental dès le début de leurs études. Il faut donc payer le loyer [*rent*] et d'autres frais nouveaux. Actuellement, environ la moitié des étudiants français travaillent durant au moins une partie de leurs études.

Contrairement aux systèmes universitaires du Canada et des États-Unis, les études en France sont spécialisées dès la première année de l'université (comme on l'a vu ci-dessus, on fait 8 ans de médecine, par exemple). L'année terminale du lycée qui prépare au bac inclut les cours généraux (y compris la philosophie) de la première année du niveau *undergraduate* des universités canadiennes et américaines. Les diplômes universitaires français sont structurés en fonction du bac : pour décrire chaque diplôme, on compte le nombre d'années d'études au-delà du bac. Au niveau européen, les diplômes ont été réorganisés et harmonisés au début du siècle, pour qu'ils soient équivalents d'un pays à l'autre. La transition au système LMD a été terminée en France en 2006. S'il n'y a pas de « *undergraduates* » et « *graduates* » dans le système universitaire français, il y a en revanche trois **cycles** universitaires. Le premier cycle dure normalement trois ans après le bac : on obtient un diplôme qui s'appelle **la licence** (Bac + 3) et qui est à peu près équivalent au *B.A. / B.Sc.* au Canada et aux États-Unis. Le deuxième cycle dure deux ans de plus : on obtient un diplôme qui s'appelle **le master** (Bac + 5). Enfin, le troisième cycle dure trois ans de plus : on obtient un diplôme qui s'appelle **le doctorat** (Bac + 8).

Diplômes universitaires	
Système LMD (depuis 2006)	**Ancien système**
Licence (Bac + 3)	DEUG (Bac + 2)
Master (Bac + 5)	Licence (Bac + 3)
Doctorat (Bac + 8)	Maîtrise (Bac + 4 ou 5)
	Doctorat

Comme dans d'autres pays, les diplômes sont généralement nécessaires pour accéder aux emplois de cadres [*managers*], enseignants, professions libérales, etc. Dans de nombreux secteurs professionnels, les exigences tendent à augmenter en ce qui concerne le diplôme : alors que la licence a longtemps suffi sur le marché du travail, c'est **le master** qui est désormais nécessaire au niveau professionnel (on peut donc constater à quel point le bac est devenu un niveau minimal). De façon générale, la durée des études tend à s'allonger. Comme on l'a vu au chapitre 1, dans le monde du travail, les diplômes sont probablement plus importants en France qu'ils ne le sont de ce côté de l'Atlantique, où l'expérience pratique joue un plus grand rôle.

Nous avons vu dans la section précédente qu'il y a, en dehors du [*aside from*] baccalauréat général, les **filières professionnelle et technique**. Ces versions du bac peuvent également être suivies par des études au niveau supérieur. Par exemple, après avoir obtenu le bac technique, on peut étudier à un IUT (Institut universitaire de technologie), où on peut obtenir un DUT (Diplôme universitaire de technologie). Notons que dans beaucoup d'autres pays, il n'y a pas de filière technique séparée. De même, après avoir obtenu le bac professionnel, on peut étudier à un IUP (Institut universitaire professionnalisé). Il existe également des IAE (Instituts d'administration des entreprises) et des IEP (Instituts d'études politiques).

Dans le système éducatif français, on ne trouve pas d'institutions pré-universitaires ou de transition entre le niveau secondaire et l'université. Il n'y a pas d'équivalent aux *community colleges* canadiens et américains, ni aux Cégeps (Collège d'enseignement général et professionnel) québécois. Comme on le verra ci-dessous, les classes préparatoires aux grandes écoles (CPGE) sont spécialisées et ne sont pas liées aux universités.

Parallèlement aux diplômes universitaires, il y a le système de recrutement du ministère de l'Éducation nationale : **le CRPE, le CAPES et l'agrégation**. Chaque année, le ministère recrute un certain nombre d'enseignants par concours (l'examen mène à un diplôme ; le concours mène à un emploi). Le CRPE

(Concours de recrutement de professeur des écoles) permet d'accéder à l'enseignement dans une école maternelle ou une école élémentaire. En 2017, environ 13 000 postes [*positions*] d'enseignement étaient disponibles en France à travers le CRPE. Le CAPES (Certificat d'aptitude au professorat de l'enseignement du second degré) permet d'accéder à l'enseignement dans un collège ou un lycée. En 2017, environ 17 000 postes étaient disponibles à travers le CAPES. Il y a également des concours pour les autres filières : le CAPET (technique) et le CAPLP (professionnel). Après avoir obtenu une licence (Bac + 3), les futurs enseignants qui préparent les concours de recrutement dans l'enseignement primaire et secondaire suivent une formation pendant deux ans à une École supérieure du professorat et de l'éducation (**ESPE**), ce qui permet aussi d'obtenir un diplôme de master (Bac + 5). En ce qui concerne le concours de recrutement le plus élevé, l'agrégation permet d'accéder à l'enseignement dans un lycée ou une université. En 2017, environ 3 000 postes étaient disponibles à travers l'agrégation.

Un **professeur agrégé** fait partie de l'élite du corps professoral. Parmi les agrégés célèbres, on trouve Marie Curie, Jean Jaurès, Georges Pompidou, Léopold Sédar Senghor, Raymond Aron, Simone de Beauvoir, Jean-Paul Sartre, Michel Foucault, Jacques Derrida, Élisabeth Badinter et bien d'autres (y compris des prix Nobel). Les plus connus sont souvent passés par l'École normale supérieure (l'ENS) de Paris, ce qui nous amène aux grandes écoles.

| Saturées | LMD | Collège | Agrégation |

Les **grandes écoles** sont des établissements d'études supérieures qui sont indépendantes des universités, et qui sont beaucoup plus sélectives que les universités en ce qui concerne l'admission des étudiants (le baccalauréat ne suffit pas). Il y a plus de 200 grandes écoles en France. Certaines d'entre elles sont très connues : Polytechnique, l'ENA (École nationale d'administration), HEC (Hautes études commerciales), l'ENS (École normale supérieure), Saint-Cyr, les Beaux-Arts, AgroParisTech (Institut des sciences et industries du vivant et de l'environnement), l'EHESS (École des hautes études en sciences sociales), l'Institut d'études politiques de Paris ou « Sciences Po », etc. Dans tous les cas, le fait d'être diplômé d'une grande école est un signe de distinction sociale. Aux

États-Unis, les plus proches équivalents des grandes écoles françaises seraient les prestigieuses universités qui font partie de la « *Ivy League* ». Mais celles-ci sont privées, alors que la plupart des grandes écoles sont publiques.

Alors que les universités sont généralistes (de nombreux sujets y sont enseignés), chaque grande école est **spécialisée** : Saint-Cyr est une École spéciale militaire qui forme [*trains / educates*] les officiers de l'Armée de terre ; Polytechnique est une École d'ingénieurs (dont le statut est en partie militaire) ; HEC forme les dirigeants des grandes entreprises privées ; l'ENA forme les dirigeants de l'administration publique ; l'École nationale supérieure des Beaux-Arts est célèbre à travers le monde ; l'EHESS est un centre d'enseignement et de recherche en sociologie ; AgroParisTech forme des ingénieurs spécialisés dans les domaines des biotechnologies ou de la protection de l'environnement ; etc. Parmi les grandes écoles, on trouve également un nombre important d'écoles de commerce [*business schools*], dont le niveau de prestige est variable. Le but des grandes écoles est de **former une élite,** que l'on retrouve au gouvernement, mais aussi dans la fonction publique (enseignants, préfets, etc.), dans la recherche scientifique et dans le secteur privé. Alors que les études universitaires sont (presque) gratuites, la plupart des grandes écoles sont payantes. Le coût des études dans une grande école reste toutefois largement inférieur aux établissements universitaires comparables de ce côté de l'Atlantique. De façon générale, malgré l'idéal républicain de la méritocratie, il y a une corrélation évidente entre une origine sociale aisée [*well-off*] et l'accès aux grandes écoles.

Dans un livre célèbre, Albert Thibaudet a appelé une période de la IIIᵉ République (1871–1940) : *La République des professeurs* (1927). Il est vrai que de nombreux hommes politiques de premier plan (rappelons que les femmes n'avaient pas le droit de vote à cette époque) sont passés par « **Normale sup** » (l'École normale supérieure ou l'ENS), y compris plusieurs ministres et premiers ministres. Contrairement à d'autres grandes écoles où les étudiants doivent payer, ce sont les étudiants qui sont payés (environ 1500 € par mois) dès qu'ils sont admis à « rue d'Ulm » (Paris). En échange, les normaliens acceptent un « engagement décennal » : ils doivent travailler pour l'État pendant dix ans. La période de formation des « normaliens » dure quatre années. La plupart d'entre eux préparent le concours de l'agrégation. Parmi les diplômés de l'ENS, on compte 13 prix Nobel et 10 médailles Fields (le « prix Nobel » des mathématiques). En dehors de l'ENS « rue d'Ulm », il y a actuellement trois autres Écoles normales supérieures en France.

Suite à la page suivante

Grandes écoles	Sélection	Normale sup	Professeurs

Pour être admis à une grande école, il faut généralement passer par les classes préparatoires aux grandes écoles (**CPGE**), qui durent deux ans (après le bac) et qui sont offertes dans certains lycées spécialisés. Les deux lycées les plus prestigieux où on peut suivre des CPGE, ou classes « prépas », sont à Paris (ce qui n'est guère surprenant) : Louis-le-Grand et Henri IV. On peut ensuite se présenter aux concours d'entrée des grandes écoles. Les critères d'admission sont donc extrêmement sélectifs (contrairement à l'université, où le bac suffit). En général, la formation [*training / education*] dans une grande école dure trois ans. Normalement, l'ensemble du processus de formation (CPGE + grande école) dure donc cinq ans, ce qui est équivalent à un master (Bac + 5) obtenu dans une université. En tout, il y a environ 85 000 élèves inscrits en classes prépas, dont 42 % de femmes.

Si l'ENS a fortement influencé la vie politique sous la IIIᵉ République, c'est l'ENA qui domine la Vᵉ. Fondée en 1945, alors que Charles de Gaulle était le chef du Gouvernement provisoire, **l'ENA** (l'École nationale d'administration) est devenue la plus connue, et apparemment la plus influente, des grandes écoles. Initialement établi à Paris, le siège de l'ENA a été transféré à Strasbourg (où se trouve le Parlement européen) en 1991. Parmi ses diplômés, on compte quatre présidents de la République (Valéry Giscard d'Estaing, Jacques Chirac, François Hollande et Emmanuel Macron), sept premiers ministres et d'innombrables ministres, ainsi que de nombreux dirigeants de grandes entreprises. De nos jours, pour réussir dans la vie politique française, il vaut donc mieux commencer par être diplômé de l'ENA. Les diplômés de l'ENA sont souvent appelés des « énarques » (un terme ironique qui rappelle « monarque »). Le prestige d'une grande école telle que l'ENA reflète et renforce celui des hauts fonctionnaires en France. Par contre, de ce côté de l'Atlantique, ce sont plutôt les professions libérales (avocats, médecins, etc.) qui ont un prestige social comparable.

À première vue, le double système d'enseignement supérieur en France paraît contradictoire. D'un côté, les universités (presque) gratuites correspondent au souci de l'**Égalité**, en permettant l'accès à tous les titulaires du baccalauréat. D'un autre côté, les grandes écoles, très sélectives, ont pour fonction explicite de former des **élites** dans divers domaines professionnels, scientifiques et intellectuels. Évidemment, tous les pays ont des élites sociales. La question est de savoir si ces élites sont vraiment ouvertes à celles et ceux qui veulent y accéder par la voie de la méritocratie. Cette question est un aspect particulier de **l'idéal méritocratique** dans l'enseignement. On a longtemps dit que l'enseignement public jouait un rôle central dans « l'ascenseur social », qui permettait aux générations successives d'améliorer leur situation éducative et donc socioéconomique. Actuellement, le débat reste ouvert : le système éducatif français est-il véritablement méritocratique ou se contente-t-il de reproduire les inégalités économiques et culturelles ?

Deux présidents et agrégés littéraires : **Georges Pompidou** (1911–1974) et **Léopold Sédar Senghor** (1906–2001). Alors que la classe politique semble actuellement être dominée par des « énarques » (des diplômés de l'ENA), Pompidou et Senghor étaient de formation littéraire. Tous deux étaient agrégés et normaliens (diplômés de l'École normale supérieure). Ils se sont rencontrés à l'ENS au début des années 1930 et sont devenus amis. Pompidou a été premier ministre (1962–1968), puis président de la République française de 1969 jusqu'à sa mort (qui coïncide à peu près avec la fin des Trente Glorieuses). Il est aussi connu pour son *Anthologie de la poésie française* (1961). Senghor a été président de la République du Sénégal de 1960 à 1980. Un des plus grands poètes du vingtième siècle, Senghor était un des fondateurs du mouvement littéraire et politique de la négritude.

CPGE	ENA	Méritocratie	Présidents

LA RECHERCHE

Traditionnellement, la plupart des universités et même des grandes écoles françaises étaient plus orientées vers l'enseignement que vers la recherche. L'obsession du « *publish or perish* » que connaissent bien les universitaires américains et canadiens n'est pas encore omniprésente en France (ni dans le reste de l'Europe). Ce n'est que récemment que le modèle de l'enseignant-chercheur — qui doit publier les résultats de ses recherches — a commencé à devenir la norme. Il faut noter que la **recherche scientifique** se fait souvent en dehors de l'université : au CNRS, à l'Institut Pasteur, etc. Le système de la recherche scientifique s'est progressivement construit en France autour de grands organismes publics :

- Le Centre national de la recherche scientifique (**CNRS**) est le plus important, avec environ 32 000 agents (techniciens, etc.), dont 11 000 chercheurs et 13 000 ingénieurs.
- D'autres organismes sont dédiés à la recherche scientifique dans des domaines particuliers : l'Inserm (la santé publique) ; l'Inra (l'agronomie) ; le CEA (l'énergie nucléaire), le CNES (les études spatiales) ; l'Inria (l'informatique) ; l'Ifremer (le milieu marin) ; etc.

Dans les domaines de l'enseignement (à tous les niveaux) et de la recherche, une tendance est clairement déterminante : **l'État est l'acteur central**. C'est l'État qui administre — et qui finance — un vaste réseau [*network*] d'écoles, d'universités et de centres de recherche. Par comparaison avec le Canada et les États-Unis, le secteur privé est beaucoup moins développé. Des centres privés de recherche scientifique existent, qui sont souvent en partie subventionnés par le gouvernement français. **L'Institut Pasteur**, qui est spécialisé dans la recherche médicale, est un exemple particulièrement célèbre. En ce qui concerne les écoles privées, comme on l'a vu, la plupart sont sous contrat avec le ministère de l'Éducation nationale, qui paie les salaires des enseignants. Ces écoles sont très majoritairement catholiques (à peu près 9 000). Il y a environ 300 écoles juives et une vingtaine d'écoles musulmanes.

Une institution exceptionnelle : le **Collège de France** n'est ni une université ni une grande école. Les cours sont gratuits et libres d'accès. Il n'y a ni examens ni diplômes. Il y a une cinquantaine de chaires d'enseignement dans divers domaines. Les titulaires des chaires ont une charge d'enseignement réduite. Ils doivent surtout se consacrer à des travaux de recherche et de publication. Plusieurs chercheurs et auteurs célèbres ont enseigné au Collège de France : le philosophe Henri Bergson, l'anthropologue Claude Lévi-Strauss, le sémiologue Roland Barthes, le poète Yves Bonnefoy, l'historienne Jacqueline de Romilly, le physicien Serge Haroche (prix Nobel 2012), etc. La modernisation aidant, plusieurs cours donnés au Collège de France sont plus largement accessibles sous forme de podcasts.

Recherche	CNRS	Pasteur	Collège

Collège de France

Source : Roy Boshi / Wikimedia Commons

LES TENDANCES ET LES DÉFIS

Comme on a pu le constater tout au long de ce chapitre, le système éducatif français est à la fois **égalitaire** (ou méritocratique, du moins au niveau des objectifs) et **élitiste** (les écoles les plus prestigieuses font preuve d'un haut niveau de sélectivité). Ces deux orientations apparemment contradictoires résument le défi [*challenge*] auquel sont confrontés les systèmes éducatifs de presque tous les pays : comment donner des chances égales de réussite à tous les enfants et adolescents, tout en exigeant que les formations scolaires et universitaires soient d'un niveau toujours plus élevé ? L'enseignement de masse doit préparer les élèves et les étudiants à la citoyenneté et au monde du travail. Par ailleurs, le système éducatif doit aussi produire les élites scientifiques et professionnelles dont le pays a besoin.

Dans les écoles françaises, l'égalité des filles et des garçons a fait de grands progrès. Dans l'ensemble, les filles réussissent mieux que les garçons tout au long de leur scolarité et obtiennent de meilleurs résultats aux examens, y compris au bac. Au niveau universitaire, les jeunes femmes sont désormais **majoritaires** (55 %). Par contre, le pourcentage de femmes est moins élevé dans les filières très sélectives : 42 % dans les CPGE ; 28 % dans les écoles d'ingénieurs. En général, les femmes sont surreprésentées dans les domaines littéraires et sous-représentées dans les domaines scientifiques. Les élites socioéconomiques françaises sont donc encore largement dominées par les hommes. Il reste du travail à faire pour égaliser l'accès aux emplois les plus qualifiés et les plus rémunérateurs.

La question de l'égalité dans le système éducatif se pose aussi pour les immigrés et leurs descendants. En 1981, les ZEP (zones d'éducation prioritaire) ont été créées pour donner plus de moyens financiers aux écoles situées dans des quartiers défavorisés. Le but était de **lutter contre l'échec scolaire** et de favoriser ainsi l'intégration sociale des descendants d'immigrés. Si l'intention était bonne, les résultats n'étaient pas souvent satisfaisants. Les gouvernements successifs ont tenté d'améliorer la situation : les ZEP ont donc été progressivement remplacées par une série de nouveaux programmes et de nouveaux sigles (REP, RAR, ÉCLAIR, etc.). La dernière réforme a pour objectif de réduire le nombre d'élèves dans chaque classe. Là encore, il reste du travail à faire pour égaliser les chances de réussite à l'école.

Contrairement à beaucoup d'autres pays, l'évolution du système éducatif est un sujet éminemment **politique** en France. Comme il a été mentionné au début de ce chapitre, le budget du ministère de l'Éducation nationale, si on inclut l'enseignement supérieur et la recherche, est le plus élevé de l'État. Le ministre de l'Éducation nationale est toujours un des plus connus parmi les membres du gouvernement. Les sujets liés à l'enseignement sont examinés, régulièrement et minutieusement, par les médias. À chaque fois que le niveau général est perçu comme étant en baisse — le fait que la réussite au bac soit devenue la norme pour les nouvelles générations, par exemple — cette évolution est souvent interprétée comme le signe d'un déclin national (si tout le monde obtient le bac, il n'a plus la même valeur). De façon schématique [*Simply put*], l'état de santé du système éducatif annonce celui de l'économie de demain. Pour les Français, le domaine de l'enseignement est donc un des indicateurs les plus révélateurs du niveau de confiance en l'avenir.

Comme nous le verrons au chapitre 9, l'École républicaine est à nouveau au centre des débats sur la **laïcité**, comme c'était le cas à la fin du dix-neuvième siècle et au début du vingtième. Cependant, les termes du débat ont changé. En tant qu'institution nationale, l'École républicaine a été construite en grande partie en opposition au pouvoir de l'Église catholique. Il s'agissait de créer un lieu neutre, en dehors des passions religieuses, où l'acquisition des connaissances pourrait avoir lieu dans la sérénité. La religion, une question de conscience personnelle et privée, n'avait pas sa place dans les écoles publiques. De nos jours, les débats portent sur la place et la visibilité de l'islam dans la société, et donc dans les écoles, en particulier en ce qui concerne les « signes religieux ostentatoires ».

Les écoles sont très présentes dans les **films français**. Voici quelques exemples :

Les Quatre Cents Coups (1959) de François Truffaut

La Guerre des boutons (1962) d'Yves Robert

Ça commence aujourd'hui (1999) de Bertrand Tavernier

Être et avoir (2002) de Nicolas Philibert

L'Esquive (2004) d'Abdellatif Kechiche

Les Choristes (2004) de Christophe Barratier

Entre les murs (2008) de Laurent Cantet

La Journée de la jupe (2009) de Jean-Paul Lilienfeld

Le Petit Nicolas (2009) de Laurent Tirard

Primaire (2016) d'Hélène Angel

POUR ALLER PLUS LOIN

1) Quelles sont les différences entre le baccalauréat et le *high school diploma* ?

2) À votre avis, est-ce qu'il vaut mieux que l'enseignement public soit géré au niveau national ou au niveau local ? Expliquez les raisons de votre choix.

3) On peut dire que les diplômés de l'ENA dominent la vie politique française. Est-ce une bonne chose qu'un seul établissement de niveau universitaire ait autant d'influence ?

4) Trouvez en ligne les sujets ou « Annales du bac » de l'année dernière. Choisissez une filière et une série. Que pensez-vous des sujets des épreuves ? Est-ce qu'ils sont semblables aux sujets des examens que vous avez passés en *grade 12* ?

5) À notre époque, où on peut accéder en ligne à toutes les connaissances, est-ce encore utile d'insister sur la « culture générale » ?

6) Pourquoi la République française — dont la devise est Liberté, Égalité, Fraternité — cherche-t-elle à former des élites sociales à travers les grandes écoles ?

7) À votre avis, est-ce une bonne idée d'étudier la philosophie en année terminale du lycée, quand on a 17 ou 18 ans ?

8) Faut-il conserver la langue française en tant que seule langue d'enseignement en France ? Ou faudrait-il permettre à chaque région de choisir la langue de ses écoles ?

9) Est-il réaliste de s'attendre à ce que [expect] le système éducatif puisse réduire les inégalités socioéconomiques ?

10) Faites des recherches en ligne sur le « bachotage ». Ensuite, comparez l'année terminale du lycée en France avec votre expérience en dernière année de *high school*.

11) À quoi sert le Collège de France ? Est-ce bien utile d'avoir une institution d'études supérieures où il n'y a ni examens ni diplômes ?

12) Que faudrait-il faire pour augmenter le pourcentage des femmes dans les disciplines scientifiques ?

Minitest

1) Environ 1 200 000 salariés (4 % de la population active) travaillent directement ou indirectement pour le Ministère _____. Tous ces salariés sont donc des _____.

2) Une tendance relativement récente dans les universités : les jeunes femmes sont _____.

3) Par opposition au système de *cases / common law* aux États-Unis, la France a un système légal fondé sur les _____ (civil, pénal, etc.).

4) En cas de crime grave (meurtre, viol, attaque à main armée), un accusé se retrouve devant _____.

5) En 1982, la France a été le dernier pays de l'Europe de l'Ouest à abolir la _____, ce qui a rangé l'invention du docteur Guillotin au musée.

6) Le diplôme « Bac + 3 » s'appelle la _____.

7) Si on suit une filière technique au niveau universitaire, on peut obtenir un _____.

8) La plupart des enfants français commencent l'école maternelle à l'âge de _____.

9) La branche _____ ayant moins de pouvoir en France, le rôle du Conseil constitutionnel est plus limité que celui de la Cour suprême du Canada ou des États-Unis.

10) Le _____, c'est le magistrat qui dirige l'enquête policière en cas de crime grave.

11) Alors que les CRS (Compagnies républicaines de sécurité) ont généralement une image négative, les _____ sont souvent bien considérés par l'opinion publique française.

12) De nombreux politiciens français sont des diplômés de

   _____.

13) Le CRPE, le CAPES et l'agrégation sont des concours de

   _____ organisés par le ministère de l'Éducation

   nationale.

14) Il faut choisir une série au lycée à la fin de la _____.

15) Le but des grandes écoles (ENS, Polytechnique, ÉNA, etc.) est de former

   une _____, ce qui contribue au prestige des hauts

   fonctionnaires en France.

16) Le premier ministre, qui est le _____, doit avoir à la fois

   la confiance du président de la République (sauf en cas de cohabitation) et une

   majorité à l'Assemblée nationale.

17) Par sa _____, la France est le plus grand pays de

   l'Union européenne.

18) Si on veut devenir ingénieur, il vaut mieux choisir la _____.

19) Les lois Ferry (1881–1882) sur l'Instruction publique ont rendu l'école gratuite,

   _____ et obligatoire.

3 ans	*exécutive*	*minoritaires*
6 ans	*fonctionnaires*	*peine de mort*
avortement	*gendarmes*	*popularité*
catholique	*judiciaire*	*population*
chef de l'État	*juge d'instruction*	*professions libérales*
chef du Gouvernement	*jurisprudence*	*recrutement*
CNRS	*l'ENA*	*série L*
Codes	*la Cour constitutionnelle*	*série S*
de l'Éducation nationale	*la Cour d'assises*	*superficie*
des Affaires étrangères	*laïque*	*terminale*
détenu	*licence*	*terroristes*
doctorat	*maire*	*troisième*
DUT	*majoritaires*	
élite	*master*	

7 L'économie

Ce chapitre est consacré à plusieurs aspects de l'économie française : la situation macroéconomique ; les grandes entreprises ; le rôle du gouvernement ; les syndicats et le patronat ; les transports et les télécommunications ; la consommation et ses évolutions.

LA SITUATION MACROÉCONOMIQUE

L'économie française, mesurée d'après son **PIB** (produit intérieur brut) nominal, est la cinquième du monde (derrière les États-Unis, la Chine, le Japon et l'Allemagne) et la deuxième de l'Union européenne (où elle est suivie par la Grande-Bretagne et l'Italie). Ce classement est sans doute appelé à changer bientôt. L'économie de la Grande-Bretagne a dépassé celle de la France en 2014 et 2015, par exemple, une situation qui pourrait se renouveler, surtout si la valeur de la livre [*pound*] sterling augmente. Rappelons par ailleurs que la Chine est devenue la deuxième puissance économique mondiale en 2010. Il est probable que le prochain changement au classement international viendra également de l'Asie : si les tendances actuelles se poursuivent, le PIB de l'Inde dépassera bientôt celui de la France. D'autres pays dont la population est plus élevée, tel que le Brésil (210 millions d'habitants), pourraient bientôt devenir des puissances économiques à l'échelle mondiale. Ceci n'étant pas un manuel de français des affaires [*business French*], nous n'aborderons pas la question du PIB mesuré en PPA (parité du pouvoir d'achat / *purchasing power parity*).

Le PIB par tête (ou par habitant / *per capita*) est d'environ 37 000 € en France, ce qui est supérieur à la moyenne [*average*] de l'UE, mais inférieur par comparaison avec l'Allemagne (son principal partenaire économique), ainsi qu'avec le Canada et les États-Unis. Dans l'ensemble, les **indicateurs économiques** ont été médiocres en France au cours des dernières années (ce qui explique en grande partie le bouleversement électoral de l'année 2017). En 2017, le taux d'inflation était faible (1 %), mais le taux de croissance [*growth rate*] économique était un peu plus élevé (2 %). D'autres indicateurs économiques (le déficit budgétaire, la dette de l'État, la balance des paiements, etc.) présentent un bilan [*balance sheet*] modeste ou peu encourageant. Depuis de longues années, le principal problème économique en France, c'est le chômage : à environ 10 %, il a longtemps été deux fois plus élevé que dans d'autres pays comparables. À la fin de l'année 2016 et au début de 2017, il y a eu les signes encourageants d'un redémarrage économique : le taux de croissance a commencé à augmenter et le chômage a légèrement baissé (il est passé sous la barre de 9 % au premier trimestre 2018). Cependant, il faudrait un taux de croissance élevé pendant plusieurs années pour réduire de façon substantielle le nombre des chômeurs.

Quelques termes à noter

le PIB par tête / habitant [*GDP per capita*]

la population active

le taux de croissance / d'inflation / de chômage / d'épargne

la Bourse [*stock exchange*] / un(e) actionnaire [*stockholder*]

la hausse (augmentation) ≠ la baisse (diminution)

« Bercy » : le ministère de l'Économie

les impôts (directs) / les taxes (indirectes)

l'impôt sur le revenu [*income tax*] / sur les sociétés [*corporate tax*]

la taxe sur la valeur ajoutée (TVA)

un PDG (président-directeur général) [*CEO*]

une société anonyme [*corporation*]

le BTP (bâtiment et travaux publics)

la CAO-FAO (conception / fabrication assistée par ordinateur) [*CAD-CAM*]

les nationalisations ≠ les privatisations

le dirigisme ≠ le libéralisme

dépenser [*spend*] ≠ économiser [*save*]

Suite à la page suivante

les secteurs économiques :	primaire (agriculture, mines, pêche) secondaire (industrie) tertiaire (services)

Indicateurs	Conjoncture	Secteurs	Bercy

La **population active** — c'est-à-dire l'ensemble des personnes en âge (et ca-pables) de travailler — de la France est d'environ 29 millions, sur une population totale de 67 millions. Comme c'est le cas pour les autres pays développés, l'écono-mie française est très majoritairement orientée vers le secteur des services : 78 % de la population active travaille dans le secteur tertiaire (d'où l'augmentation du pour-centage des cadres [*managers*] et des professions libérales). Le secteur primaire ne représente plus que 3 % de la population active, même si la France est le plus grand producteur agricole de l'UE. La désindustrialisation, une tendance économique depuis les années 1980, est particulièrement visible dans le nord de la France, qui était autrefois un centre d'extraction de charbon [*coal*] et de production sidérurgique [*steel*]. Toutes les mines de charbon ont été fermées et une grande partie de l'indus-trie lourde a disparu. De façon générale, le pourcentage de la population active employée dans le secteur secondaire est en baisse continue (là encore, comme dans d'autres pays développés). Cette baisse est due à l'automatisation des processus de fabrication [*manufacturing*], aux gains de productivité, mais aussi au phénomène de la délocalisation des usines [*factories*] vers des pays où les salaires sont plus faibles.

Quelques rappels

Les traditions françaises de centralisation (le poids disproportionné de Paris) et de dirigisme (le rôle et les interventions de l'État dans l'économie).

La période de forte croissance économique (5 % par an en moyenne) après la Deuxième Guerre mondiale : les « Trente Glorieuses » ; une vague d'immigration dans les années 1950 et 1960 ; 1946–1964 : le « baby-boom ».

Les deux grandes vagues de nationalisations : 1944–1946 (le Gouvernement provisoire) et 1981–1982 (élection du président socialiste François Mitterrand) ; la tendance plus récente : la privatisation des entre-prises publiques.

L'économie française ne correspond pas aux stéréotypes : la France est un pays exportateur dans le secteur agroalimentaire, mais aussi dans les secteurs de l'aérospatial, de l'armement, de l'automobile et des services. Comme on l'a signalé, le principal partenaire économique de la France est l'Allemagne. Dans l'ensemble, l'économie française est orientée vers l'UE, même si les grandes entreprises [*large companies*] françaises sont très présentes en Afrique, en Amérique et en Asie. La France a l'un des taux d'épargne [*savings*] les plus élevés du monde occidental : environ 16 %. La France a également un des **taux de productivité horaire** les plus élevés du monde. Cependant, les Français travaillent moins (en nombre d'heures par année) que les Canadiens et les Américains, et le pourcentage de chômeurs est plus élevé.

Il y a en France environ 5,5 millions de fonctionnaires, ce qui représente un peu moins de 20 % de la population active, un pourcentage légèrement plus élevé que la moyenne de l'UE. Les femmes sont de plus en plus présentes dans le monde du travail : elles représentent actuellement 48 % de la population active. Le fait que **les étudiantes sont devenues majoritaires** dans les universités indique que cette tendance continuera. Une autre tendance est liée à l'espérance de vie, qui continue d'augmenter régulièrement, alors que la natalité est relativement stable. Le résultat : un vieillissement progressif de la population. Le pourcentage des retraités augmente donc par rapport à la population active. À moyen terme, la question du financement des retraites se posera. Comme on l'a vu au chapitre précédent, l'UE a de plus en plus d'influence sur les économies de pays membres. La politique monétaire a été unifiée à travers l'euro.

CDD et **CDI** : Tous les salariés en France connaissent ces deux sigles. Un contrat de travail à durée déterminée (CDD) est temporaire. Le contrat à durée indéterminée (CDI), généralement plus désirable, est un contrat de travail à long terme, qui permet d'établir un plan de carrière à l'intérieur d'une entreprise.

En France, le **CV** (curriculum vitae ou « *resume* ») inclut généralement une photographie, ainsi que le lieu et la date de naissance, la situation maritale et la nationalité. Il est depuis longtemps question d'instaurer le « CV anonyme » qui permettrait de lutter contre les discriminations à l'embauche [*hiring*].

Inégalités

Contrats

CV anonyme

LES GRANDES ENTREPRISES

Parmi les plus grandes entreprises françaises, qui sont cotées à la Bourse [*listed on the stock exchange*] de Paris, on trouve : Total (le pétrole) ; AXA et CNP (les assurances) ; BNP Paris, Société Générale et Crédit Agricole (les banques) ; Groupe PSA (ou Peugeot) et Renault (le secteur automobile) ; Carrefour et Auchan (la distribution ou le commerce de détail [*retail*]) ; EDF et Engie (l'électricité et le gaz) ; Sanofi (la pharmaceutique) ; Orange (les télécommunications) ; VINCI et Bouygues (la construction ou le **BTP**). Plusieurs d'entre elles étaient auparavant des entreprises nationalisées. Cette liste illustre donc les effets de la vague de privatisations qui a eu lieu à partir de la fin des années 1980. Notons que certaines entreprises ont un statut intermédiaire : **EDF** (Électricité de France), par exemple, le plus grand producteur d'électricité au monde, est une société anonyme [*corporation*], mais l'État conserve une part fortement majoritaire de son capital.

> Une façon de se rendre compte de l'importance des grandes entreprises françaises, et de la variété des secteurs économiques dans lesquels elles sont actives, c'est de regarder la liste des quarante sociétés anonymes qui composent le **CAC 40**, le principal indice boursier [*stock index*] d'Euronext (le nom officiel de la **Bourse de Paris**). L'indice du CAC 40 (ou cotation assistée en continu) est suivi régulièrement par les médias, comme un des signes de l'état financier des grandes entreprises, et donc de l'économie française en général.

| Entreprises | BTP | Bourse | CAC 40 |

Dans le domaine de l'énergie, la France importe la totalité de son charbon et la quasi-totalité de son pétrole. Par contre, la France est le « leader » mondial dans le domaine de **l'énergie nucléaire**. Les 19 centrales nucléaires (avec en tout 58 réacteurs) produisent trois quarts (75 %) de l'électricité consommée en France, ce qui est le pourcentage le plus élevé au monde. Cette prépondérance de l'industrie nucléaire présente des avantages technologiques et économiques, mais aussi des risques écologiques évidents (surtout après les désastres de Tchernobyl et de Fukushima). Les principales entreprises dans le secteur de l'énergie nucléaire sont EDF et Orano (anciennement Areva). Comme c'est le cas pour EDF, l'État est l'actionnaire [*stockholder*] majoritaire d'Orano, directement ou à travers le CEA (Commissariat à l'énergie atomique et aux énergies alternatives).

> Une des responsabilités de l'Agence nationale pour la gestion des déchets radioactifs (l'Andra) est de trouver une solution à long terme au stockage des déchets nucléaires à vie longue. Le **Cigéo** (Centre industriel de stockage géologique) est un projet — très controversé — de stockage souterrain [*underground*] mené par le laboratoire de Bure (une commune située dans le département de la Meuse et la région Grand Est).

Le **secteur du luxe**, qui bénéficie d'une certaine image de marque de la France, est particulièrement développé : Christian Dior regroupe des marques telles que Louis Vuitton, le champagne Moët & Chandon, le cognac Hennessy, etc. ; Kering regroupe Yves Saint Laurent, Boucheron et Gucci ; L'Oréal est une des principales entreprises mondiales de l'industrie cosmétique. Les plus grandes fortunes personnelles reflètent cette orientation de l'économie

Le quartier de la Défense (au centre : la Grande Arche)

Source : Alf van Beem / Wikimedia Commons

française : Bernard Arnault, PDG du groupe de luxe LVMH et du holding Christian Dior ; Françoise Bettencourt-Meyers, l'héritière du fondateur du groupe L'Oréal. Notons au passage un faux ami : « la luxure / luxurieux » se traduit en anglais par *lust / lustful*. Pour traduire *luxury / luxurious*, utilisez : le luxe / luxueux (ou de luxe).

Le constructeur automobile **Renault** est une des plus grandes entreprises industrielles françaises et européennes. Accusé de collaboration pendant l'Occupation allemande, Renault a été nationalisé en 1945. L'entreprise a été privatisée au cours des années 1990, mais l'État reste un actionnaire minoritaire. En 1999, Renault a conclu une alliance stratégique avec le constructeur automobile japonais Nissan, puis a pris le contrôle de Mitsubishi en 2016. Les syndicats [*labor unions*] ont toujours été très actifs dans les usines Renault, ce qui a longtemps fait de l'entreprise une sorte de « laboratoire social » français. Par exemple, la troisième et la quatrième semaines de congés payés par an ont d'abord été instituées par l'entreprise Renault avant de s'étendre au reste du pays (en 1956 et 1969, respectivement). Les ouvriers syndiqués [*unionized factory workers*] de Renault ont également joué un rôle important pendant le Front populaire (1936) et en mai–juin 1968.

| Nucléaire | Sortir | Luxe | Renault |

Historiquement, le développement industriel de la France a été marqué par quelques dynasties d'entrepreneurs. Certaines villes ont été transformées par les groupes industriels et les usines qui s'y sont implantés. Dans la région Bourgogne-Franche-Comté, une ville a été façonnée par la dynastie industrielle Schneider : **Le Creusot** est un centre métallurgique et sidérurgique depuis le milieu du dix-neuvième siècle. Après bien des acquisitions et des réorientations, le groupe industriel Schneider s'est recentré sur les équipements électriques (son siège social se trouve en Île-de-France). Quant à la ville du Creusot, son économie est aujourd'hui encore en partie dominée par la production des aciers spéciaux.

L'histoire de la principale entreprise résume une partie de l'histoire économique française : les chocs pétroliers des années 1970, une nationalisation, puis une fusion avec d'autres entreprises sidérurgiques européennes. Enfin, Arcelor a été acquis en 2006 par le groupe indien Mittal pour former ArcelorMittal, le plus grand producteur d'acier au monde.

Une autre ville marquée par le développement industriel et par une entreprise dominante est **Clermont-Ferrand** (région Auvergne-Rhône-Alpes). Le fabricant de pneumatiques Michelin, créé en 1889, y a son siège social (une des rares exceptions, puisque c'est en Île-de-France que se trouvent presque tous les sièges des grandes entreprises françaises). Longtemps une entreprise paternaliste, Michelin a même construit des cités « modèles » pour loger ses ouvriers (l'entreprise employait jusqu'à 30 000 personnes à Clermont-Ferrand durant les années 1970). Devenue une des principales entreprises mondiales dans son secteur, Michelin reste très présent à Clermont-Ferrand, même si le nombre de ses employés dans la ville est aujourd'hui plus proche de 12 000. À travers la France (et dans une grande partie du monde), les guides gastronomiques et touristiques Michelin sont célèbres. Pour un restaurant, obtenir une « étoile Michelin » est une consécration. La mascotte Bibendum de Michelin est un des symboles commerciaux les plus connus au monde.

Signe des temps, certains **sites miniers et industriels** abandonnés sont progressivement transformés en lieux culturels ou touristiques.

Le **bassin minier du Nord-Pas-de-Calais** (les noms de deux départements) était autrefois un centre d'extraction du charbon, et donc un des principaux centres du développement industriel en France. De nombreux terrils (des collines artificielles formées de résidus miniers) sont visibles près des anciennes mines. Certaines des mines de charbon fermées ont été réaménagées en centres touristiques. Les visiteurs peuvent ainsi se renseigner sur l'importance historique du charbon dans le développement économique. Ils peuvent aussi se rendre compte des conditions de travail qui ont longtemps été imposées aux mineurs. Il faut rappeler à quel point ce travail était dangereux : en 1906, la **catastrophe de Courrières** a fait plus de mille morts parmi les mineurs.

Suite à la page suivante

À l'ouest de Paris, l'île Seguin, au milieu de la Seine, contenait autrefois la plus grande usine de France. De 1929 à 1992, **l'usine Renault de Billancourt** (ou Boulogne-Billancourt), qui couvrait presque toute l'île, était un centre emblématique du syndicalisme français. Pendant le Front populaire (1936) et en Mai 1968, les ouvriers de Billancourt ont joué un rôle important dans les mouvements de grèves qui ont abouti aux congés payés et à des augmentations de salaire. En tant que métaphore du prolétariat, le nom de l'usine était si connu que dans une pièce de théâtre, *Nekrassov* (1955), Jean-Paul Sartre pouvait faire dire à un de ses personnages : « Désespérons Billancourt ! » (une phrase qui a souvent été détournée depuis, sous la forme de : « Il ne faut pas désespérer Billancourt »). L'île Seguin est actuellement en cours de transformation : un jardin public, des cinémas, des bureaux, un hôtel remplacent l'ancien site industriel. Le « pôle musical » est la partie la plus connue de cette reconversion : La Seine Musicale inclut une nouvelle salle de concert.

| Le Creusot | Clermont-Ferrand | Charbon | L'île Seguin |

LE RÔLE DU GOUVERNEMENT

Les **prélèvements obligatoires** (les impôts directs, les taxes indirectes, la Sécurité sociale) sont beaucoup plus élevés en France (45 % du PIB) qu'au Canada (32 %) et qu'aux États-Unis (26 %). Dans ce domaine, la France est également au-dessus de la moyenne de l'UE. Cependant, contrairement à un certain stéréotype, la France n'est pas le pays au monde où les impôts directs sont les plus élevés. La principale taxe indirecte sur la consommation, la TVA, est actuellement à 20 %. Il y a des taux réduits à 10 %, 5,5 % ou 2,1 % pour les produits de première nécessité. Par contre, d'autres produits, tels que l'essence ou le tabac, sont surtaxés. Quant à la Sécurité sociale, elle a généralisé les « *benefits* » qui aux États-Unis dépendent souvent de l'entreprise où on travaille (en particulier l'assurance médicale). Au chapitre 11, nous verrons plus en détail le rôle fondamentalement important de la Sécurité sociale en France.

En ce qui concerne la question de **l'imposition** [*taxation*], les individus sont des « personnes physiques » et les entreprises sont des « personnes morales » (un terme involontairement ironique). Il y a donc l'impôt sur le revenu des personnes physiques (l'IRPP) et l'impôt sur les sociétés (l'IS). L'impôt sur le revenu est plus progressif — les revenus plus élevés sont imposés à un taux supérieur — en France que dans de nombreux autres pays développés (en particulier les États-Unis). Notons en passant des termes que tous les contribuables [*taxpayers*] français connaissent : le « fisc » / le percepteur / le Service du contrôle fiscal [*CRA / IRS*]. Quand on considère la « pression fiscale » — c'est-à-dire l'ensemble des prélèvements obligatoires — en France, il faut tenir compte du fait que beaucoup de services sont gratuits ou subventionnés : les études universitaires ou les frais médicaux, par exemple.

La **tradition dirigiste** est ancienne en France : certains historiens la font remonter à Louis XIV (qui était certainement centralisateur). Ce manuel prend surtout en considération la période qui suit la Seconde Guerre mondiale, et qui a été déterminante pour l'évolution de l'économie française. Les nationalisations accomplies sous le Gouvernement provisoire (1944–1946) ont été mentionnées au chapitre 3. Ajoutons ici la planification, l'aménagement du territoire et la politique industrielle [*industrial policy*]. Le Commissariat général au Plan a été créé en 1946 par Charles de Gaulle pour organiser la modernisation de l'économie française (le premier commissaire au Plan était Jean Monnet, un des « pères » de l'Europe). L'aménagement du territoire est un autre exemple du centralisme français : un programme gouvernemental dont les objectifs sont d'encourager le développement économique, de faciliter les transports et (plus récemment) de préserver les espaces naturels.

Un exemple de l'aménagement du territoire : la Mission interministérielle d'aménagement touristique du littoral du Languedoc-Roussillon (dite « **Mission Racine** » du nom de son dirigeant) a été créée en 1963. Cette mission était rattachée à une agence gouvernementale, la **DATAR** (Délégation à l'aménagement du territoire et à l'action régionale). Elle avait pour objectif de développer une partie du littoral [*coastline*] de la Méditerranée. Elle a surtout abouti à la création de stations balnéaires [*seaside resorts*] : La Grande-Motte, Le Cap d'Agde, etc. Le dirigisme de la Mission Racine a donc favorisé à la fois le développement économique et la « civilisation des loisirs ».

Suite à la page suivante

Prélèvements	Impôt	Aménagement	Mission Racine

La politique dirigiste de l'époque des Trente Glorieuses a certainement contribué à la modernisation économique et sociale de la France. Il est incontestable que les infrastructures ont été améliorées, par exemple. De bons résultats ont également été obtenus dans le domaine de la santé publique. Cependant, la tendance actuelle est à la **déréglementation**, en partie à cause de l'Union européenne. La planification n'est plus une « ardente obligation », pour reprendre la formule de De Gaulle. Le Commissariat au Plan a été remplacé en 2006 par un centre d'analyse stratégique, rattaché au premier ministre. De nos jours, il s'appelle France Stratégie.

La Banque postale

Source : François Goglins / Wikimedia Commons / CC-BY-SA-4.0

Les **privatisations** qui ont commencé à la fin des années 1980 ont constitué une étape importante vers le renversement de la tendance dirigiste française. Le nombre d'entreprises publiques a été sérieusement réduit. L'État ne contrôle plus directement la plupart des banques et des compagnies d'assurances, les télécommunications, la distribution de l'électricité et du gaz, les transports aériens, etc. Par contre, l'État reste un acteur central dans les transports ferroviaires, par exemple, ce qui a permis de développer un réseau [*network*] de LGV (lignes de trains à grande vitesse). De même, comme il a été signalé, l'État est encore un actionnaire, majoritaire ou minoritaire, dans plusieurs entreprises privatisées.

Un autre domaine où le secteur public continue à montrer du dynamisme est la poste. Si le courrier classique (non-électronique) est en baisse, comme partout ailleurs, les services bancaires de la poste (la Banque postale) se sont développés. Car en France, **la poste est également une banque**, ce qui fait partie de sa mission de service public (l'État est toujours l'actionnaire fortement majoritaire du Groupe La Poste). Avec ses 17 000 points de contact à travers le pays, le réseau d'agences postales offre ainsi l'accès aux services bancaires (compte-chèques, compte d'épargne, livret A, PEL, etc.), surtout là où les banques ne sont pas présentes. La Banque postale est une des entreprises qui propose un plan épargne-logement (PEL) à ceux qui veulent devenir propriétaires de leur logement. Le PEL permet d'abord aux particuliers [*individuals*] d'économiser chaque mois, pendant une période qui va de 4 à 10 ans. Les intérêts sont exonérés d'impôt [*tax-free*]. À la fin de la phase d'épargne, le titulaire du PEL peut obtenir un prêt immobilier [*real estate loan or mortgage*] à un taux réduit (c'est-à-dire subventionné). Le PEL fait partie des programmes gouvernementaux qui ont pour objectif d'inciter les Français à économiser et à investir dans l'immobilier.

La Banque postale fait partie des nombreux groupes bancaires qui fournissent à leurs clients la « **carte bleue** ». Les débuts de cette carte bancaire remontent à 1967, lorsque la plupart des banques étaient encore nationalisées. La carte bleue (qui n'est pas toujours bleue) est le nom couramment utilisé pour désigner la carte bancaire Visa, qui est de loin la plus populaire et la plus connue en France. La carte bleue (dont le logo est : CB) est une carte à puce électronique [*smart card*].

Le rôle du gouvernement dans l'économie est aussi d'aider **les plus pauvres**. En dehors des allocations versées par [*benefits supplied by*] la Sécurité sociale, le gouvernement fixe le salaire minimum, ainsi que des **minima sociaux** pour les personnes en état de précarité [*economically disadvantaged*]. Le plus connu est le **SMIC** (Salaire minimum interprofessionnel de croissance) qui est indexé sur le taux de l'inflation et qui est donc augmenté au moins une fois par an. Environ 11 % de la population active est rémunéré au SMIC, dont une majorité de femmes. En 2017, le niveau du SMIC horaire était de 9,76 €. Pour les chômeurs de longue durée et pour d'autres personnes vivant dans la pauvreté, le **RSA** (Revenu de solidarité active) fournit un revenu (très) minimal. En 2017, le montant du RSA pour une personne (sans enfant) était de 537 € par mois. Il existe plusieurs autres allocations (en tout, une dizaine de minima sociaux) destinées aux personnes handicapées ou invalides, par exemple. Des propositions ont été avancées pour simplifier ces multiples allocations ou pour les fusionner en une allocation unique. Même si la France a dans l'ensemble de bons programmes d'assistance sociale, le nombre de **SDF** (Sans domicile fixe) ou sans-abri [*homeless*] a augmenté au cours des dernières années — une conséquence directe du niveau élevé du chômage. Une bonne nouvelle en 2017 : le nombre d'allocataires de minima sociaux est en baisse, ce qui signifie que la pauvreté recule légèrement en France.

LES SYNDICATS ET LE PATRONAT

Comme dans d'autres pays développés, le **pourcentage de travailleurs syndiqués** en France a baissé depuis une quarantaine d'années, en grande partie à cause de la désindustrialisation et de la prépondérance du secteur tertiaire (les services). Le déclin relatif du syndicalisme français est donc une des conséquences de la baisse régulière du nombre d'ouvriers. Toutefois, les syndicats français restent plus visibles et plus influents que les syndicats canadiens ou américains. Une des raisons nous est familière : la centralisation économique et politique. De même que les grandes entreprises ont généralement leur siège dans l'Île-de-France (la région parisienne), les principales centrales syndicales sont établies à Paris, et leurs dirigeants sont plus connus du grand public à travers les médias. Notons par ailleurs que le taux de syndicalisation est plus élevé en Allemagne qu'en France.

La plupart des syndicats français sont **interprofessionnels** : ils défendent les intérêts de tous leurs adhérents [*members*], quel que soit le secteur économique dans lequel ils travaillent. Les adhérents de la CFDT, la CGT ou FO peuvent donc travailler dans le secteur public ou privé, dans l'industrie ou dans les services, dans la fabrication des automobiles ou dans les services bancaires, etc. Il y a peu de syndicats professionnels ou corporatistes (limités à une seule catégorie professionnelle ou branche industrielle) qui sont semblables à ceux du Canada ou des États-Unis (par exemple : *United Auto Workers*). Notons en passant un faux ami : en français, une « corporation » est l'ensemble des personnes qui exercent un même métier (par exemple : la corporation des médecins). D'autre part, il n'y a pas non plus de syndicat unique par entreprise. En France, il y a typiquement plusieurs syndicats dans chaque entreprise. Les trois principaux syndicats français sont :

- La **CGT** (Confédération générale du travail) a été créée en 1895. Elle a longtemps été alliée au Parti communiste, mais elle s'est éloignée du PC au cours des années 1990. Moins politisée qu'autrefois, la CGT est donc devenue un syndicat « normal » qui cherche à défendre les intérêts des travailleurs (les salaires, les conditions de travail, etc.). Jusqu'en 2017, la CGT était le plus grand syndicat français.
- La **CFDT** (Confédération française démocratique du travail) est issue du syndicalisme chrétien (la CFTC, voir ci-dessous), dont elle s'est séparée en 1964. Initialement proche du Parti socialiste, la CFDT a pris ses distances avec le syndicalisme politisé depuis les années 1980. En 2017, la CFDT est pour la première fois devenue le plus grand syndicat français.
- **FO** (Force ouvrière) a été créée en 1947, à la suite d'une scission de la CGT, qui était alignée avec le PC. Dès ses débuts, FO était un syndicat indépendant et apolitique. En ce sens, elle est le syndicat français qui ressemble le plus aux syndicats canadiens et américains (*AFL-CIO* étant le plus connu). FO est le troisième syndicat français, derrière la CFDT et la CGT.

Parmi les autres syndicats, on trouve :

- La **CFTC** (Confédération française des travailleurs chrétiens) a été créée en 1919. Elle était inspirée par la doctrine sociale de l'Église catholique. En 1964, la CFDT, non confessionnelle, s'est séparée de la CFTC.
- L'**UNSA** (Union nationale des syndicats autonomes) a été créée plus récemment, en 1993. Elle regroupe plusieurs « petits » syndicats qui défendaient auparavant les intérêts d'une seule catégorie professionnelle, comme l'ancienne Fédération de l'Éducation nationale (la FEN, devenue l'UNSA Éducation).
- L'**UNEF** (Union nationale des étudiants de France) a été créée en 1907. C'est une association loi de 1901 (voir chapitre 2) qui peut être considérée

comme un syndicat étudiant et qui est politiquement orientée à gauche. Plusieurs anciens responsables de l'UNEF sont par la suite devenus des femmes et des hommes politiques.

- La **CGC** (Confédération générale des cadres) a été créée en 1944. Ses adhérents sont surtout des cadres moyens [*middle-level managers*] des entreprises. La CGC est une organisation syndicale en situation intermédiaire entre le patronat et les syndicats qui représentent la majorité des salariés.

En France, le **patronat** (ou la direction d'une entreprise) est surtout représenté par le **MEDEF** (Mouvement des entreprises de France), qui a été créé en 1998 (il remplaçait le CNPF, qui datait de 1945). En tant que représentant des grandes entreprises françaises, le MEDEF préconise une politique économique plus libérale. Il est donc le plus souvent positionné à droite sur le plan politique.

Enfin, la plupart des **agriculteurs** sont représentés par la **FNSEA** (Fédération nationale des syndicats d'exploitants agricoles), qui a été créée en 1946. C'est une organisation patronale et non syndicale.

Comme il a été mentionné, toutes ces organisations sont nationales et ont leur siège à Paris, ce qui reflète le centralisme français. Les dirigeants des organisations syndicales et patronales rencontrent et négocient avec des ministres du gouvernement (le ministre du Travail ou celui de l'Agriculture, par exemple). Dans certaines circonstances, il y a des **négociations tripartites** — le gouvernement, les syndicats et le patronat — sur des sujets socioéconomiques importants. Deux exemples célèbres : les accords Matignon (1936, le Front populaire) et les accords de Grenelle (mai 1968).

De façon générale, les syndicats sont devenus **moins idéologiques et moins militants**, ce qui reflète les changements économiques et sociopolitiques en France, ainsi que la montée du chômage. Un indice (qui contredit un certain stéréotype) : le nombre de grèves [*strikes*] a fortement baissé depuis une trentaine d'années. Au niveau juridique, les conflits individuels du travail (entre employeurs et employés) dans le secteur privé sont tranchés aux Conseils de prud'hommes. D'autre part, les lois françaises ont progressivement institué des instances représentatives (auxquelles les syndicats peuvent participer), à l'intérieur des entreprises, pour les salariés : le comité d'entreprise et les délégué(e)s du personnel.

Tout au long du vingtième siècle, la tendance générale était claire : la **diminution du temps de travail**. Au début du siècle, il était normal de travailler 10 heures par jour (quelquefois 12) et six jours par semaine, sans aucun congé payé. Le total des heures travaillées par an : environ 3 000. À la fin du vingtième siècle, la semaine de travail est passée à 35 heures (cinq jours par semaine), avec cinq semaines de congés payés par an. Le total des heures travaillées par an : environ 1 600. Une évolution spectaculaire qui a été obtenue grâce à deux principaux facteurs : des luttes syndicales constantes et les progrès de la productivité. Il faut ajouter le fait que le régime des retraites (qui fait partie de la Sécurité sociale ; voir chapitre 11), avec l'allongement de l'espérance de vie, a transformé l'expérience du troisième âge.

Quelques dates importantes

1841 : le travail des enfants de moins de 12 ans est limité à 8 heures par jour

1900 : une semaine de 72 heures et une moyenne de 10 heures par jour dans l'industrie

1919 : la journée de 8 heures, soit une semaine de 48 heures

1936 : le Front populaire instaure la semaine de 40 heures, sans perte de salaire, et deux semaines de congés payés

1956 : la troisième semaine de congés payés

Mai 1968 : une grève générale ; des augmentations des salaires

1969 : la quatrième semaine de congés payés

1970 : le SMIC (salaire minimum interprofessionnel de croissance, indexé sur le taux de l'inflation)

1981–1982 : les réformes du président (socialiste) François Mitterrand : la retraite à 60 ans (au lieu de 65) ; la cinquième semaine de congés payés ; 39 heures de travail par semaine

1998–2000 : les « lois Aubry » (du nom de la ministre socialiste Martine Aubry) sur la Réduction du Temps de Travail (RTT) ; la durée légale du temps de travail à temps plein passe à 35 heures par semaine (en contrepartie, les horaires deviennent plus flexibles)

Suite à la page suivante

2002 : le gouvernement de Jean-Pierre Raffarin (libéral) introduit des « assouplissements » dans les lois RTT ; c'est la première fois qu'il y a un début d'inversion de la tendance à la baisse du temps de travail

2007 : le slogan électoral du président Nicolas Sarkozy (libéral) : « Travailler plus pour gagner plus » ; le gouvernement de François Fillon introduit la défiscalisation des heures supplémentaires ; l'âge légal de la retraite passe à 62 ans

2012 : le « décret Hollande » (le président François Hollande, socialiste) permet aux personnes ayant débuté leur carrière à 18 ou 19 ans de partir à la retraite à 60 ans

| Syndicats | Jeunes | RTT | Retraite |

Une caractéristique de la France (et d'autres pays européens) a longtemps été la fermeture de la plupart des magasins le dimanche. Une façon de constater les différences socioculturelles entre différents pays était de regarder les touristes étrangers, un dimanche après-midi, devant les grands magasins parisiens : perplexes, ils ne comprenaient pas pourquoi des magasins célèbres (Le Printemps, les Galeries Lafayette, etc.) étaient fermés. Normalement, les seuls magasins ouverts le dimanche (matin) étaient les commerces d'alimentation. En 2015, la « **loi Macron** » (du nom de l'actuel président de la République, du temps où il était ministre de l'Économie) a permis aux grands magasins d'ouvrir le dimanche, après des négociations entre la direction et les syndicats sur les salaires et les horaires. L'extension progressive du travail dominical est donc une tendance récente. Elle va peut-être transformer les centres-villes, qui étaient généralement calmes le dimanche. La loi Macron reflète les circonstances économiques actuelles, en particulier la nécessité de réduire le taux de chômage.

LES TRANSPORTS ET LES TÉLÉCOMMUNICATIONS

La modernisation des infrastructures de transports est une des réussites les plus visibles de l'économie française. Le développement des **réseaux autoroutiers**

et ferroviaires modernes a permis de faciliter les déplacements [*trips*] et les échanges économiques. Les grands projets de construction ont contribué à revitaliser certaines villes ou régions. Par exemple, la ville de Lille a nettement bénéficié de la mise en place de la ligne de trains à grande vitesse (TGV) qui relie Paris à Londres, ainsi qu'à Bruxelles et Amsterdam. À l'intérieur des grandes villes, où les transports publics ont été diversifiés, les métros et les **tramways** offrent des alternatives aux déplacements en voiture ou en bus. Cependant, il y a encore relativement peu de pistes cyclables [*bike lanes*] dans les villes françaises.

Nous avons déjà mentionné l'importance exceptionnelle de la capitale en France. C'est à Paris que se trouve le point (ou kilomètre) zéro, qui sert de référence pour le calcul des distances avec les autres villes de France (voir chapitre 1). Sur une carte de France, les réseaux de transports — autoroutiers, ferroviaires et aériens — ressemblent à une toile d'araignée [*spider web*], avec Paris au centre. Les lignes de TGV sont particulièrement caractéristiques à cet égard [*in that respect*]. Dans ce domaine, il n'y a pas vraiment eu de décentralisation.

Paris et sa région possèdent un réseau de transports publics particulièrement dense : le métro, le **RER** (Réseau express régional), le tramway et l'autobus. Le projet « **Grand Paris** » va considérablement agrandir ce réseau, avec pour objectif de faciliter les transports en Île-de-France. Avec 200 km de lignes de métro, 68 gares et des milliers de logements prévus, c'est actuellement le plus grand projet urbain en Europe. Une partie de ce projet devrait être prêt pour les **Jeux olympiques** de 2024.

RER	Grand Paris	Jeux olympiques

Tous ceux qui conduisent en France se rendent rapidement compte qu'il y a beaucoup de **ronds-points** (ou de carrefours giratoires, pour utiliser le terme officiel). Ces ronds-points ont contribué à réduire le nombre d'accidents, en obligeant les automobilistes à ralentir à l'approche des carrefours. Ils servent aussi à « fluidifier » la circulation : on roule un peu moins vite, mais avec moins d'arrêts que s'il y avait des feux de circulation [*traffic lights*].

Une évolution très positive : la **baisse de la mortalité routière**. Les Français ont longtemps été parmi les conducteurs les plus agressifs et dangereux de l'Europe. L'alcool au volant (ou la conduite en état d'ivresse) était également une

pratique répandue [*widespread*]. Au début des années 1970, plus de 15 000 personnes par an trouvaient la mort à cause des accidents d'automobile. En dépit
de la forte augmentation du nombre de véhicules, la mortalité routière se situe
actuellement autour de 3 500. Cette réussite à long terme a été accélérée par
une campagne de lutte contre l'insécurité routière pendant le second mandat du
président Jacques Chirac (2002–2007). Les Français se sont habitués aux radars
fixes et mobiles, ainsi qu'au permis à points. Par ailleurs, l'alcoolémie maximale
autorisée a été abaissée à 0,5 g par litre de sang. Le terme « souffler dans le
ballon » (nom officiel : subir un éthylotest) est devenu courant. Quant au terme
« capitaine de soirée », qui est relativement récent, il correspond au concept de
designated driver qui est devenu courant de ce côté de l'Atlantique.

En 1984, le ministère de la Santé a lancé une **campagne de prévention** contre
l'alcool au volant. Le message (ou le slogan) de cette campagne est resté célèbre : « Un verre, ça va. Trois verres, bonjour les dégâts ! » Au cours des dernières décennies [*decades*], d'autres campagnes ont produit, par exemple :
« Boire ou conduire, il faut choisir » ; « Tu t'es vu quand t'as bu ? »

SNCF	Tramways	Ronds-points	Un verre...

La modernisation des télécommunications en France est aussi frappante que
celle des transports. Une façon de mesurer le chemin parcouru dans ce domaine,
c'est de regarder le sketch « Le 22 à Asnières » (1955), dans lequel l'humoriste
Fernand Raynaud se moque de ce qu'on appelait alors les PTT (Postes, télé-
graphes et téléphones). Notons que le ministère des PTT a disparu. Si **La Poste**
existe encore, l'entreprise nationalisée France Télécom est devenue **Orange**, une
société anonyme cotée en Bourse [*a corporation listed on the stock exchange*].

En dehors des questions commerciales et techniques, les Français ont suivi
une évolution semblable à celle qu'on peut voir dans d'autres pays développés :
le **téléphone portable** est devenu universel, même si tout le monde se plaint de
son coût. D'autre part, le portable est plus souvent utilisé pour texter que pour
parler. Le portable et les textos sont également devenus des causes d'accidents de
voiture, à tel point [*to such an extent*] qu'un nouveau slogan semble plus approprié
aux réalités d'aujourd'hui : « Texter ou conduire, il faut choisir ».

LA CONSOMMATION ET SES ÉVOLUTIONS

Comme tous les pays développés, la France est depuis longtemps une « société de consommation ». Les habitudes et les préférences des consommateurs ont évolué avec le temps et avec les transformations technologiques. Par comparaison avec les années 1970, par exemple, les Français dépensent relativement moins sur la nourriture, le vin et le tabac (même si le pourcentage de fumeurs est plus élevé en France qu'au Canada et aux États-Unis). De même, l'habillement représente un pourcentage moins élevé des dépenses des ménages [*households*]. Par contre, les dépenses pour le logement [*housing*] et les télécommunications ont augmenté. Dans l'ensemble, la **consommation des ménages** en France représente environ 55 % du PIB.

Deux romans résument l'évolution des attitudes — de la nouveauté à la normalisation — en France vis-à-vis de la société de consommation. Dans *Les Choses* (1965) de Georges Perec, un couple de jeunes Parisiens, pour qui la notion de l'abondance matérielle est relativement nouvelle, essaie de construire son bonheur à travers le **consumérisme** : tous deux cherchent à gagner plus d'argent afin de pouvoir dépenser davantage [*more*] et d'obtenir plus de confort matériel. Ils espèrent ainsi trouver une solution au vide qu'ils ressentent [*feel*] dans leur vie quotidienne. Comme son titre l'indique, ce sont les choses, les objets, qui sont décrits en détail, souvent plus que les personnages [*characters*].

Dans *Regarde les lumières, mon amour* (2014), d'Annie Ernaux, la consommation de masse est devenue la norme (même si tout le monde n'a évidemment pas le même pouvoir d'achat). Tout le récit [*narrative*] est situé dans un **hypermarché**, lui-même situé dans un énorme centre commercial. Les consommateurs n'y vont pas seulement pour faire des courses : c'est là que se passe une grande partie de leur vie (repas, loisirs...). Il n'est plus question de recherche du bonheur, mais simplement de consommation. À l'exception des exclus sociaux (les SDF ou les marginaux), tous les membres de la société font partie intégrante des circuits marchands. Exister, c'est consommer : je consomme, donc je suis (pour mettre à jour la formule de Descartes). Une cinquantaine d'années séparent les deux livres. Ce qui était encore relativement original en 1965 est devenu une norme étouffante en 2014.

Les critiques de la société de consommation, et en particulier des produits de luxe, remontent au dix-huitième siècle : **Voltaire** affirmait l'utilité économique du luxe, par exemple, alors que **Rousseau** y voyait un facteur d'aliénation et voulait réduire les besoins [*needs*] économiques des habitants (à une époque où la prospérité était pourtant rare). De nos jours, divers mouvements sociopolitiques prônent [*advocate*] la réduction de la consommation, en partie pour des raisons écologiques, pour éviter le **gaspillage** [*waste*]. Par contre, la plupart des économistes pensent qu'il faut encourager la croissance économique — et donc la consommation — pour réduire le chômage. Comme d'autres pays développés ou riches, la France connaît le paradoxe d'une société d'abondance pour la majorité de sa population, mais avec un pourcentage important et visible de personnes vivant dans la pauvreté.

Au niveau social, le niveau de consommation des ménages est un facteur économique considérable, puisqu'il représente plus de la moitié du PIB. Au niveau personnel, on peut choisir d'être **cigale ou fourmi** (une référence à une fable de La Fontaine), de dépenser ou d'économiser. Traditionnellement, comme il a été mentionné dans la première section de ce chapitre, les Français économisent beaucoup : le taux d'épargne est un des plus élevés parmi les pays développés. C'est là une différence importante avec le Canada et les États-Unis, où le taux d'épargne est beaucoup plus faible, mais où le taux de chômage est moins élevé. On revient à l'argument selon lequel [*according to which*] il faudrait que les Français augmentent leur consommation pour stimuler l'économie.

Les produits qu'on trouve dans les supermarchés et les hypermarchés ne sont pas toujours équivalents d'un pays à l'autre. Le **lait UHT** (ultra-haute température) est un produit de grande consommation en France (et en Europe en général), mais il est rare de ce côté de l'Atlantique. Grâce à un processus de pasteurisation différent, le lait peut être conservé pendant plusieurs mois avant d'être consommé. Les Français sont habitués à voir des « briques » de lait — non-réfrigérées — au supermarché (le lait doit être réfrigéré après ouverture de la brique).

Consommation

Hypermarché

Test

Lait UHT

Pour clore ce chapitre, mentionnons quelques produits industriels autrefois célèbres, mais aujourd'hui disparus, et qui ont laissé des traces dans la mémoire historique des Français : la **DS** (la voiture préférée de Charles de Gaulle, voir aussi l'ouvrage de Roland Barthes) ; la **2CV** (« deux chevaux » : une voiture rudimentaire et peu confortable qui, bizarrement, suscite encore des nostalgies) ; le **Solex** (un cyclomoteur simple, mais robuste, qui a été remplacé par les scooters et les modèles électriques) ; le **Concorde** (un avion de ligne supersonique qui était une merveille technologique, mais un échec commercial) ; le **Minitel** (une version rudimentaire d'Internet, commercialisée une dizaine d'années avant le développement public d'Internet). Innovateurs en leur temps, ces produits étaient connus et appréciés du grand public, même si relativement peu de voyageurs ont pu monter à bord du Concorde (les vols étaient très chers).

Voltaire / Rousseau	La Fontaine	Barthes (la DS)

POUR ALLER PLUS LOIN

1) Choisissez la lettre qui convient :

____ Ariane

____ le TGV

____ Airbus

____ EDF

____ le RER

A. le métro qui relie Paris à ses banlieues

B. la fusée européenne (lancée de Kourou, en Guyane)

C. un train qui relie les principales villes à plus de 300 km / heure

D. l'entreprise européenne d'aéronautique

E. l'entreprise publique qui fournit l'électricité et gère les centrales nucléaires

2) Nous avons vu deux villes marquées par leur histoire industrielle : Le Creusot et Clermont-Ferrand. Faites des recherches en ligne sur : Sochaux (Peugeot) et Toulouse (Airbus). Y a-t-il des avantages pour une ville à être le site principal d'une entreprise de taille internationale ?

3) Pensez-vous que les syndicats soient encore utiles de nos jours ? Pourquoi ou pourquoi pas ?

4) Cinq semaines de congés payés par an, est-ce trop ? Ne vaudrait-il pas mieux « travailler plus pour gagner plus », pour reprendre le slogan de Nicolas Sarkozy en 2007 ?

5) On trouve des lignes de trains à grande vitesse dans plusieurs pays d'Europe et d'Asie. Pourquoi n'en trouve-t-on pas au Canada et aux États-Unis ?

6) Même si aujourd'hui peu de Français travaillent dans l'agriculture, beaucoup de termes liés à la vie agricole sont connus. Cherchez en ligne le sens de : un quintal et un hectare. Quels sont leurs équivalents en anglais ?

7) Faites des recherches en ligne sur les produits disparus qui sont cités à la fin de ce chapitre. À votre avis, pourquoi ces produits évoquent-ils des nostalgies ?

8) Êtes-vous plutôt cigale ou fourmi ? Quels sont les avantages et les inconvénients de votre choix ?

9) Est-ce que vous préférez rouler sur des routes avec des ronds-points ou des feux de circulation ? Pourquoi ?

10) Qu'est-ce que le gouvernement français devrait faire pour réduire le taux de chômage en France ?

Minitest

1) Depuis la fin du dix-neuvième siècle, la tendance générale en France est vers la _____ du temps de travail.

2) À cause de toutes les fêtes nationales et religieuses, il y a beaucoup plus de jours _____ en France qu'aux États-Unis.

3) Pour les questions d'importance nationale, il y a des négociations tripartites gouvernement-patronat-syndicats. Les patrons ou chefs d'entreprise sont représentés par le _____.

4) Les _____ sont des personnes qui travaillent pour le gouvernement.

5) En France, les _____ et les concours sont particulièrement importants dans le monde du travail.

6) En économie et en politique, le contraire du libéralisme, c'est la tradition _____, qui a fortement marqué la France.

7) Malgré l'idéal de la méritocratie, l'accès aux grandes écoles est en général réservé à un milieu social _____.

8) Pendant les « Trente Glorieuses », il y a eu une forte hausse du nombre des personnes travaillant dans le secteur _____, c'est-à-dire les services.

9) Beaucoup de chômeurs de longue durée touchent une allocation qu'on appelle _____.

10) Le diplôme universitaire « Bac + 5 » s'appelle _____.

11) Le SMIC est indexé sur le taux _____.

12) Les Français travaillent relativement peu (1 600 heures par an), mais la _____ horaire est élevée.

13) À cause de l'opacité du fonctionnement de ses institutions, l'Union européenne a en général une image _____, ou éloignée des citoyens.

14) Sur le plan administratif, les régions, les départements et les communes constituent _____.

15) À la fin de la guerre d'Algérie (1962), environ un million de Harkis, de juifs et de _____ sont arrivés en France.

16) Le parti gaulliste / libéral en France s'appelle _____.

17) À la suite de sa défaite dans la _____ (1756–1763), la France a perdu le contrôle de l'Inde et de l'Amérique du Nord.

18) Environ trois quarts (75 %) de la production électrique en France provient de l'énergie _____.

19) L'économie française est la _____ de l'Union européenne.

20) Une des réussites encourageantes dans le domaine de la sécurité routière, c'est la _____ de la mortalité.

aisé	guerre de Sept Ans	ouvrables
augmentation	guerre de Trente Ans	pieds-noirs
baisse	hausse	première
CFDT	humaniste	primaire
corruption	l'État-nation	productivité
Corses	la licence	professions libérales
d'inflation	le master	PS
de chômage	le RSA	réduction
deuxième	le SMIC	solaire
dirigiste	les collectivités territoriales	technocratique
examens	LR	tertiaire
fasciste	MEDEF	tranche
fériés	modeste	
fonctionnaires	nucléaire	

8 Le monde francophone

Ce chapitre a pour but de présenter l'ensemble du monde francophone. Nous verrons les pays et les régions d'Europe où le français est une langue officielle. En dehors de l'Europe, nous verrons les pays et les régions où la présence de la langue française est liée à l'histoire coloniale. La section sur le Canada, le Québec et le Nouveau-Brunswick est surtout destinée aux lecteurs américains. Nous verrons enfin l'importance de l'Organisation internationale de la Francophonie (l'OIF).

LE FRANÇAIS EN EUROPE

Le terme « francophonie » date de la période coloniale. Il a été inventé par un géographe, Onésime Reclus, dans son livre *France, Algérie et colonies* (1886). Malgré son origine, le terme est couramment utilisé aujourd'hui, dans un monde postcolonial. Il est vrai qu'on utilise aussi « anglophone », « hispanophone » ou « lusophone » (pour la langue portugaise), mais nous verrons que le **monde francophone** se distingue des autres aires [*zones*] géographiques et linguistiques qui ont surtout été créées par l'expansionnisme colonial.

Précisons tout d'abord que le monde francophone n'est pas entièrement le résultat du colonialisme. En **Europe**, en dehors de la France, le français est une langue officielle en Belgique, au Luxembourg, en Suisse et même en Italie (la région de la Vallée d'Aoste). Cette situation constitue un rappel du fait que, en Europe comme ailleurs, les groupes linguistiques ne correspondent pas toujours aux frontières nationales. D'autre part, le français est parlé, en tant que deuxième ou troisième langue, dans plusieurs autres pays qui ont des liens historiques et culturels avec la France, mais où le français n'est pas une langue officielle. La francophonie est donc un phénomène international aux dimensions multiples : linguistique, culturelle et politique. Pour commencer, nous examinerons brièvement les pays et régions d'Europe où le français est une des langues officielles.

La **Belgique** est un pays de 11 millions d'habitants, avec trois langues officielles et une structure fédérale complexe. Les deux principaux groupes linguistiques sont les Flamands (néerlandophones) et les Wallons (francophones). Il y a aussi une minorité germanophone. Bruxelles, la capitale, est majoritairement francophone. Comme nous l'avons vu au chapitre 5, Bruxelles est le siège de la Commission européenne (et aussi le siège de l'OTAN).

Le **Luxembourg**, avec environ 600 000 habitants, a aussi trois langues officielles : l'allemand, le français et le luxembourgeois. Rappelons que la Cour de justice de l'Union européenne a son siège à Luxembourg (la ville). Rappelons également que l'union douanière du Benelux (1948) — la Belgique, les Pays-Bas (Nederland), le Luxembourg — a précédé les premières institutions européennes. Le Luxembourg est le plus petit pays parmi les membres fondateurs de l'UE. Il a aussi le PIB par habitant le plus élevé de l'UE.

La **Suisse**, avec environ 8,5 millions d'habitants, a quatre langues officielles : l'allemand, le français, l'italien et le romanche. La plus grande ville francophone est Genève, où se trouvent les sièges de plusieurs organisations internationales : l'Organisation mondiale du commerce (l'OMC), l'Organisation mondiale de la santé (l'OMS), l'Organisation européenne pour la recherche nucléaire (CERN), etc. La Suisse n'est pas un pays membre de l'UE. Cependant, comme nous l'avons vu au chapitre 5, l'écrivain Denis de Rougemont considérait que la constitution fédérale de la Suisse, un pays multiethnique, multilingue — et pacifique depuis des siècles — pouvait constituer un modèle pour l'avenir de l'Europe.

La **Vallée d'Aoste**, avec environ 130 000 habitants, est une région à statut spécial, située dans le Nord-Ouest de l'Italie. Dans cette région, le français est une langue officielle, à côté de l'italien.

Mentionnons également la principauté de **Monaco**, une cité-État avec environ 40 000 habitants, dont le territoire est enserré dans celui de la France, et dont la langue officielle est le français.

Plusieurs autres pays européens ont des **liens historiques et culturels** avec la France, même si le français n'y est pas une langue officielle : l'Autriche, la Lituanie, la Pologne, la République tchèque, la Roumanie, la Slovénie, etc. Ces pays sont des membres (« de plein droit » ou observateurs) de l'Organisation internationale de la Francophonie.

Francophonie	Benelux	Suisse	Val d'Aoste

LES CONSÉQUENCES DU COLONIALISME

En dehors de l'Europe, il y a un grand nombre de pays où le français est une langue officielle, ou bien une proportion significative de la population est francophone. Comme c'est le cas pour d'autres langues européennes, la diffusion massive de la langue française au-delà de l'Europe est une des conséquences historiques du colonialisme. Il est donc utile de revoir et de développer certains aspects de l'histoire coloniale que nous avons mentionnés au cours des chapitres précédents.

De fait, la France a eu deux empires coloniaux, qui correspondent à deux périodes historiques distinctes. L'essentiel du premier empire — c'est-à-dire l'Amérique du Nord et l'Inde — a été perdu, au profit de l'Angleterre, à la suite de la guerre de Sept Ans (1756–1763). Les derniers épisodes de cette période de l'impérialisme colonial français ont eu lieu en 1803, lorsque Napoléon a vendu le territoire de la Louisiane aux États-Unis, et en 1804, lorsque Haïti (anciennement Saint-Domingue) est devenu indépendant. Il est resté de cette **première période historique** ce qu'on a appelé les « anciennes colonies » ou, par dérision, des « confettis d'empire ». Après la Seconde Guerre mondiale, la plupart de ces anciennes colonies sont devenues des départements (Guadeloupe, Martinique, la Guyane, la Réunion) ou des territoires (Saint-Pierre-et-Miquelon) d'outre-mer (voir chapitre 4).

La **deuxième période importante** de conquêtes et de colonisation a commencé au dix-neuvième siècle, et a duré moins d'un siècle pour la plupart des territoires et des peuples colonisés (une exception importante : l'Algérie, où le colonialisme français a duré de 1830 à 1962). Pour la plus grande partie, cette nouvelle poussée de l'impérialisme était dirigée vers l'Afrique. La France participait ainsi à la « ruée vers l'Afrique » [*Scramble for Africa*] qui a dominé l'expansionnisme colonial européen pendant la deuxième moitié du dix-neuvième siècle. Rappelons qu'à la conférence de Berlin (1885), les principales puissances européennes avaient pour objectif de se partager les vastes territoires de l'Afrique, ce qui était aussi une façon de projeter leurs rivalités vers l'extérieur de l'Europe. Il faut toutefois préciser que l'impérialisme colonial du dix-neuvième siècle n'était pas totalement dirigé vers l'Afrique. En Asie, la France a colonisé l'Indochine — aujourd'hui le Vietnam, le Cambodge et le Laos. D'autre part, plusieurs territoires dans l'océan Pacifique ont été colonisés : la Nouvelle-Calédonie, la Polynésie, Wallis-et-Futuna. Par sa superficie et sa population, l'empire colonial français est devenu le deuxième du monde, après celui de la Grande-Bretagne. En général, on considère que c'est l'Exposition coloniale à Paris en 1931 qui a représenté l'apogée de la politique colonialiste française.

En **Afrique subsaharienne,** la plupart des colonies françaises étaient regroupées dans deux fédérations, l'Afrique-Occidentale française et l'Afrique-Équatoriale française. Il y avait aussi Madagascar dans l'océan Indien et Djibouti en Afrique de l'Est. Au **Maghreb,** la situation était complexe, puisque l'Algérie, comme nous l'avons vu, était administrativement intégrée à la France métropolitaine. Quant au Maroc et à la Tunisie, ils étaient sous le statut du protectorat, un régime de contrôle politique qui donnait théoriquement plus d'autonomie interne aux pays « protégés ». Notons au passage que le protectorat s'appliquait aussi dans la plus grande partie de **l'Indochine.** Après la Première Guerre mondiale, la France, la Grande-Bretagne et la Belgique se sont partagé les colonies allemandes en Afrique. L'empire colonial français s'est donc agrandi, en absorbant le Togo et le Cameroun. La France a aussi établi un « mandat », sous l'autorité de la Société des Nations (voir chapitre 2), sur la Syrie et le Liban en 1920. La plupart de ces « récentes » colonies sont devenues indépendantes (1960 a été l'année la plus importante). Il faut préciser que, dans de nombreux cas, la présence coloniale française a été **relativement courte.** Au Maroc, par exemple, le protectorat a duré de 1912 à 1956. La Syrie et le Liban, pour leur part, sont devenus indépendants en 1946.

Les conséquences à long terme de l'époque coloniale sont complexes sur bien des plans : politique, économique, socioculturel. Nous allons surtout prendre en considération la continuité de la présence de la langue française. Les anciennes colonies françaises en Afrique se divisent en deux catégories linguistiques :

- **Le Maghreb et Madagascar**, où il y a une langue dominante : l'arabe pour le Maghreb et le malgache pour Madagascar. Il faut cependant nuancer en ce qui concerne le Maghreb : les Berbères ou Amazighs sont un groupe ethnique autochtone de l'Afrique du Nord, dont la langue (qui comporte plusieurs dialectes) est le tamazight.

Suite à la page suivante

> • **L'Afrique occidentale et centrale**, où il y a généralement une
> multiplicité de langues dans chaque pays. En Côte d'Ivoire, par
> exemple, on trouve environ 70 langues ; au Cameroun, plus de
> 200. La République démocratique du Congo (ou Congo-Kin-
> shasa, ou ex-Congo belge), avec environ 80 millions d'habitants,
> a le français pour langue officielle, quatre principales langues
> régionales et environ 250 langues locales.

| Empire | Colonies | Amazighs | Afrique occidentale |

Dans la plus grande partie de l'Afrique, le multilinguisme est donc la norme. Rappelons que les anciennes colonies belges ont le français pour langue officielle (cependant, l'anglais est devenu langue d'enseignement public au Rwanda en 2010). La **diversité linguistique** de la plupart des pays africains explique pourquoi la langue du pays colonisateur a généralement été retenue comme langue officielle après l'indépendance. Voyons à présent de façon plus détaillée la situation linguistique dans un certain nombre de pays.

> Deux termes à expliquer avant de continuer :
>
> • la **diglossie** est une situation où deux langues existent en
> complémentarité, chacune étant utilisée dans des contextes
> socioculturels différents (la diglossie est donc une variante du
> bilinguisme) ;
>
> • une **langue véhiculaire** est une troisième langue qui permet
> l'intercommunication entre deux groupes linguistiques distincts
> (par exemple : une Sénégalaise qui parle wolof utilisera le fran-
> çais pour communiquer avec une Congolaise qui parle lingala).

Au **Sénégal**, un pays avec environ 15 millions d'habitants, le niveau de diversité linguistique est relativement faible. Plus d'une vingtaine de langues sont parlées, mais le wolof domine largement, puisqu'il est parlé par plus de 70 % de la population. Cependant, le français, seule langue officielle, est la langue de l'enseignement, de l'administration et des affaires. Le français est donc souvent en situation de diglossie avec le wolof ou avec une des autres langues parlées au Sénégal (le sérère, le peul, le mandingue, etc.). Pour les écrivains et les cinéastes sénégalais, le choix de la langue est la première considération avant d'écrire un livre ou de réaliser un film. Notons que le réalisateur Ousmane Sembène (1923–2007) est probablement le plus célèbre des cinéastes africains. Nous avons déjà mentionné l'importance du poète et président Léopold Sédar Senghor. Cependant, la littérature sénégalaise est particulièrement diverse et influente en Afrique et ailleurs. Citons donc Cheikh Hamidou Kane (1928–), Aminata Sow Fall (1941–), Birago Diop (1906–1989), Mariama Bâ (1929–1981), Ken Bugul (1947–) et Fatou Diome (1968–).

Certains noms liés à la ville de **Saint-Louis** (*Ndar* en wolof), au nord du Sénégal, résument les traces et les liens socioculturels que la période coloniale a laissés. La ville porte officiellement le nom d'un roi français (1226–1270) du Moyen Âge. Le quartier [*neighborhood*] historique de la ville est situé sur une île, à laquelle on accède par le pont Faidherbe, du nom d'un général et administrateur colonial français du dix-neuvième siècle. L'Université Gaston Berger porte le nom d'un philosophe français (1896–1960), né à Saint-Louis.

Saint-Louis	Faidherbe	Gaston Berger

En **Côte d'Ivoire,** un pays avec environ 27 millions d'habitants, le niveau de diversité linguistique est plus élevé. Parmi les 70 langues parlées, on trouve le dioula (une des principales langues véhiculaires de l'Afrique de l'Ouest), le sénoufo et le baoulé. Comme c'est le cas au Sénégal et dans plusieurs autres pays africains, le français, langue officielle, est la langue de l'enseignement, de l'administration et des affaires. Il est donc normal de parler français à l'école et au travail, dioula en faisant ses courses au marché, et baoulé à la maison. Parmi les nombreux écrivains ivoiriens, il faut signaler Bernard Dadié (1916–), Ahmadou Kourouma (1927–2003) et Véronique Tadjo (1955–). Dans le domaine de la bande dessinée, la série *Aya de Yopougon* (2005–2010) de Marguerite Abouet a obtenu un grand succès à travers le monde francophone.

Au **Cameroun,** un pays avec environ 25 millions d'habitants, le niveau de diversité linguistique est exceptionnellement élevé, puisque plus de 200 langues y sont parlées. De plus, le Cameroun a deux langues officielles : l'anglais et le français. L'histoire moderne du pays résume les absurdités de la période coloniale. D'abord colonisé par l'Allemagne, le territoire du Cameroun a été divisé entre la France et la Grande-Bretagne après la Première Guerre mondiale. La langue allemande a donc été remplacée par le français (majoritairement) et l'anglais. De nos jours, la proportion de francophones au Cameroun dépasse les 80 % et l'anglais est en régression. Parmi les romanciers camerounais, citons Ferdinand Oyono (1929–2010), Mongo Beti (1932–2001) et Léonora Miano (1973–).

Dans la **République du Congo** (ou Congo-Brazzaville, ou ex-Congo français), avec environ cinq millions d'habitants, le niveau de diversité linguistique est beaucoup moins élevé. En dehors du français, langue officielle, les deux principales langues véhiculaires sont le lingala et le kituba. Ces deux langues bantoues sont aussi parlées dans la **République démocratique du Congo** (ou Congo-Kinshasa, ou ex-Congo belge), où la population (environ 80 millions) et la diversité linguistique (environ 250 langues) sont beaucoup plus élevées. Comme c'est le cas pour la plupart des pays africains, les deux Congo et leurs frontières sont des résultats de la colonisation européenne. Quant aux deux capitales, Brazzaville et Kinshasa, qui sont très proches et qui devraient bientôt être

Abidjan, Côte d'Ivoire

reliées par un pont traversant le fleuve Congo, elles constituent une mégapole d'environ 14 millions d'habitants — c'est-à-dire, potentiellement, la plus grande ville francophone du monde, devant Paris (cependant, la langue dominante est actuellement le lingala). Parmi les nombreux romanciers congolais, citons Henri Lopes (1937–), Sony Labou Tansi (1947–1995) et Alain Mabanckou (1966–).

Dans la **République de Madagascar**, avec environ 25 millions d'habitants, la situation est beaucoup plus proche de l'unilinguisme. Le malgache est parlé à travers le pays, et le français est la deuxième langue officielle. Malgré la diversité de son peuplement, Madagascar est donc une exception à la diversité linguistique qui caractérise l'Afrique subsaharienne. On peut comparer la très grande île de Madagascar à la beaucoup plus petite île Maurice, également dans l'océan Indien, où l'histoire coloniale a produit une diversité linguistique exceptionnelle. Dans la **République de Maurice** (1,2 million d'habitants), le créole mauricien coexiste avec le chinois, l'anglais, le français et plusieurs langues indiennes. Mentionnons en passant le romancier franco-mauricien J.M.G. Le Clézio, prix Nobel de littérature en 2008.

Terminons cet aperçu de la situation linguistique africaine par un pays arabophone où la présence coloniale a été relativement courte. Avec environ 35 millions d'habitants, le **Maroc** a pour langues officielles l'arabe (classique et dialectal) et le berbère (ou le tamazight, parlé par environ 40 % de la population). Le français est couramment utilisé au niveau universitaire et dans le domaine des affaires [*business*]. Comme c'est le cas en **Algérie** et en **Tunisie**, le français est la langue de « l'ouverture sur le monde » — et plus particulièrement des élites citadines. Environ un tiers des Marocains sont francophones. La littérature francophone du Maghreb en général est extrêmement riche. Pour le Maroc, citons Driss Chraïbi (1926–2007), Abdellatif Laâbi (1942–), Tahar Ben Jelloun (1947–), Fouad Laroui (1958–), Abdellah Taïa (1973–) et Leïla Slimani (1981–).

L'Afrique subsaharienne est particulièrement importante pour l'avenir de la langue française parce que c'est la seule région du monde où la **croissance démographique** ne s'est pas encore ralentie [*has not yet slowed down*]. La population de l'ensemble de l'Afrique a atteint [*reached*] un milliard d'habitants en 2009. Selon les projections démographiques actuelles, elle devrait largement dépasser deux milliards en 2050. Si ces projections sont correctes, et si le français reste la langue officielle ou seconde à travers une grande partie du continent, la langue la plus parlée au monde dans la deuxième moitié du vingt et unième siècle sera donc le français.

Suite à la page suivante

| Sénégal | Côte d'Ivoire | Cameroun | Congo |

Plusieurs pays européens ont participé à l'expansionnisme colonialiste du dix-neuvième siècle et du début du vingtième. Cette tendance a même dépassé l'Europe, puisque deux nouvelles puissances ont commencé à conquérir et à occuper d'autres territoires au-delà de leurs frontières : les États-Unis (la guerre contre l'Espagne en 1898) et le Japon (la guerre contre la Russie en 1905). Après la conquête et l'occupation, certains territoires ont été vendus par une puissance coloniale à une autre. En 1916, par exemple, le Danemark a vendu aux États-Unis ce qu'on appelle aujourd'hui les îles Vierges américaines. Cependant, dans de nombreux cas, l'occupation coloniale a relativement peu duré, et surtout a eu peu de conséquences socioculturelles à long terme. Les empires coloniaux de l'Allemagne, de l'Italie et des Pays-Bas ont disparu en laissant peu de traces historiques et linguistiques. On ne parle pas italien en Libye, par exemple, ni néerlandais en Indonésie (il est vrai que le Suriname est néerlandophone). Par contre, quatre pays européens ont durablement imposé leur langue et une grande partie de leur culture, bien au-delà de leurs frontières, à travers l'impérialisme colonial : l'Espagne, la France, la Grande-Bretagne et le Portugal. Notons qu'en ce qui concerne la langue française, il faut ajouter la Belgique. Si **l'anglais, l'espagnol, le français et le portugais** se sont implantés à travers le monde, c'est principalement à cause du colonialisme. Chaque empire colonial a évolué, puis a disparu, de façon différente. Chacun a laissé des traces — politiques, culturelles, linguistiques — différentes.

Contrairement aux mondes anglophone, hispanophone et lusophone, la « mère-patrie » française conserve une **prépondérance**, sur les plans politique, économique et culturel, à l'intérieur de sa communauté linguistique. La Grande-Bretagne a été « dépassée » par les États-Unis (et bientôt l'Inde), le Portugal par le Brésil, l'Espagne par ses anciennes colonies d'Amérique, mais la France, par son poids économique et politique, reste au centre du monde francophone. La métaphore, très souvent utilisée, du « **rayonnement** » linguistique et culturel met clairement la France dans une position centrale vis-à-vis du reste du monde francophone. Il est vrai que la République démocratique du Congo, avec ses 80 millions d'habitants, est théoriquement devenue le plus grand pays francophone par sa population — « théoriquement » parce que le nombre réel de locuteurs du français est évidemment plus faible. Sur le plan strictement linguistique, le français de Paris reste la norme à travers la plus grande partie du monde francophone. Il est plus difficile d'en dire autant pour l'anglais de Londres, l'espagnol de Madrid ou le portugais de Lisbonne. Un écrivain gabonais ou malien ou mauricien s'efforcera d'écrire selon les normes du français « de France », surtout s'il veut que ses livres soient publiés par une maison d'édition parisienne. Dans la dernière section de ce chapitre, nous reparlerons de cette question dans ses rapports avec l'Organisation internationale de la Francophonie (l'OIF).

| Rayonnement | Grande-Bretagne | Espagne | Portugal |

LE CANADA, LE QUÉBEC ET LE NOUVEAU-BRUNSWICK

Comme il a été mentionné au début de ce chapitre, cette section est surtout destinée aux lecteurs américains. La plupart des lecteurs canadiens pourront passer directement à la section suivante.

Le Canada est une monarchie constitutionnelle fédérale, avec dix provinces et trois territoires. Ottawa est la capitale fédérale et la plus grande métropole est Toronto (qui est aussi la capitale de la province de l'Ontario). Le deuxième pays du monde par sa superficie (après la Russie), le Canada ne compte pourtant que 36 millions d'habitants (moins que la Californie). Le Canada est un pays **officiellement bilingue** (anglais et français) au niveau fédéral, mais la situation linguistique est variable au niveau des provinces (avec toutefois une prédominance de l'anglais dans la plupart des cas). Comme nous l'avons vu au chapitre 4, le Canada est une démocratie parlementaire, avec un parlement bicaméral (la Chambre des Communes et le Sénat). Le premier ministre (chef du Gouvernement) actuel est Justin Trudeau (Parti libéral). Le chef de l'État est la reine Elizabeth II, qui nomme le Gouverneur général du Canada (dont le rôle est essentiellement honorifique). Dans chaque province, il y a aussi un Lieutenant-gouverneur, un Parlement et un premier ministre.

Le Canada est un pays membre de l'OIF. Deux provinces canadiennes, le Québec et le Nouveau-Brunswick, sont également membres à titre individuel. Par ailleurs, le Canada, en tant que pays bilingue, est également membre du *Commonwealth of Nations* (anciennement le *British Commonwealth*). Comme nous le verrons ci-dessous, le bilinguisme canadien a été une source à la fois de richesse culturelle et de conflits politiques. Il faut mentionner le fait que le Canada n'est pas le seul pays officiellement bilingue à connaître des tensions sociopolitiques qui sont liées aux antagonismes ou aux rivalités entre les groupes linguistiques : la Belgique (avec les francophones et les néerlando-phones) et le Cameroun (qui est une sorte de « Canada à l'envers » en ce qui concerne les deux langues officielles, l'anglais et le français) fournissent d'autres exemples. De façon plus générale, des **tendances séparatistes**, qui sont souvent liées aux divisions sociolinguistiques, sont également visibles dans des régions comme la Catalogne (par rapport à l'Espagne) ou l'Écosse (par rapport à la Grande-Bretagne). On voit à quel point la Suisse, avec ses quatre langues qui coexistent sans que le séparatisme soit présent, constitue une exception.

Environ 10 millions de Canadiens parlent français. Parmi eux, un peu plus de sept millions ont le français pour langue maternelle. Le nombre total des francophones inclut donc un grand nombre de bilingues (surtout anglais-français) ou de multilingues. Alors que la plupart des francophones dans le reste du pays sont généralement appelés des **Canadiens francophones**, les francophones du Québec s'identifient en tant que **Québécois**. Précisons éga-lement que de nombreux francophones du Nouveau-Brunswick et d'ailleurs s'identifient en tant qu'**Acadiens**. Au niveau provincial, les Canadiens franco-phones (à l'exception des Québécois et des Acadiens) sont souvent appelés des Franco-Ontariens, des Franco-Albertains, etc. Au sens ethnique ou natio-nal, les **Canadiens français** sont les habitants du Canada qui sont de descen-dance française (de même, on parle d'Anglo-Canadiens).

Bilinguisme	Francophones	Acadiens	Canadiens français

En dehors du Québec, c'est la province du **Nouveau-Brunswick** qui a la proportion la plus importante de francophones au Canada : près du tiers de la population. Le Nouveau-Brunswick est la seule province canadienne à être officiellement bilingue anglais-français. Une des quatre provinces fondatrices de la Confédération du Canada (qui est plutôt une fédération) en 1867, le Nouveau-Brunswick compte environ 750 000 habitants, ce qui représente un peu plus de 2 % de la population totale du Canada. Sa capitale est Fredericton et la plus grande ville est Moncton. Le territoire du Nouveau-Brunswick coïncide avec la plus grande partie de celui de l'ancienne colonie française d'**Acadie**. En général, on considère que le territoire de l'Acadie incluait aussi les deux autres provinces maritimes actuelles du Canada : la Nouvelle-Écosse et l'Île-du-Prince-Édouard. De nos jours, les francophones du Nouveau-Brunswick sont majoritairement de descendance acadienne. Le français acadien est donc la variété dominante du français parlé dans la province. Cependant, d'autres francophones, venus du Québec, de l'Ontario ou du Maghreb, s'y sont installés. D'autre part, un certain nombre de francophones d'origine acadienne se sont assimilés à l'anglais, mais continuent de s'identifier en tant qu'Acadiens. Parmi les francophones du Nouveau-Brunswick, le **chiac** est une des formes du parler populaire. Il est différent du **joual** au Québec, mais il a un statut socioculturel assez semblable.

Puisque les questions de langue et d'identité sont liées à un sentiment d'appartenance historique, présentons brièvement l'histoire de l'Acadie, une colonie française disparue mais qui reste très présente dans la mémoire historique et culturelle des descendants des Acadiens. La première tentative de colonisation française en Acadie a eu lieu en 1604 (Samuel de Champlain, qui a également fondé la ville de Québec en 1608, y a participé). L'Acadie a été intégrée à la **Nouvelle-France**, l'immense colonie qui regroupait les territoires de la Louisiane et d'une grande partie du Canada actuel. Au cours du dix-huitième siècle, l'Acadie était un des centres des conflits militaires entre les empires coloniaux de la France et de la Grande-Bretagne. La guerre de Sept Ans (1756–1763) a mis fin à la Nouvelle-France, qui faisait partie du premier empire colonial français. L'Acadie a disparu et de nombreux Acadiens ont été déportés de force par l'armée et la marine britanniques. Ce qu'on appelle par euphémisme le « **Grand Dérangement** » a commencé en 1755 et a continué jusqu'à la fin de la guerre. Les troupes britanniques cherchaient à réduire ou éliminer la présence française en Acadie, en dispersant ses habitants à travers les 13 colonies américaines. D'autres Acadiens ont été déportés en France. Certains ont pu retourner dans le territoire qui s'appelait la Nouvelle-Écosse après la guerre (le Nouveau-Brunswick a été administrativement séparé de la Nouvelle-Écosse en 1784). D'autres « Cadiens » se sont installés en Louisiane, où ils sont devenus des « *Cajuns* ».

| Nouveau-Brunswick | Chiac | Grand | Dérangement |

Le **Québec** est la seule province majoritairement francophone du Canada. C'est aussi la seule province où le français est la seule langue officielle. La ville de Québec est la capitale et Montréal est la principale métropole. Il y a un peu plus de huit millions d'habitants au Québec, ce qui en fait la deuxième province du Canada par sa population, après l'Ontario. Environ 80 % des Québécois ont le français pour langue maternelle. L'anglais est la langue maternelle d'environ 9 % de la population. Plusieurs autres langues sont présentes, en particulier des langues autochtones (les Premières Nations). Le bilinguisme anglais-français est très répandu parmi les anglophones du Québec (ou Anglo-Québécois). La plus grande partie de la population est concentrée autour du **fleuve Saint-Laurent**, qui traverse le territoire du Québec et qui relie les Grands Lacs à l'océan Atlantique. Rappelons que par sa superficie, le Québec est environ trois fois plus grand que la France.

C'est en 1534, sous le règne de François Iᵉʳ, que le navigateur Jacques Cartier a exploré le golfe du Saint-Laurent, marquant le début de la présence française dans la région. En 1608, sous le règne d'Henri IV, Samuel de Champlain a fondé la **ville de Québec**, qui deviendra la capitale de la Nouvelle-France. À ses débuts, l'économie de la colonie française reposait sur les fourrures et la pêche, et plus tard sur l'agriculture. Dans la mémoire historique des Québécois, les chasseurs et les trappeurs (les « coureurs des bois ») occupent une place semi-mythologique qui est en partie comparable à celle des « *cowboys* » pour les Américains.

Au cours de son long règne (1643–1715), Louis XIV a encouragé le peuplement de la colonie. L'épisode le plus célèbre est celui des « **Filles du roi** », pour qui le roi a payé le voyage et la dot [*dowry*]. Entre 1663 et 1673, près d'un millier de jeunes femmes ont traversé l'Atlantique pour aller se marier et s'installer dans la colonie française de l'Amérique du Nord. C'est à cause du nombre réduit de familles durant les débuts de la colonie, suivi par son isolement relatif, que certains noms de famille sont si courants au Québec : Tremblay, Gagnon, Bouchard, Coté, Roy, etc. Cependant, même avec l'aide du roi, il n'y avait qu'environ 7 000 habitants en 1672. Comme on l'a mentionné au chapitre 3, la France est presque seule en Europe à n'avoir pratiquement aucune tradition d'émigration. Alors que plusieurs autres pays européens ont connu des périodes d'émigration massive durant la période coloniale, relativement peu de Français sont volontairement partis s'installer dans les colonies. Le Canada en particulier était peu connu en France et avait une mauvaise réputation en ce qui concerne son climat et surtout sa valeur économique, contrairement aux riches îles sucrières des Antilles (Saint-Domingue, Guadeloupe et Martinique).

Dans sa volumineuse correspondance, Voltaire (1694–1778) a plusieurs fois déprécié la valeur économique du Canada — et donc l'utilité de sa colonisation et de son peuplement. La formule la plus célèbre qu'il a utilisée se trouve dans son roman philosophique *Candide* (1759), où, avec son ironie habituelle, Voltaire fait référence à la guerre de Sept Ans : « Vous savez que ces deux nations [la France et la Grande-Bretagne] sont en guerre pour quelques arpents de neige vers le Canada, et qu'elles dépensent pour cette belle guerre beaucoup plus que tout le Canada ne vaut » (chapitre 23). L'arpent est une ancienne unité de mesure pour la superficie des terrains agricoles. De nos jours, l'expression « **quelques arpents de neige** » fait partie de la culture populaire du Québec. Elle résume l'idée quelque peu stéréotypique selon laquelle les Français auraient une attitude condescendante envers les Québécois.

Québec	Saint-Laurent	Filles du roi	Arpents

Dans la guerre coûteuse que Voltaire dénonçait, la bataille des **plaines d'Abraham** en 1759 a été décisive : l'armée britannique s'est emparée de Québec, puis de Montréal en 1760. En 1763, le traité de Paris a officiellement mis fin à la guerre de Sept Ans. Le lien colonial entre la France et les 70 000 Français du Canada était définitivement rompu. La nouvelle administration coloniale britannique n'a pas cherché à expulser les Québécois comme elle l'avait fait dans le cas des Acadiens. Elle pensait que l'immigration britannique vers le Canada serait massive et que les Français seraient progressivement obligés de s'assimiler. Cependant, l'immigration en provenance de la Grande-Bretagne n'a pas été aussi forte que prévu. C'est au contraire le **taux de natalité** [*birth rate*] parmi les francophones du Québec qui est resté très élevé (alors qu'il commençait à baisser en France). En 1790, il y avait 160 000 habitants au Québec, près de 700 000 en 1850, et environ 1,4 million en 1900.

En 1774, le « *Quebec Act* » a renforcé l'influence du clergé dans la province. **Le rôle prépondérant de l'Église catholique** a donc été durablement consolidé au Québec, alors qu'il commençait à être remis en cause [*challenged / called into question*] en France. Au Québec, il faudra attendre la « Révolution tranquille » des années 1960 pour que l'importance du catholicisme soit diminuée. En 1791, une partie de l'ancien territoire de la Nouvelle-France a été réorganisé sous la forme du Bas-Canada (le Québec) et du Haut-Canada (qui est devenu l'Ontario). Cette division administrative a duré jusqu'en 1840, lorsque les deux parties du Canada ont été réunies, avec un parlement commun où les Canadiens français étaient minoritaires. L'Acte d'Union de 1840 représentait une dernière tentative de la part des autorités britanniques pour obliger les francophones à s'assimiler. Enfin, en 1867, le Québec a participé, avec l'Ontario, le Nouveau-Brunswick et la Nouvelle-Écosse, à la création de la Confédération du Canada (le 150ᵉ anniversaire de cette naissance du Canada indépendant a eu lieu en 2017). Jusqu'en 1982, lorsque le rapatriement de la constitution a eu lieu — sans l'accord du Québec — c'était le Parlement britannique qui décidait au sujet de toute modification constitutionnelle au Canada.

Certains symboles canadiens ont longtemps été conflictuels : la rose pour les anglophones et la fleur de lys pour les francophones. La **feuille d'érable** a été choisie en tant que symbole consensuel pour le drapeau canadien en 1965. Le Québec conserve la **fleur de lys** (le symbole du royaume de France) sur son drapeau. La devise de la province est : « Je me souviens ».

| Plaines d'Abraham | Avant 1960 | Église | Fleur de lys |

La société québécoise est longtemps restée conservatrice sur le plan socio-culturel et relativement en retard sur le plan économique, par comparaison avec d'autres provinces canadiennes. Par ailleurs, certains secteurs de la vie économique étaient dominés par les anglophones. L'anglais était quasiment la seule langue utilisée dans le quartier des affaires à Montréal, par exemple. En 1960, Jean Lesage (Parti libéral) est devenu premier ministre. Son gouvernement a lancé un programme de réformisme et de nationalisme culturel qu'on appelle généralement la « **Révolution tranquille** ». Lesage avait pour objectifs de promouvoir la langue et la culture du Québec, ainsi que de moderniser l'économie de la province. La revendication politique, la modernisation économique et le renouveau culturel étaient donc liés. **Hydro-Québec**, une entreprise emblématique, a été nationalisée en 1962. Les grands projets d'infrastructures et du transport de l'électricité ont stimulé le développement économique. Le Québec a donc adopté une politique dirigiste qui rappelle celle de la France à l'époque, et qui a permis de rattraper son retard par rapport à d'autres provinces canadiennes. D'autres projets ont suivi : le métro de Montréal en 1966 et l'Exposition universelle en 1967. Dans le domaine socioculturel, la Révolution tranquille a contribué à établir une nouvelle identité nationale québécoise et à séparer l'Église et l'État. La **pratique religieuse** a considérablement diminué et le taux de natalité a baissé. La culture populaire québécoise, autrefois conservatrice et fermée sur elle-même, est devenue beaucoup plus libérale et cosmopolite. Notons en passant qu'en général, il est plus facile de se tutoyer au Québec qu'en France.

> En 1968, le poème « **Speak white** » de Michelle Lalonde a établi un parallèle implicite entre les Québécois et les peuples colonisés. Le titre reprenait une insulte raciste lancée par des anglophones canadiens aux francophones. Ce poème, une affirmation de la langue et de la culture du Québec, est rapidement devenu un texte symbolique pour le mouvement souverainiste.

| Révolution | Tranquille | Recul | Speak white |

La poussée du nationalisme a continué pendant les années 1970, amenant au pouvoir le Parti québécois (les « péquistes », indépendantistes) en 1976. En 1977, le nouveau premier ministre, René Lévesque, a fait voter à l'Assemblée nationale du Québec la **Charte de la langue française** (ou la « loi 101 »), qui instaure la primauté du français au Québec dans tous les secteurs, y compris l'affichage public. En 1980, Lévesque a organisé le premier **référendum** sur la « souveraineté-association » — c'est-à-dire, de façon pratique, l'indépendance du Québec. Le « non » l'a toutefois emporté largement, avec 60 % des voix. Le Parti québécois et le Parti libéral (autonomistes, mais plus fédéralistes que le PQ), les principaux partis politiques au Québec, alternent au gouvernement depuis la Révolution tranquille. En 1995, sous un gouvernement péquiste, un **nouveau référendum** a été tenu sur la souveraineté-association. Cette fois, le résultat était beaucoup plus serré : 49,4 % pour ; 50,6 % contre. Il n'y a pas eu d'autre référendum depuis. Les sondages d'opinion récents indiquent que l'opinion publique québécoise est majoritairement opposée à l'indépendance.

La baisse relative de l'intensité des revendications souverainistes au Québec est en partie liée au fait que la question de la « **société distincte** » semble avoir été réglée. Pendant des décennies [*decades*], les souverainistes modérés voulaient non seulement obtenir un statut plus autonome au sein du fédéralisme canadien, mais aussi que le Québec soit reconnu en tant que société distincte — c'est-à-dire en tant que nation. Cette revendication a fait l'objet de longues négociations au niveau fédéral, marquées par les échecs des accords du Lac Meech (1990) et de Charlottetown (1992). Enfin, en 2006, une motion parlementaire a été approuvée à Ottawa par la Chambre des Communes du Canada. Elle reconnaît que les Québécois « **forment une nation au sein d'un Canada uni** », ce qui représente un compromis entre le souverainisme québécois et le fédéralisme canadien. À présent, le concept de nation québécoise (ou de peuple québécois), autrefois controversé, est généralement accepté. Cependant, le mouvement souverainiste est encore actif, et les débats entre fédéralistes et souverainistes restent au centre de la vie politique québécoise. Le Parti libéral est le principal représentant de la tendance fédéraliste, alors que le représentant le plus connu de la tendance souverainiste est le Parti québécois (les péquistes).

Au niveau diplomatique, comme nous l'avons mentionné au chapitre 1, l'amitié et la coopération entre la France et le Canada, y compris dans le cadre de l'Organisation internationale de la Francophonie, sont de nos jours exceptionnellement fortes. Cependant, à cause des liens historiques et linguistiques entre la France et le Québec, on a longtemps pu parler de relations triangulaires Ottawa-Québec-Paris. Il faut préciser à ce sujet que la **relation historiquement privilégiée** de la France avec le Québec a parfois créé des frictions dans les relations diplomatiques bilatérales franco-canadiennes, en particulier en 1967, lors de la visite officielle du président Charles de Gaulle (voir chapitre 3 : « Vive le Québec libre ! »). Au niveau de l'opinion publique, beaucoup de Français continuent à percevoir la situation linguistique et culturelle au Canada comme un microcosme de la rivalité au niveau mondial entre l'influence de l'anglais et celle du français.

Le **français canadien** est un terme qui désigne l'ensemble des variétés de la langue française qui sont parlées au Canada. La plus répandue de ces variétés est évidemment le français québécois. Il y a aussi le français acadien, le français ontarien, ainsi que les variétés du français qui sont parlées aux États-Unis par les communautés de Québécois expatriés (ils se trouvent dans les états du Maine, du Vermont, du New Hampshire, mais aussi de la Floride). Il existe aussi des variantes populaires (ou sociolectes) de ces variétés du français : le joual au Québec, le chiac au Nouveau-Brunswick. Au niveau officiel, c'est l'Office québécois de la langue française qui dirige la politique linguistique au Québec. Son rôle est ainsi comparable à celui de la Délégation générale de la langue française (que nous verrons au chapitre 12) en France.

Il faut faire la distinction entre le **français canadien**, qui est un terme linguistique (l'ensemble des variétés de la langue française qui sont parlées au Canada), et les **Canadiens français**, un terme ethnique ou national (les habitants du Canada qui sont de descendance française).

| Charte | Référendums | Nation | Partis |

La littérature canadienne francophone en général, et la littérature québécoise en particulier, constituent un domaine beaucoup trop vaste pour être abordé ici (on peut en dire autant du cinéma québécois). Mentionnons simplement quelques noms : le poète Émile Nelligan ; les romanciers Roch Carrier, Gabrielle Roy, Anne Hébert, Marie-Claire Blais, Hédi Bouraoui et Réjean Ducharme ; les réalisateurs Denys Arcand et Jean-Marc Vallée.

L'ORGANISATION INTERNATIONALE DE LA FRANCOPHONIE

Nous avons vu au chapitre 5 l'importance de l'Union européenne (l'UE). L'autre grande association internationale qu'il faut présenter, c'est l'Organisation internationale de la Francophonie (l'OIF), qui a été créée en 1970 (elle s'appelait alors l'ACCT). Elle regroupe plus de 80 pays (avec une population totale d'environ un milliard) où le français est une langue officielle ou seconde. Son rôle est de promouvoir la coopération culturelle et économique parmi les pays membres. Parmi les réalisations associées à l'OIF, on peut citer **TV5 Monde,** une chaîne de télévision francophone internationale. Citons aussi l'Agence universitaire de la Francophonie, qui facilite la coopération entre les chercheurs au niveau international.

Le siège de l'OIF est à Paris. Jusqu'à présent, l'OIF n'a eu que trois Secrétaires généraux : l'ancien ministre égyptien des Affaires étrangères Boutros Boutros-Ghali (1997–2002), l'ancien président de la République du Sénégal Abdou Diouf (2003–2014) et l'ancienne Gouverneure générale du Canada **Michaëlle Jean** (depuis 2015). Signalons par ailleurs qu'à travers son multilinguisme et son multiculturalisme (elle est Québécoise d'origine haïtienne), Michaëlle Jean incarne la diversité culturelle qui est caractéristique de la plupart des pays francophones.

On peut comparer l'OIF au *Commonwealth of Nations*, qui regroupe la plupart des anciennes colonies britanniques (une exception notable : les États-Unis). Une dizaine de pays bilingues ou multilingues sont membres à la fois du Commonwealth et de l'OIF, dont **le Canada et le Cameroun.** Il est évident que le passé colonialiste de la France et de la Grande-Bretagne constitue l'origine historique de ces deux organisations internationales. Pour de nombreux

Michaëlle Jean

Source : Frantz Vaillant / Wikimedia Commons / CC-BY-SA-4.0

critiques, comme il a été mentionné, la métaphore courante du « rayonnement » linguistique et culturel illustre le statut politique central de la France et celui, périphérique et subordonné, du reste du monde francophone. Selon ces critiques, le concept et les institutions de la Francophonie seraient donc essentiellement néocolonialistes.

Parmi les pays qui ne sont pas membres de l'OIF, mais où la présence francophone est visible, on trouve **l'Algérie, les États-Unis et Israël**. Les séquelles [*after-effects*] de la guerre d'indépendance algérienne (1954–1962) expliquent en partie pourquoi l'Algérie a choisi de rester en dehors de l'OIF, même si le français continue à être couramment utilisé. Aux États-Unis, certains états, en particulier la Louisiane et le Maine, ont des communautés francophones de longue date. Au niveau historique, la présence française est visible à travers les nombreux noms de lieux : Des Moines, Terre Haute, Détroit, la rivière Des Lacs, etc. En Israël, il y a près d'un million de francophones, en majorité originaires du Maghreb.

| L'OIF | TV5 Monde | RFI | Mondialisation |

POUR ALLER PLUS LOIN

1) Qu'est-ce qui différencie le monde francophone des mondes anglophone, hispanophone et lusophone ?

2) Avec 15 millions d'habitants, le Sénégal est un pays relativement moins peuplé, mais qui a une grande influence culturelle en Afrique et ailleurs. Faites des recherches sur les principaux romanciers et cinéastes de ce pays. À part le français, quelles langues utilisent-ils ?

3) Faites des recherches en ligne sur un pays africain francophone qui n'a pas été présenté dans ce chapitre (le Bénin, le Burkina Faso, le Gabon, le Niger, la République centrafricaine, etc.). Quelle est sa situation linguistique ?

4) À votre avis, le Québec devrait-il devenir un pays indépendant ? Pourquoi ou pourquoi pas ?

5) Faites des recherches en ligne sur la ville de Saguenay, située à 200 km au nord de la ville de Québec. Est-ce que vous aimeriez y étudier ou y vivre ? Pourquoi ou pourquoi pas ?

6) Faites des recherches en ligne sur le Parc des Champs-de-Bataille, qui inclut le site de la bataille des plaines d'Abraham (1759). Que pensez-vous de cette façon de commémorer cet événement crucial dans l'histoire du Québec ? Est-ce comparable au *Gettysburg National Military Park* ?

7) À votre avis, les pays francophones de l'Afrique subsaharienne devraient-ils choisir une ou des langue(s) locale(s) en tant que langue(s) officielle(s), à la place du français ? Quels seraient les avantages et les inconvénients d'un tel choix ?

8) La Suisse est membre de l'OIF, mais a toujours refusé de devenir un pays membre de l'UE. Pourquoi, à votre avis ?

9) Faites des recherches en ligne sur la devise du Québec : « Je me souviens ». Qu'est-ce qu'elle signifie ?

10) Que sont devenues la plupart des « anciennes colonies » qui sont restées françaises après la fin du premier empire colonial ?

QCM

1) Le français est une des langues officielles :

_____ du Luxembourg   _____ de la Belgique

_____ de la Suisse   _____ de tous les trois pays

2) Bruxelles, Genève et Montréal sont des villes :

_____ anglophones   _____ européennes

_____ maudites   _____ francophones

3) Les anciennes colonies belges en Afrique sont :

_____ néerlandophones   _____ francophones

_____ germanophones   _____ anglophones

4) Un de ces pays arabophones n'est pas membre de l'OIF :

_____ la Mauritanie   _____ l'Algérie

_____ la Tunisie   _____ le Maroc

5) Jusqu'à la Première Guerre mondiale, le Togo et le Cameroun étaient des colonies :

_____ françaises   _____ britanniques

_____ belges   _____ allemandes

6) Le malgache est une langue parlée :

____ au Maroc   ____ au Mali

____ à Madagascar   ____ à l'île Maurice

7) Les pays européens suivants ont durablement imposé leur langue à travers l'impérialisme colonial, sauf :

____ le Portugal   ____ l'Espagne

____ la Grande-Bretagne   ____ la Suisse

8) La seule province canadienne officiellement bilingue (anglais-français) est :

____ le Nouveau-Brunswick   ____ l'Ontario

____ la Nouvelle-Écosse   ____ le Québec

9) Tous ces pays ont fait partie de l'Indochine française, sauf :

____ le Vietnam   ____ la Thaïlande

____ le Laos   ____ le Cambodge

10) La fleur de lys est le symbole :

____ du Nouveau-Brunswick   ____ du Canada

____ du Québec   ____ de la République française

11) Le terme « Grand Dérangement » désigne la déportation des :

____ Acadiens   ____ Québécois

____ Martiniquais   ____ Haïtiens

12) La bataille des plaines d'Abraham a eu lieu pendant la guerre de :

____ Trente Ans   ____ d'Indépendance

____ Sept Ans   ____ Cent Ans

13) La Vallée d'Aoste est une région francophone de :

____ la Suisse   ____ l'Italie

____ l'Autriche   ____ l'Espagne

14) Bruxelles est le siège de :

____ la Commission européenne   ____ l'OIF

____ la Banque centrale européenne   ____ la Cour de justice de l'UE

15) Le fleuve Saint-Laurent traverse le territoire :

____ des États-Unis   ____ de l'Ontario

____ du Nouveau-Brunswick   ____ du Québec

16) La ville de Québec a été fondée par :

____ Jacques Cartier   ____ Samuel de Champlain

____ Jean Lesage   ____ René Lévesque

17) Lorsque deux langues existent en situation de complémentarité, chacune étant utilisée dans des contextes socioculturels différents, il s'agit :

____ de diversité linguistique   ____ d'une langue véhiculaire

____ d'une diglossie   ____ d'une langue officielle

18) Luxembourg est le siège de :

____ la Commission européenne   ____ l'OIF

____ la Banque centrale européenne   ____ la Cour de justice de l'UE

19) L'expression « quelques arpents de neige » vient de :

____ Michèle Lalonde   ____ Voltaire

____ Victor Hugo   ____ Charles de Gaulle

20) Lorsqu'une troisième langue permet l'intercommunication entre deux groupes linguistiques distincts, il s'agit :

____ de diversité linguistique   ____ d'une langue véhiculaire

____ d'une diglossie   ____ d'une langue officielle

9 La diversité religieuse, ethnique et culturelle

Ce chapitre a pour but de présenter les principales croyances [*beliefs*] religieuses, ainsi que l'absence de croyance, que l'on trouve en France. Nous verrons également l'importance de la laïcité dans la société française. Ensuite, nous examinerons les vagues d'immigration que la France a connues, et qui ont contribué à son niveau actuel de diversité ethnique et culturelle.

LE CONTEXTE HISTORIQUE

Pendant plusieurs siècles, la société française a été dominée par l'Église catholique, dont le **pouvoir politique et économique** dépassait de loin [*extended far beyond*] le domaine religieux. D'autre part, on trouve des **conflits religieux** tout au long de l'histoire de France : les Croisades (y compris la Croisade des Albigeois), les guerres de religion du seizième siècle, la Révocation de l'Édit de Nantes (1685), etc. Il est important de comprendre ces deux données historiques lorsqu'on aborde la situation religieuse dans la société française actuelle. Les habitants du Canada et des États-Unis, dont l'histoire n'est pas marquée par plusieurs guerres religieuses sanglantes, et qui n'ont pas connu (à l'exception partielle du Québec ; voir chapitre 8) la domination sociopolitique d'une religion unique avec une hiérarchie ecclésiastique toute-puissante, auront probablement des attitudes différentes de celles de la plupart des Français vis-à-vis de la place — et surtout du pouvoir — de la religion dans la société.

Jusqu'à la Révolution de 1789, le roi de France avait le titre de « Roi Très-Chrétien ». La France était la « fille aînée de l'Église ». L'alliance entre le roi et le pape, entre la Monarchie française et l'Église catholique, constituait le fondement de l'ordre social. Ce double pouvoir politique et religieux était appelé « **l'alliance du trône et de l'autel** » [*throne and altar*]. Cette longue association historique n'excluait pas les rivalités occasionnelles. Plusieurs rois ont cherché à obtenir plus d'autonomie interne ou de souveraineté à l'intérieur des frontières nationales, parfois en opposition aux papes ou à certains ordres religieux (les Jésuites, par exemple). Cependant, dans l'ensemble, le pouvoir politique de la Monarchie et le pouvoir social et culturel de l'Église étaient alliés en France (comme dans d'autres pays européens).

En tant que seule religion nationale, le catholicisme exerçait son influence dans tous les domaines de la vie sociale. De la naissance à la mort, en passant par le mariage et les rituels de la vie quotidienne, chaque individu était constamment en contact avec des représentants de l'Église catholique (prêtres, moines, religieuses). **L'autorité** de la hiérarchie ecclésiastique s'exerçait à plusieurs niveaux : les impôts (la dîme), la censure (un livre pouvait être mis à l'Index et brûlé en place publique, par exemple) ou les punitions corporelles (le blasphème était un péché punissable par arrachage de la langue). De façon pratique, l'Église avait le pouvoir de faire emprisonner, torturer et exécuter. L'Église était aussi une institution immensément riche, qui possédait une grande partie des **terres** du royaume de France.

La Révolution française a profondément transformé la société en renversant le double pouvoir monarchique et ecclésiastique. L'Église catholique a perdu ses privilèges et la plupart de ses biens ont été nationalisés. Les deux **minorités religieuses** de l'époque, les protestants et les juifs, ont obtenu l'égalité civile. Cependant, la grande majorité des Français restait catholique. Après avoir pris le pouvoir par un coup d'État militaire, Napoléon Bonaparte a établi en 1801 le **Concordat**, qui était un compromis entre la toute-puissance de l'Église catholique avant 1789 et la perte totale de son pouvoir après la Révolution. Sous le Concordat (ou le Régime concordataire), le catholicisme a été déclaré la « religion de la majorité des citoyens », mais la liberté religieuse a été préservée pour le protestantisme et le judaïsme. Napoléon avait pour objectif d'organiser les différents cultes [*denominations*] religieux selon un **modèle centralisé**, avec un contrôle partiel de l'État sur les hiérarchies religieuses. Pour le catholicisme, le gouvernement nommait les évêques [*bishops*], avec l'accord du pape. Les prêtres étaient rémunérés par l'État. En dépit des changements de régimes constitutionnels en France au cours du dix-neuvième siècle, le Concordat a duré jusqu'en 1905 (et il

Ernest Renan (1876)

Source : Art Institute of Chicago / Wikimedia Commons

est encore appliqué en Alsace-Moselle). N'ayant plus de pouvoir politique direct, le catholicisme, première religion de France, a néanmoins continué à influencer la société tout au long du dix-neuvième siècle.

Publié en 1863, la *Vie de Jésus* d'Ernest Renan (1823–1892) a connu un succès public exceptionnel — et a été âprement [*harshly*] critiqué par l'Église
catholique. Le livre de Renan avait en effet pour but d'examiner la vie de
Jésus comme celle de n'importe quel homme, de façon historique et non
théologique.

| Église | Protestants | Juifs | Renan |

Il existe en France une tradition anticléricale qui remonte au moins à Voltaire.
L'anticléricalisme ne s'oppose pas aux croyances religieuses mais au pouvoir politique d'une hiérarchie religieuse. Aux débuts de la IIIe République (1871–1940),
lorsque les partisans de la République s'opposaient encore à ceux qui voulaient
rétablir la Monarchie (et donc l'alliance du trône et de l'autel), le mouvement
anticlérical était particulièrement actif. Dans un discours à la Chambre des députés, le 4 mai 1877, le parlementaire Léon Gambetta a lancé la formule célèbre :
« Le cléricalisme, voilà l'ennemi ! » De nos jours, comme on le verra dans les
sections suivantes, cette tradition anticléricale s'exprime sous la forme d'un rejet
de l'intégrisme religieux et du communautarisme.

Comme nous l'avons vu au chapitre 2, sous la IIIe République, la loi de séparation des Églises et de l'État a établi la **laïcité**, qui est devenue un des principes les plus importants de la Constitution. À partir de 1905, la République
laïque ne favorise aucune religion spécifique et reconnaît officiellement la **liberté de conscience** de chaque individu (ce qui inclut la liberté de n'avoir aucune
croyance religieuse). Le principe constitutionnel de la laïcité, qui est beaucoup plus rigoureux que ce que l'on trouve de ce côté de l'Atlantique, est une
caractéristique distinctive de la société française. Une des sections suivantes est
consacrée à ce sujet.

Rappelons qu'en français il n'y a **pas de majuscules** pour les religions : le
bouddhisme, le christianisme, l'hindouisme, etc. Il n'y a pas de majuscule non
plus pour les langues, les devises ou les monnaies nationales, les mois, les
saisons et les jours de la semaine.

D'autre part, comme nous l'avons vu au chapitre 1, une **secte** religieuse, terme généralement péjoratif, correspond à *cult* en anglais. Se comporter de façon sectaire, c'est l'équivalent de *cult-like behavior*. Attention à l'usage de « **culte** » en français : ce terme, très respectable, correspond à *religion* ou *denomination* en anglais. En français, on parle du culte catholique, juif, musulman, etc. Un lieu de culte est une église, une synagogue, une mosquée, etc. Par contre, l'usage courant de *cult* en anglais — *a cult film* — est semblable en français : « un film culte ».

| Conscience | Sectaire | Cultes |

LES RELIGIONS EN FRANCE

Dès qu'on veut décrire la situation religieuse dans la France actuelle, on rencontre une difficulté : il n'y a **pas de statistiques** fiables sur les pratiques cultuelles (c'est-à-dire religieuses). Il est impossible de connaître de façon précise le pourcentage des Français qui sont catholiques ou musulmans ou sans religion. Alors que l'Insee (l'Institut national de la statistique et des études économiques) et l'Ined (l'Institut national d'études démographiques) fournissent des études détaillées sur de multiples aspects de la vie des Français, les données statistiques sur les croyances et les pratiques religieuses sont strictement prohibées. Les pourcentages que nous verrons dans cette section sont donc des **estimations** — peu précises — provenant de sondages [*polls*] ou d'études sociologiques.

La loi « Informatique et Libertés » interdit [*forbids / blocks*] formellement d'obtenir des statistiques démographiques de nature religieuse, ethnique ou « raciale » : « Il est interdit de collecter ou de traiter des données [*data*] à caractère personnel qui font apparaître, directement ou indirectement, les origines raciales ou ethniques, les **opinions politiques, philosophiques ou religieuses** ou l'appartenance syndicale des personnes, ou qui sont relatives à la santé ou à la vie sexuelle de celles-ci » (article 8 de la loi n° 78-17 du 6 janvier 1978 relative à l'informatique, aux fichiers et aux libertés). Le **recensement** [*census*] ne comporte donc aucune question à ce sujet, contrairement aux pratiques courantes au Canada et aux États-Unis (y compris dans le monde du travail). Le recensement ne tient compte que de la nationalité : les habitants du pays ont soit la nationalité française, soit une nationalité étrangère. En France, même les études sociologiques sont controversées si elles tentent d'établir des profils statistiques des Français en ce qui concerne leurs origines ethniques ou leurs pratiques religieuses (ainsi que leurs orientations sexuelles). Il faut obtenir une dérogation de la Commission nationale de l'informatique et des libertés (**CNIL**) pour pouvoir tenter d'évaluer ce genre de données statistiques, et uniquement pour un échantillon [*sample*] représentatif de la population. Quant aux données, elles doivent rester anonymes, pour qu'elles ne puissent pas servir à identifier des individus.

Comment expliquer cette prohibition par la loi de la collecte des statistiques religieuses ou ethniques ? Il y a évidemment la tradition républicaine, qui reconnaît les citoyens ou les individus plutôt que les communautés religieuses ou ethniques. Il faut également tenir compte des cas de **discrimination religieuse** qui ont eu lieu au cours de l'histoire de France, lorsqu'il était plus facile d'identifier les membres de chaque groupe religieux. Citons en particulier la rafle du Vél d'Hiv en 1942 (voir chapitre 3) : 13 000 juifs vivant à Paris et en banlieue ont été arrêtés par des policiers et des gendarmes français et enfermés au Vélodrome d'Hiver, avant d'être déportés vers les camps d'extermination nazis.

En dehors de la question des données statistiques relatives aux croyances religieuses, il y a aussi celle de la définition : faut-il parler d'identité ou de pratique religieuse ? Par exemple, on peut être de culture catholique, juive ou musulmane sans être pratiquant (ou en ne l'étant qu'en partie). On peut se considérer catholique, juif ou musulman sans se conformer à tous les préceptes ou commandements religieux. **L'origine** nationale ou ethnique est souvent perçue comme étant liée à **l'identité** religieuse — une perception qui peut souvent se révéler fausse. Par exemple, on peut être fier de ses origines marocaines tout en étant athée [*atheist*]. Après avoir examiné toutes les difficultés quantitatives et qualitatives, tentons à présent de fournir des estimations sur les différentes croyances et non-croyances en France.

Loi 1978

Recensement

CNIL

Pratique

Le **catholicisme** reste de loin la plus grande religion du pays. Environ 60 % des Français sont de tradition catholique. Cependant, le pourcentage de catholiques pratiquants est beaucoup plus faible : moins de 10 % vont à la messe régulièrement. Tous les autres indices de la pratique religieuse sont en baisse : le nombre de jeunes prêtres, de baptêmes, de sacrements du mariage, etc. Sauf pour les grandes dates du calendrier religieux (la messe de minuit, par exemple), la plupart des 45 000 églises de France sont à moitié vides. Dans les magnifiques cathédrales gothiques, on voit généralement plus de touristes que de fidèles [*faithful*]. Par contre, le sanctuaire de Lourdes (région Occitanie) reste un des plus grands lieux de pèlerinage catholique au monde.

L'islam est la deuxième religion en France, ce qui représente une évolution assez récente. En général, on estime qu'il y a environ cinq millions de Français musulmans, ce qui représente la plus grande communauté en Europe. Il semble que le pourcentage de musulmans pratiquants — un tiers — soit nettement plus élevé que celui des catholiques. La grande majorité des musulmans est sunnite (les chiites ne représentent que 3 à 4 %). Les musulmans sont majoritairement originaires du Maghreb (y compris les Harkis), mais viennent aussi de l'Afrique subsaharienne et de la Turquie. La plupart des musulmans sont nés en France, de première, deuxième ou même troisième génération. Il y a aussi environ 100 000 convertis.

Il y a environ 1,5 million de **protestants** en France, répartis en quatre grandes Églises : réformée, luthérienne, évangélique et pentecôtiste. Les évangéliques et pentecôtistes sont les plus récents, et sont souvent influencés par les Églises américaines. Une religion minoritaire opprimée jusqu'à la Révolution, le protestantisme est actuellement en expansion.

Le **judaïsme** représente environ 600 000 personnes en France. C'est la plus grande communauté juive en Europe (et la troisième au monde). Les juifs de France ont longtemps été majoritairement ashkénazes (c'est-à-dire originaires de l'Europe de l'Est). Depuis les années 1950 et 1960, la plupart des Français juifs sont sépharades (c'est-à-dire originaires de l'Afrique du Nord). Le nombre de juifs est actuellement en lent déclin, en grande partie à cause de l'assimilation.

Divisé en plusieurs traditions philosophiques, le **bouddhisme** est probablement la cinquième religion en France, avec peut-être 300 000 pratiquants. Parmi les autres religions minoritaires, on trouve le christianisme orthodoxe (grec, russe, serbe, ukrainien, etc.), le christianisme de « rite oriental » (arménien, assyrien, maronite, etc.), ainsi que l'hindouisme, le sikhisme, le jaïnisme, le bahaïsme, etc. Des religions autrefois inconnues en France ont récemment fait leur apparition :

le premier temple mormon a été inauguré en 2017 dans la Région parisienne, par exemple. Par contre, en France et dans d'autres pays européens, la scientologie est considérée comme une secte.

La « religion » qui se développe le plus en France, c'est probablement l'absence de religion. Les différentes formes d'agnosticisme, y compris l'athéisme, sont en progression constante. Les non-croyants ou « **sans religion** » (qui peuvent être de tradition ou de culture catholique, juive, musulmane, etc.) représentent environ 40 % de la population. De façon générale, beaucoup de Français sont indifférents vis-à-vis des croyances et des institutions religieuses. À moins qu'il y ait [*Unless there is*] un renouveau du catholicisme, la France est en train de devenir une société post-religieuse, avec une pluralité ou même une majorité de non-croyants, et plusieurs minorités religieuses, dont certaines sont toutefois en expansion (l'islam, le protestantisme, le bouddhisme).

Catholiques	Musulmans	Protestants	Juifs
Bouddhistes	Sikhs	Orthodoxes	Athées

LES DÉRIVES INTÉGRISTES

L'intégrisme (ou le fondamentalisme) est une forme extrémiste d'un courant religieux, qui refuse d'accepter les évolutions socioculturelles du monde moderne et exige une stricte adhérence aux croyances et aux pratiques les plus cruelles et les plus arriérées [*backward*], même quand elles sont en contradiction avec les connaissances scientifiques actuelles ou avec les normes morales les plus élémentaires. À l'origine utilisés pour décrire un courant ultra-traditionaliste de l'Église catholique, les termes « l'intégrisme / les intégristes » s'appliquent actuellement à tout mouvement idéologique, fondé sur le **dogmatisme religieux** et généralement violent, qui cherche à imposer sa loi et ses normes « sacrées » sur tous les membres de la société. Évidemment, l'intégrisme est en opposition totale aux principes modernes de **liberté de conscience** et de coexistence pacifique des différentes formes d'expression spirituelle. Le danger d'une dérive [*drift / downward slide*] intégriste se voit actuellement dans plusieurs religions : le christianisme (catholique, protestant et orthodoxe), l'hindouisme et le judaïsme. Cependant, en France comme au niveau international, le terrorisme djihadiste a rendu beaucoup plus visible l'intégrisme dans l'islam.

Il faut distinguer entre l'islam, qui est une religion, et l'islamisme, qui est une **idéologie politique** fondée sur l'intégrisme religieux :

- la religion : l'islam / islamique / musulman ;
- l'idéologie : l'islamisme / islamiste (on parle aussi de : le djihadisme / djihadiste).

De nombreux livres sont consacrés à l'idéologie islamiste. Celui qui en dépeint [*depicts*] la dimension mortifère [*deadly*] de la façon la plus saisissante est *2084, la fin du monde* (2015) du romancier algérien Boualem Sansal (la référence du titre au célèbre roman de George Orwell est évidente).

Au niveau mondial, l'islamisme se divise en plusieurs tendances et organisations, chacune affirmant qu'elle représente la seule vérité, la seule voie vers la pureté religieuse et donc sociétale (voir à ce sujet le chapitre 3 du livre de Hakim El Karoui). En France, le salafisme est le mouvement intégriste le plus connu. Ce mouvement se divise lui-même en branches quiétiste (centrée sur l'endoctrinement religieux) et djihadiste (qui cherche à justifier la violence). Dans tous les cas, l'intégrisme religieux est **obscurantiste** — c'est-à-dire opposé aux valeurs républicaines actuelles, qui sont en grande partie inspirées par la philosophie des Lumières du dix-huitième siècle. L'obscurantisme, qui est lié à une structure sociale patriarcale, est par essence xénophobe, sexiste et homophobe. L'intégrisme obscurantiste qualifie de « blasphème » ou d'« hérétique » toute forme de contre-discours [*countering argument*], même scientifique. Les intégristes les plus fanatiques ont pour objectif de répandre l'intolérance et la haine de l'Autre — de tous ceux qui n'adhèrent pas à leur stricte interprétation des dogmes religieux. Au mieux, l'intégrisme religieux favorise le communautarisme, la division de la société en groupes monolithiques et mutuellement hostiles. Au pire, il encourage la violence terroriste. En 2015 et 2016, la société française a été traumatisée et endeuillée [*left in mourning*] par une série d'attaques terroristes djihadistes, dont il sera question dans la dernière partie de ce livre.

> Attention au faux ami : le « **communautarisme** » n'a pas le même sens que « *communitarianism* ». En anglais, le terme renvoie à un courant philosophique qui valorise les liens entre les individus et leur communauté. En français, le terme désigne l'emprise ou la domination d'une communauté sur les individus. Le communautarisme s'oppose donc à toute forme d'universalisme. Ceux qui dénoncent le communautarisme craignent [*fear*] que la société se réduise à des groupes communautaires (religieux, ethniques ou linguistiques), chaque groupe étant fermé sur lui-même, ne laissant aucune liberté aux individus qui en font partie.

La dérive intégriste n'est pas une fatalité. Les règles de toute religion peuvent être interprétées de façon à être compatibles — ou opposées — aux valeurs et aux normes socioculturelles des sociétés démocratiques. Les textes sacrés, en particulier la Bible (hébraïque et grecque) et le Coran, se prêtent à [*lend themselves to*] des **lectures multiples**. Chaque religion peut évoluer en fonction du contexte historique et sociétal. Il reste à savoir si l'intégrisme deviendra le courant dominant parmi les croyants de certaines religions minoritaires — alors que la société française dans son ensemble se laïcise de plus en plus.

Une évolution encourageante : La **Grande Mosquée de Paris** a publié en mars 2017 une « Proclamation de l'islam en France ». Entre autres, cette proclamation en 25 points affirme que « l'égalité entre hommes et femmes s'impose », que le « refus de la science » est une lecture erronée de l'islam, et que « le fait religieux musulman dans la société française est compatible avec la laïcité » établie par la loi de 1905. On peut critiquer le fait que ce texte ne fait aucune mention de l'apostasie (le fait de renier sa religion), qui est punissable par la peine de mort dans plusieurs pays islamiques. La liberté individuelle de choisir sa religion — ou de n'avoir aucune croyance religieuse — fait partie des principes fondamentaux d'une société démocratique. La Grande Mosquée de Paris (5ᵉ arrondissement) a été construite après la Première Guerre mondiale, en hommage aux soldats musulmans (qu'on appelait souvent des « tirailleurs sénégalais ») qui avaient combattu pour la France. C'est le plus ancien et le plus prestigieux lieu de culte musulman (ou mosquée) en France métropolitaine.

Dogme	Obscurantisme	Communautarisme	Proclamation

L'IMPORTANCE DE LA LAÏCITÉ

Le « *secularism* » que l'on trouve de ce côté de l'Atlantique a pour principal objectif de protéger la **liberté religieuse**, c'est-à-dire d'empêcher qu'une seule religion puisse devenir prédominante. Par contre, la laïcité française s'est construite contre le pouvoir sociopolitique, établi de longue date, d'une hiérarchie religieuse — l'Église catholique. En France, le concept de la **liberté de conscience** a donc en grande partie été élaboré *contre* la religion, car cette religion était incarnée par une institution puissante, un pouvoir coercitif qui pouvait imposer des punitions sévères. Le pouvoir (plus matériel que spirituel) de l'Église ne pouvait donc être contré que par un État fort, n'ayant besoin d'aucune légitimité religieuse.

Aux chapitres 2 et 6, nous avons vu l'importance des **lois Ferry de 1881–1882** qui ont institué l'école gratuite, laïque et obligatoire. Le principe plus complet de la laïcité a été établi par la **loi du 9 décembre 1905** concernant la séparation des Églises et de l'État. L'article 1 de cette loi stipule que « La République assure la liberté de conscience. Elle garantit le libre exercice des cultes ». L'article 2 ajoute : « La République ne reconnaît, ne salarie ni ne subventionne aucun culte ». La loi n'a donc pas pour objectif de réprimer les diverses religions, mais de faire en sorte qu'elles fonctionnent indépendamment de l'État. Le rôle de l'État n'est donc plus de favoriser certains cultes religieux, mais de rester neutre, afin de pouvoir garantir la liberté dans le domaine des croyances et des pratiques religieuses (à l'exception des sectes, jugées liberticides). En effet, seul un État laïque peut protéger la liberté de conscience, qui inclut à la fois la liberté religieuse (le droit de pratiquer la religion de son choix) et la liberté de ne croire en aucune religion.

La loi de 1905 a donc éliminé les soutiens financiers que l'État apportait aux trois religions précédemment reconnues sous le Concordat napoléonien (le catholicisme, le protestantisme, le judaïsme). Les prêtres, pasteurs et rabbins ne sont plus assimilés aux fonctionnaires et ne sont plus rémunérés par l'État. Par contre, les édifices religieux construits avant 1905 sont devenus propriété publique. Depuis, c'est l'État (souvent en coordination avec les collectivités locales) qui restaure et rénove régulièrement les grandes églises et les cathédrales qui datent du Moyen Âge, pas parce que ce sont encore des lieux de culte, mais parce qu'elles font partie du **patrimoine** [*heritage*] historique et culturel de la France.

Une exception majeure au principe de la laïcité persiste toutefois en France métropolitaine : le régime concordataire de 1801 est encore appliqué **en Alsace et en Moselle**, parce qu'elles étaient sous occupation allemande lorsque la loi de 1905 a été votée. En 1919, lorsque ces trois départements (la Moselle et les deux départements alsaciens, le Haut-Rhin et le Bas-Rhin) sont officiellement redevenus français, les élus locaux ont demandé et obtenu que le Concordat de 1801 soit préservé. Jusqu'à nos jours, l'État continue donc à rémunérer les membres du clergé dans ces départements. Cette situation absurde s'applique également aux évêques de Strasbourg et de Metz : ils sont encore nommés (avec l'accord du pape) par le président de la République — qui est officiellement laïque. Comme il a été mentionné au chapitre 6, cette exception au principe de la laïcité est comparable à loi Debré de 1959, qui a institué le financement partiel de l'enseignement privé par l'État.

À l'exception notable de l'Alsace-Moselle, le principe de la laïcité est beaucoup plus rigoureux en France, par comparaison avec le « *secularism* » du Canada et des États-Unis (voir à ce sujet le chapitre 2 du livre de Caroline Fourest). On peut d'abord constater les différences au niveau des symboles. La Charte canadienne des droits et des libertés (qui constitue la première partie de la Loi constitutionnelle de 1982) affirme que « le Canada est fondé sur des principes qui reconnaissent la suprématie de Dieu et la primauté du droit ». Aux États-Unis, la devise officielle est depuis 1956 « *In God We Trust* » (après avoir longtemps été « *E pluribus unum* »). Les politiciens américains terminent généralement leurs discours par la formule : *God bless America!* Pour les politiciens français, la formule équivalente est : **Vive la République !** Quant aux textes constitutionnels de la République, ils n'incluent aucune référence à Dieu et se limitent à garantir la liberté de conscience.

Les **effets socioculturels** de la laïcité sont visibles au-delà du domaine des symboles. En général, les arguments d'ordre religieux sont moins présents lors des débats politiques en France. Par exemple, la légalisation de l'interruption volontaire de grossesse (l'IVG ou l'avortement) en 1975 n'a pas, comme aux États-Unis, mené à des affrontements constants motivés par le fanatisme religieux. En France, il n'y a pas de loi qui punit le blasphème, alors qu'une loi fédérale canadienne (l'article 296 du Code criminel) punit « d'un emprisonnement maximal de deux ans quiconque publie un libelle blasphématoire ». Au Canada, le concept juridique des « accommodements raisonnables » (qui étaient initialement prévus pour les personnes en situation de handicap) est appliqué aux minorités religieuses, dans le but d'éviter une forme de discrimination qui pourrait résulter de l'application stricte d'une loi. Ce concept juridique, qui correspond au multiculturalisme canadien, a mené à plusieurs débats, en particulier au Québec. En France, ce concept n'a pas été accepté dans le domaine religieux, parce qu'il est peu compatible avec le principe de la laïcité. Certaines lois françaises ont au contraire pour but de restreindre le port des signes religieux dans certains contextes.

Actuellement, il y a deux lois françaises relatives au port des **signes religieux « ostentatoires »**.

La loi sur les signes religieux dans les **écoles publiques** (2004) permet le port des signes religieux discrets. Par contre : « Dans les écoles, les collèges et les lycées publics, le port de signes ou tenues par lesquels les élèves manifestent ostensiblement une appartenance religieuse est interdit ». Le but de cette loi est de maintenir la neutralité de l'école en matière religieuse. Elle exclut donc le port de la croix chrétienne, du hidjab musulman, de la kippa juive ou d'autres signes religieux ostentatoires [*conspicuous*] à l'école (évidemment, ces signes religieux restent autorisés à l'extérieur de l'école).

La loi interdisant la **dissimulation du visage** dans l'espace public (2010) interdit le port de la burqa en public. Contrairement à la loi de 2004, la principale raison pour cette interdiction est sécuritaire. Il s'agit de permettre l'identification de toute personne en cas d'infraction à la loi.

Les différents types de « **voiles islamiques** » : le hidjab (qui couvre les cheveux mais laisse voir le visage) ; le niqab (qui cache tout le corps sauf les yeux) ; le tchador ou jilbab (qui cache tout le corps sauf le visage) ; la burqa (qui cache tout le corps et ne laisse qu'une grille au niveau des yeux).

Laïcité (1)

Laïcité (2)

Alsace-Moselle

Accommodements

L'IMMIGRATION ET LA DIVERSITÉ

Rappelons que par comparaison avec plusieurs autres pays européens, la France a connu relativement moins **d'émigration** au cours de son histoire (à l'exception de l'Algérie durant la période coloniale ; voir chapitre 3). Par contre, il y a eu plusieurs vagues **d'immigration** vers la France, en particulier après chaque guerre mondiale. Durant la plus grande partie du vingtième siècle, la France a eu un des taux d'immigration les plus élevés au monde. Le nombre d'étrangers vivant en France a souvent été élevé (par exemple, il y avait 7 % d'étrangers en France en 1931), mais la plupart d'entre eux ont éventuellement obtenu la nationalité française. Entre les deux guerres, comme nous l'avons vu au chapitre 2, les immigrés venaient surtout de l'Europe de l'Est et du Sud (voir à ce sujet le film de Jean Renoir, *Toni* [1935]). Après la Deuxième Guerre mondiale, les immigrés venaient majoritairement de l'Afrique du Nord et de l'Ouest. Comme au Canada et aux États-Unis, les immigrés (surtout la première génération) ont souvent fait les travaux les plus pénibles [*the toughest jobs*] et les plus mal payés.

La France se distingue du Canada et des États-Unis en ce qui concerne l'intégration des immigrés. Aux États-Unis, la tradition initiale du « *Melting Pot* » (le terme provient de la pièce de théâtre d'Israel Zangwill, 1908) a beaucoup évolué : on entend actuellement des métaphores telles que « *mosaic* » ou « *tossed salad* » pour décrire la diversité ethnique et culturelle de la société américaine. Au Canada, le **multiculturalisme** fait explicitement partie des principes constitutionnels. L'article 27 de la Charte canadienne des droits et des libertés précise que : « Toute interprétation de la présente charte doit concorder avec l'objectif de promouvoir le maintien et la valorisation du patrimoine multiculturel des Canadiens ».

Par contraste, la tradition française est celle de **l'assimilation**. Le « creuset républicain » a d'abord été conçu au dix-neuvième siècle pour intégrer les habitants de l'Hexagone (voir à ce sujet l'ouvrage d'Eugen Weber), qui parlaient le plus souvent des langues régionales (ou des « patois ») au lieu du français « standard ». Comme nous l'avons vu au chapitre 6, les effets intégrationnistes de ce creuset [*melting pot*] ont surtout été réalisés à travers l'école publique, où s'effectuait [*was accomplished*] l'enseignement de la langue et la littérature françaises. La même tradition assimilatrice a été étendue [*extended to*] aux immigrés, qui devaient acquérir la langue et la culture françaises pour être socialement acceptés et éventuellement naturalisés (c'est-à-dire obtenir la citoyenneté française). Une fois de plus, l'école publique jouait un rôle central, surtout pour la deuxième génération des immigrés. Contrairement aux formes de multiculturalisme qui dominent actuellement de ce côté de l'Atlantique, la société française a longtemps imposé aux immigrés un niveau plus élevé d'uniformisation linguistique et culturelle.

La tradition de l'assimilation, qui est liée à celle de la République laïque, fait l'objet de multiples débats de nos jours. On l'accuse d'imposer des normes socioculturelles qui sont irréalistes à une époque où les sociétés démocratiques connaissent un niveau croissant [*increasing*] de **diversité ethnique et religieuse**. La France va-t-elle se réorienter vers un multiculturalisme proche des modèles canadien et américain, voire vers le communautarisme ? Historiquement, la société française a d'abord connu les minorités religieuses : les protestants, les juifs, les musulmans, etc. Il y a eu ensuite l'émergence des « minorités visibles » (le terme est évidemment un euphémisme pour la couleur de la peau) : les Asiatiques, les Noirs, les Maghrébins (y compris le cas spécial des Harkis). Plus récemment, on parle souvent de minorités sexuelles, comme les gais et lesbiennes, que nous verrons au chapitre suivant. Comment un modèle assimilationniste pourrait-il continuer à fonctionner avec un tel niveau de diversité ?

La différence entre la tradition assimilatrice française et le multiculturalisme qui est devenu la norme de ce côté de l'Atlantique peut se constater au niveau de la **terminologie**. Pour caractériser les groupes ethniques, il n'y a pas d'équivalents en France aux termes « *Japanese Americans* » ou « *Italian Canadians* » ou « *African Americans* ». On parle plutôt de Français d'origine arménienne, congolaise, libanaise, portugaise, tunisienne, vietnamienne, etc. Ce qu'indique cette terminologie, c'est que l'origine nationale est beaucoup moins importante que le fait d'avoir choisi de devenir citoyen français, de s'être intégré à la société française. Notons à ce sujet qu'environ un quart de la population française a au moins un grand-parent immigré. Chaque année, environ 100 000 personnes d'origine étrangère deviennent des citoyens français. Quant aux diverses contributions des immigrés à la société française, on peut en trouver de nombreux exemples dans le volumineux *Dictionnaire* publié sous la direction de Pascal Ory.

La procédure d'acquisition de la nationalité française a varié historiquement entre le « **droit du sang** » (*jus sanguini* ou la nationalité par filiation) et le « **droit du sol** » (*jus soli* ou la nationalité par résidence). Dans le second cas, on parle d'un processus de naturalisation, qui exige [*requires*] généralement cinq années de résidence en France. On peut également obtenir la nationalité à travers le mariage avec une(e) Français(e).

Histoire

Immigration

Assimilation

Nationalité

Un peu plus de 200 000 « **titres de séjour** » [*residency permits*] sont délivrés chaque année en France. Parmi les immigrés, la plus grande catégorie est l'immigration familiale (les personnes qui ont déjà un membre de leur famille vivant en France). La deuxième catégorie est l'immigration économique (les personnes ayant trouvé du travail en France). Toujours au sujet des personnes d'origine étrangère vivant en France, il faut tenir compte des réfugiés, des demandeurs d'asile politique (environ 85 000 en 2016) et des immigrés clandestins (ou « sans-papiers » — peut-être 300 000 personnes au total). La France est par ailleurs un des pays avec le plus grand nombre d'étudiants étrangers (environ 300 000) au monde. Un nombre variable de personnes dans chacune de ces catégories obtient éventuellement la **nationalité française**.

Il est utile d'examiner quelques **documents officiels** qui sont liés à la procédure d'acquisition de la nationalité française : la charte des droits et devoirs du citoyen français ; le livret du citoyen ; la vidéo « Devenir français ».

Charte	Livret	Vidéo

Nous avons déjà mentionné le fait que la loi « Informatique et Libertés » de 1978 interdit de collecter des données sur les origines ethniques des personnes vivant en France (en particulier à travers le recensement). Tout comme pour les religions, on ne peut donc pas connaître de façon précise les pourcentages des diverses origines ethniques des Français récemment naturalisés, ni des habitants de la France en général. D'autre part, l'origine nationale (qui est plus facile à évaluer) des immigrés n'est pas toujours équivalente aux **sentiments d'identité ethnique** ou à la **situation linguistique** des individus. Par exemple, des Français d'origine algérienne peuvent être arabophones. Mais ils peuvent aussi être ethniquement des Berbères ou Amazighs, dont la langue est le tamazight. Il y a aussi les Harkis, qu'il faut distinguer pour des raisons politiques et historiques. Cette diversité ethnique, linguistique et identitaire à l'intérieur d'une seule origine nationale ne tient d'ailleurs pas compte des pieds-noirs et des juifs (déjà citoyens français) qui ont été obligés de quitter l'Algérie en 1962 (voir chapitre 3). Un autre exemple : beaucoup de Français d'origine chinoise ne sont pas venus de Chine, mais des pays issus de l'ancienne Indochine française (le Cambodge, le Laos et le Vietnam), où une diaspora chinoise était installée depuis longtemps. Une fois de plus, la nationalité d'origine des immigrés ne correspond pas nécessairement à l'origine ethnique ou linguistique.

En dépit de toutes ces **difficultés quantitatives et qualitatives**, essayons, comme on l'a fait pour les religions, de donner une idée générale de la diversité ethnique qui caractérise la société française actuelle. On estime qu'il y a environ 600 000 personnes d'origine chinoise vivant en France. Le même chiffre approximatif peut probablement s'appliquer aux personnes d'origine portugaise et à celles d'origine arménienne. Si on passe au niveau d'environ 500 000 personnes, on trouve les Français d'origine polonaise, ainsi que les Roms (ou Tziganes ou *Romani*). Les descendants des Harkis représentent probablement un nombre comparable. Parmi les nationalités et les groupes ethniques moins nombreux, dont la période de forte immigration est habituellement plus ancienne, il y a les Espagnols, les Italiens, les Russes, etc. Mentionnons en passant qu'environ 35 000 Américains et 20 000 Canadiens sont installés en France.

On utilise parfois le terme « **diaspora** » pour décrire certaines communautés françaises d'origine étrangère. Ainsi, les diasporas vietnamienne, cambodgienne et laotienne représentent environ 600 000 personnes au total. La diaspora turque, quant à elle, représente environ 700 000 personnes. La diaspora maghrébine, qui regroupe l'Algérie, le Maroc et la Tunisie, est la plus grande, avec respectivement 2,5 millions, 1,6 million et 700 000 personnes. La diaspora de l'Afrique subsaharienne, pour sa part, représente environ 1,4 million de personnes.

Certains termes idiomatiques ou argotiques (mais non péjoratifs) sont couramment utilisés :

- les « **Beurs** » pour des Français d'origine maghrébine
- les « **Blacks** » pour des Français d'origine africaine subsaharienne

Il reste à savoir si ces termes, qui sont surtout utilisés par les jeunes, dureront. « Beur » vient du verlan (une forme d'argot que nous verrons au chapitre 12) et « Black » reflète l'influence américaine.

| Séjour | Diasporas | Chinois | Arméniens |

La diversité ethnique, religieuse et linguistique est encore plus grande à travers la **France d'outre-mer**, où une cinquantaine de langues sont parlées : des créoles (guadeloupéen, guyanais, martiniquais, réunionnais), ainsi que des langues amérindiennes, kanakes, polynésiennes, etc. Comme il a été mentionné au chapitre 4, Mayotte, le 101ᵉ et le plus récent département français, est le seul département dont la population est majoritairement musulmane. En dehors du français, on y parle le mahorais et le kibouchi. Il y a un taux élevé d'immigration vers certains départements d'outre-mer. Ainsi, la Guyane, le plus grand département français par sa superficie, mais avec seulement 250 000 habitants, connaît une immigration importante venant des pays limitrophes [*bordering*] : le Brésil et le Suriname. On y parle plusieurs langues amérindiennes (l'arawak, le karib, etc.). Depuis les années 1970, une petite communauté de réfugiés Hmong vit en Guyane (il y a environ 20 000 Hmong en France métropolitaine). Les langues polynésiennes (le tahitien, le marquisien, etc.) sont parlées en Polynésie française et à Wallis-et-Futuna. En Nouvelle-Calédonie, en dehors du français, ce sont les langues kanakes qui dominent.

Le Canada et les États-Unis se conçoivent, avec raison, comme des pays relativement « jeunes », façonnés par les vagues d'immigration successives. La diversité ethnique et religieuse, ainsi que le bilinguisme pour le Canada, font depuis longtemps partie intégrante de leurs modèles sociétaux. Comme on a

Azouz Begag (2007)

Source : Ji-Elle / Wikimedia Commons

pu le constater tout au long de ce chapitre, le niveau de diversité est également très élevé en France. Cependant, la France se conçoit comme un **« vieux » pays**, une société plus anciennement établie, en dépit des nombreux bouleversements révolutionnaires et constitutionnels des deux derniers siècles. Cette différence de perspective explique en partie la préférence française pour l'assimilation socioculturelle des immigrés, par opposition au multiculturalisme qu'on trouve de ce côté de l'Atlantique, qui permet et même encourage un certain niveau de communautarisme.

Dans presque tous les pays, les immigrés rencontrent un niveau variable de **discrimination** sociale, y compris dans le monde du travail. Chaque pays démocratique tente à sa façon de lutter contre la discrimination, la xénophobie et le racisme, qui freinent l'intégration socioéconomique des immigrés. Ce qu'on appelle « *affirmative action* » aux États-Unis et « *employment equity* » au Canada est parfois appelé la « discrimination positive » en France. Cependant, il n'y a pas de programme de discrimination positive, puisqu'il n'existe pas de statistiques ethniques et religieuses (voir à ce sujet le chapitre 5 de l'ouvrage de Pap Ndiaye). Dans le monde du travail, le terme équivalent à « *equal opportunity* » est : l'égalité des chances. Comme on l'a vu au chapitre 7, le « CV anonyme » n'a pas été adopté, en dépit d'une loi sur l'égalité des chances qui date de mars 2006. Notons que les lois contre l'incitation à la haine raciale ou religieuse sont très strictes en France.

Le romancier et sociologue **Azouz Begag** a été nommé ministre délégué à la Promotion de l'égalité des chances (2005–2007), alors que Jacques Chirac était président de la République. Cette reconnaissance officielle de la nécessité de lutter contre la discrimination en matière de logement et de travail n'a malheureusement pas été suivie au niveau gouvernemental.

Guyane	Polynésie	Discrimination	Begag

En France, de nombreux problèmes sociaux sont liés à une **politique du logement** mal conduite au cours des années 1950 et 1960. Cette politique avait pour objectif (réussi) d'éliminer les bidonvilles [*shantytowns*], en particulier dans la Région parisienne (voir à ce sujet l'étude détaillée de Marie-Claude Blanc-Chaléard). Face à la forte augmentation de la population, due au « baby-boom » et à l'immigration, les gouvernements successifs ont construit dans les banlieues des « grands ensembles », des cités souvent constituées de barres d'HLM (habitations à loyer modéré ou « *low-income housing block* »). Si ces logements étaient relativement modernes à l'époque, il n'y avait ni commerces ni équipements sociaux : c'étaient des « cités-dortoirs » situées dans les périphéries urbaines. Progressivement, ces quartiers [*neighborhoods*] de banlieue ont été occupés par des immigrés récemment arrivés en France, qui cherchaient généralement des logements moins chers. Cette situation a abouti à une **marginalisation** physique et sociale. Les immigrés et leurs descendants ont ainsi été relégués à des logements vieillissants, dans des quartiers relativement isolés. La montée du chômage depuis la fin des Trente Glorieuses a renforcé l'exclusion sociale des plus pauvres, parmi lesquels se trouve un pour-centage élevé d'immigrés. Dans plusieurs quartiers, le chômage et l'exclusion ont mené à des révoltes urbaines (des émeutes [*riots*], des voitures incendiées, etc.). Plus récemment, la radicalisation islamiste s'est propagée parmi un certain nombre de jeunes issus de la deuxième ou troisième génération née en France (alors que l'idéologie islamiste était au départ très rare parmi les immigrés). Il reste beaucoup à faire pour réduire ce que certains ont appelé la « fracture sociale », un mélange de chômage, de discrimination et d'exclusion sociale qui sépare une partie des descen-dants des immigrés du reste de la société française.

Quelques films à noter :

Mathieu Kassovitz : *Métisse* (1993) ; *La Haine* (1995)

Merzak Allouache : *Salut cousin !* (1996) ; *Chouchou* (2003)

Malik Chibane : *Douce France* (1995) ; *Voisins voisines* (2004)

Yamina Benguigui : *Inch'Allah dimanche* (2001)

Rachid Bouchareb : *Indigènes* (2006) ; *Hors-la-loi* (2010)

Julien Rambaldi : *Bienvenue à Marly-Gomont* (2016)

Houda Benyamina : *Divines* (2016)

Olivier Babinet : *Swagger* (2016)

Quelques romans à noter :

Begag, Azouz. *Le gone du Chaâba*. Seuil, 1986.

Bouraoui, Nina. *La Voyeuse interdite*. Gallimard, 1991.

Cherfi, Magyd. *Ma part de Gaulois*. Actes Sud, 2016.

Djavann, Chahdortt. *Comment peut-on être français ?* Flammarion, 2006.

Guène, Faïza. *Kiffe kiffe demain*. Hachette, 2004.

Kerchouche, Dalila. *Leïla, avoir dix-sept ans dans un camp de Harkis*. Seuil, 2007.

Logement social

Exclusion

Salut cousin !

POUR ALLER PLUS LOIN

1) Est-ce que le gouvernement français a raison ou tort d'interdire la collecte de statistiques religieuses et ethniques ? Justifiez votre choix.

2) Napoléon a établi le Concordat en 1801 parce qu'il pensait que la reconnaissance par l'État d'une religion majoritaire (le catholicisme) servirait à maintenir l'ordre social en France. Qu'en pensez-vous ? Est-ce que chaque pays devrait reconnaître et favoriser une religion majoritaire ?

3) Trouvez en ligne la chanson (et les paroles) de Georges Moustaki, « Joseph » (1968). Considérez en particulier : « Pourquoi a-t-il fallu, Joseph / Que ton enfant, cet innocent / Ait eu ces étranges idées / Qui ont tant fait pleurer Marie ». Cette chanson a-t-elle créé un scandale à sa sortie ? Est-ce qu'il en aurait été de même au dix-huitième siècle ? Pourquoi ?

4) Faites des recherches en ligne sur le chevalier de la Barre et la famille Calas, deux cas de persécution religieuse au dix-huitième siècle que Voltaire a rendus célèbres. Qu'est-ce que ces deux cas ont en commun ? Est-ce qu'on peut les comparer à des événements plus récents ?

5) En quoi est-ce que la liberté de conscience se distingue de la liberté religieuse ?

6) Pourquoi le communautarisme a-t-il généralement une mauvaise réputation en France ?

7) Faites des recherches en ligne sur la situation religieuse en Alsace-Moselle. Pourquoi les habitants de ces départements préfèrent-ils conserver le régime concordataire de 1801 ?

8) Est-ce que vous pensez que le blasphème devrait être illégal ? Si oui, quelle est la punition appropriée pour les blasphémateurs ?

9) Faites des recherches en ligne sur la ville de Lourdes (région Occitanie). Le sanctuaire de Lourdes est un centre de pèlerinage catholique depuis la deuxième moitié du dix-neuvième siècle. Connaissez-vous d'autres lieux où il y a de telles manifestations massives de piété ?

10) Faites des recherches en ligne sur le « 9-3 » : le département de la Seine-Saint-Denis (région Île-de-France), où vit un pourcentage élevé d'immigrés. Quelles sont les différences socioculturelles entre ce département et la ville limitrophe de Paris ?

11) La société française devrait-elle renoncer à sa tradition assimilatrice et évoluer vers un niveau de multiculturalisme, voire de communautarisme, plus élevé ? Expliquez les raisons de votre choix.

12) Comparez les deux documents suivants. Sur le plan religieux, quels sont les mots-clés qui les différencient ?

In Congress, July 4, 1776. The unanimous declaration of the thirteen United States of America.

When in the Course of human Events, it becomes necessary for one People to dissolve the Political Bands which have connected them with another, and to assume among the Powers of the Earth, the separate and equal Station to which the Laws of Nature and of Nature's God entitle them, a decent Respect to the Opinions of Mankind requires that they should declare the causes which impel them to the Separation.

We hold these Truths to be self-evident, that all Men are created equal, that they are endowed by their Creator with certain unalienable Rights, that among these are Life, Liberty, and the Pursuit of Happiness.

La Constitution du 4 octobre 1958 (la Ve République)

Préambule – Le peuple français proclame solennellement son attachement aux Droits de l'homme et aux principes de la souveraineté nationale tels qu'ils ont été définis par la Déclaration de 1789, confirmée et complétée par le préambule de la Constitution de 1946, ainsi qu'aux droits et devoirs définis dans la Charte de l'environnement de 2004.

Article premier – La France est une République indivisible, laïque, démocratique et sociale. Elle assure l'égalité devant la loi de tous les citoyens sans distinction d'origine, de race ou de religion. Elle respecte toutes les croyances. Son organisation est décentralisée.

Minitest

1) En partie à cause de la tradition de la laïcité en France, la légalisation de _____ en 1975 (la « loi Veil ») n'a pas, comme aux États-Unis, mené à des affrontements constants.

2) Avant la Révolution, la France était « _____ de l'Église ».

3) La deuxième religion en France, c'est _____.

4) Le principe de la laïcité en France est en partie une conséquence de la longue série de conflits _____ au cours de son histoire.

5) Les « Beurs » sont la deuxième (ou troisième) génération de Français d'origine _____.

6) On peut acquérir la nationalité française par le droit du _____ ou du _____.

7) Il y a en France une tradition républicaine anticléricale, qui s'exprime de nos jours sous la forme d'un rejet des différents _____ religieux.

8) Dans les années 1960, la _____ a marqué le renouveau politique et culturel du Québec.

9) Contrairement aux pays de l'Afrique occidentale et centrale, Madagascar est caractérisé par la présence d'une _____ locale dominante.

10) En 1977, la loi 101 a instauré la _____ du français au Québec dans tous les secteurs, y compris l'affichage public.

11) Le Nouveau-Brunswick est la seule province canadienne qui soit officiellement _____.

12) Grâce à la Révolution française, les protestants et les juifs ont obtenu _____.

13) Le christianisme, l'hindouisme, l'islam, le judaïsme, etc. sont tous des _____ religieux.

14) La loi de 1905 sur la séparation des Églises et de l'État a remplacé _____ napoléonien de 1801.

15) Contrairement au multiculturalisme qui caractérise les sociétés américaine et canadienne, la société française a traditionnellement imposé aux immigrés un niveau plus élevé _____.

16) _____ s'oppose au pouvoir politique d'une hiérarchie religieuse.

17) L'obscurantisme représente le contraire des valeurs humanistes et universalistes _____.

18) Les édifices religieux construits avant 1905 sont rénovés et restaurés par _____.

19) Le « _____ républicain » a un sens semblable à celui du « *Melting Pot* ».

bilingue

communautarismes

congolaise

creuset

cultes

d'assimilation

d'obscurantisme

des Lumières

dirigisme

du Moyen Âge

familiaux

francophone

individualismes

l'alliance du trône et de
  l'autel

l'anticléricalisme

l'égalité civile

l'Église

l'Empire

l'ennemie

l'État

l'expulsion

l'hindouisme

l'islam

l'IVG (l'avortement)

la fille aînée

la peine de mort

langue

le Concordat

maghrébine

plus fort

primauté

religieux

religion

Révolution industrielle

Révolution tranquille

sang

sectes

sol

subordination

travail

10 Les droits des femmes et des minorités sexuelles

Dans ce chapitre, nous présenterons l'histoire et l'état actuel du féminisme et des droits des femmes en France. Nous examinerons également la situation des minorités sexuelles.

UN APERÇU HISTORIQUE

Une des façons de constater le niveau de **développement socioculturel** d'un pays, c'est d'examiner dans quelle mesure les femmes participent pleinement à la vie politique, économique et sociale, dans quelle mesure elles ne sont pas limitées à des rôles traditionnels d'épouses et de mères, et dans quelle mesure il y a un réel niveau d'égalité entre les femmes et les hommes. Dans ce domaine, on peut dire que la France a longtemps été en retard par rapport à d'autres pays démocratiques, mais qu'il y a eu des progrès significatifs depuis les dernières décennies du vingtième siècle. La première section de ce chapitre est consacrée à la période qui va jusqu'à la Seconde Guerre mondiale.

Le terme « féminisme » a pris son sens actuel durant la deuxième moitié du dix-neuvième siècle, lorsque ce qu'on appelle de nos jours la « première vague » des mouvements et des revendications féministes s'est développée. Cependant, la question de l'égalité des femmes et des hommes est bien plus ancienne. Nous allons commencer par la **Révolution de 1789**, à laquelle de nombreuses femmes ont participé, mais qui n'a pas mené à des progrès pour les Françaises. Un des documents les plus importants produits par la Révolution est la *Déclaration des droits de l'homme et du citoyen* (1789), à laquelle se réfère la Constitution de la Ve République. La *Déclaration* constitue un progrès notable par comparaison avec les inégalités institutionnalisées du régime monarchique. Dès le premier article, on peut constater l'influence des philosophes des Lumières : « Les hommes naissent et demeurent libres et égaux en droits ». Le deuxième article établit les « droits naturels et imprescriptibles de l'homme. Ces droits sont la liberté, la propriété, la sûreté et la résistance à l'oppression ».

Les lecteurs attentifs auront remarqué l'importance de « l'homme / les hommes » dans la *Déclaration* de 1789. Au dix-huitième siècle et longtemps après, il semblait normal de considérer que ces termes étaient équivalents au « genre humain » [*human race*], ce qui est renforcé par la structure de la langue française, dans laquelle le masculin a une valeur à la fois neutre et prédominante. Cet usage se voit encore dans le terme « **les droits de l'homme** », alors qu'en anglais on parle de « *human rights* ». À notre époque, il est plus difficile d'accepter que des documents fondateurs de l'ordre sociopolitique ne fassent aucune mention des droits des femmes. Par comparaison, le premier article de la Constitution de la Ve République précise que : « La loi favorise l'égal accès des femmes et des hommes aux mandats électoraux et fonctions électives, ainsi qu'aux responsabilités professionnelles et sociales ».

Même au dix-huitième siècle, pendant la période révolutionnaire (qui a duré, rappelons-le, de 1789 à 1799), des voix se sont élevées pour critiquer le fait que les femmes n'avaient pas le droit de vote et qu'elles n'étaient pas représentées à la toute nouvelle Assemblée nationale, dont tous les membres étaient évidemment des hommes. En 1791, l'écrivaine **Olympe de Gouges** (1748–1793) a publié une *Déclaration des droits de la femme et de la citoyenne*, qui est en grande partie un pastiche de la *Déclaration des droits de l'homme et du citoyen* de 1789. L'inclusion de « la femme / les femmes » dans la *Déclaration* d'Olympe de Gouges fait ressortir [*brings out / highlights*] ce qui manquait [*what was missing*] dans celle de 1789. Ainsi, le premier article de la *Déclaration* de 1791 affirme que : « La femme naît libre et demeure égale à l'homme en droits ». Le deuxième article établit les « droits naturels et imprescriptibles de la femme et de l'homme ». De nos jours, le texte d'Olympe de Gouges est considéré comme un document d'une importance fondamentale pour l'histoire du féminisme français, tout comme *A Vindication of the Rights of Woman* (1792) de Mary Wollstonecraft pour la Grande-Bretagne.

Malheureusement, la *Déclaration* de 1791 n'a eu pratiquement aucune influence durant et après la période révolutionnaire. On peut en dire autant de l'essai de Nicolas de **Condorcet** (1743–1794), *Sur l'admission des femmes au droit* *de cité*, publié en 1790, qui préconisait d'accorder le droit de vote aux femmes. Dans l'ensemble, il y a eu des progrès fondamentalement importants durant la période révolutionnaire : la fin des privilèges aristocratiques, l'égalité civile pour les protestants et les juifs, l'abolition de l'esclavage, etc. Par contre, la Révolution n'a rien fait pour l'égalité entre les femmes et les hommes. Comme on le verra, il y aura d'autres occasions historiques ratées dans ce domaine. Notons en passant que ces deux auteurs, Gouges et Condorcet, étaient des révolutionnaires modérés qui ont tous deux été arrêtés et condamnés pendant la Terreur de 1793–1794 (la période radicale de la Révolution). Olympe de Gouges a été guillotinée et Condorcet est mort en prison.

La période révolutionnaire a été suivie par la période napoléonienne, qui a souvent été mentionnée dans ce manuel. Comme on l'a vu au chapitre 4, la création des codes (civil, pénal, etc.) modernes a commencé durant cette période. Mais ces codes juridiques n'ont fait qu'accentuer l'infériorité légale et politique des femmes en France. En particulier, le **Code civil napoléonien** (1804) a officiellement mis les femmes dans une situation d'incapacité juridique qui était comparable, de fait, à celle des mineurs. Sur le plan légal, une femme passait de l'autorité de son père à celui de son mari, qui était le chef de la famille. L'article 213 précisait que : « Le mari doit protection à sa femme, la femme obéissance à son mari ». Une femme mariée n'avait par ailleurs aucune autonomie économique, puisqu'elle ne pouvait ni travailler ni signer un contrat sans l'autorisation de son mari. En dehors de la famille, les femmes n'avaient aucun droit politique et étaient exclues des lycées et des universités. Évidemment, toutes ces dispositions légales ont progressivement disparu et le Code civil a été complètement transformé. Par exemple, en 1970, la « puissance paternelle » a été remplacée par « l'autorité parentale ». Comme on le verra ci-dessous, d'autres modifications ont été apportées au Code civil à la suite de l'institution du Pacs (Pacte civil de solidarité, 1999) et du mariage pour tous (la « loi Taubira » de 2013). Cependant, cet aperçu juridique de la situation au début du dix-neuvième siècle indique que les Françaises ont eu un long chemin à parcourir pour obtenir l'égalité des droits.

Droits

Déclaration

Condorcet

Code

La situation a commencé à évoluer au cours de la seconde moitié du dix-neuvième siècle, avec le développement progressif de la « première vague » féministe. Plusieurs mouvements et associations ont été créés, avec des objectifs qui divergeaient souvent. Certains mouvements insistaient sur la nécessité d'obtenir le droit de vote. D'autres cherchaient d'abord à faire progresser la situation des femmes à travers l'accès à l'éducation, l'autonomie économique, la réforme des lois sur le divorce, etc. De fait, les premières avancées ont été dans les domaines de l'éducation et du travail. En 1861, par exemple, **Julie-Victoire Daubié** (1824–1874) est devenue la première femme à obtenir le baccalauréat. En 1906, **Madeleine Pelletier** (1874–1939) est devenue la première femme médecin diplômée en psychiatrie. Quant à **Jeanne Chauvin** (1862–1926), la première Française à soutenir son doctorat en Droit en 1892, elle devra attendre jusqu'en 1900 pour devenir pleinement avocate. Une nouvelle loi était en effet nécessaire pour permettre aux femmes de plaider au barreau [*argue before a court of law*]. Au dix-neuvième siècle, ce n'était pas facile pour une femme d'obtenir une bonne éducation, et donc la possibilité d'une carrière et d'une autonomie économique. En dehors des difficultés matérielles, il fallait compter avec la réprobation sociale : une femme bien éduquée était souvent perçue comme un « bas-bleu » [*bluestocking*] qui avait renié sa féminité.

Au chapitre 2, nous avons présenté la journaliste **Marguerite Durand** (1864–1936), qui a fondé le premier journal quotidien entièrement dirigé par des femmes (*La Fronde*), ainsi que la militante anarchiste **Louise Michel** (1830–1905), qui a joué un rôle important durant la Commune. Voyons à présent les activités d'autres femmes notables de la première vague féministe (pour de plus amples renseignements sur la plupart des femmes citées dans ce chapitre, voir le *Dictionnaire des féministes* publié sous la direction de Christine Bard).

Maria Deraismes (1828–1894) a participé à plusieurs associations féministes, dont « L'Association pour le droit des femmes » en 1870. Elle a également participé à l'organisation du premier Congrès international du droit des femmes, qui s'est tenu à Paris en 1878. D'autres congrès se tiendront à intervalles irréguliers dans différentes villes européennes jusqu'en 1921.

Hubertine Auclert (1848–1914) a fondé en 1876 « Le droit des femmes » (qui deviendra en 1883 « Le suffrage des femmes »), une association dont le principal objectif était d'obtenir le droit de vote pour les femmes. Auclert semble avoir été la première militante française à revendiquer le terme « féministe ».

Maria Vérone (1874–1938) est devenue avocate en 1908, une profession qui n'était accessible aux femmes, rappelons-le, que depuis 1900. Elle était présidente de la « Ligue française pour le droit des femmes » de 1919 jusqu'à sa mort. En tant que militante, elle avait un slogan mémorable : « La femme paie l'impôt, la femme doit voter ».

Jeanne Schmahl (1846–1915) a fondé l'Union française pour le suffrage des femmes (l'UFSF) en 1909. **Cécile Brunschvicg** (1877–1946) a dirigé l'UFSF pendant plus d'une vingtaine d'années, de 1924 à sa mort. En 1936, Brunschvicg a participé (avec deux autres femmes, Suzanne Lacore et Irène Joliot-Curie) au gouvernement du Front populaire, dont le premier ministre était le socialiste Léon Blum. Brunschvicg était sous-secrétaire d'État à l'Éducation nationale. C'était la première fois que des femmes étaient membres d'un gouvernement français. Ironie amère, les femmes n'avaient toujours pas le droit de vote.

Les féministes de la première vague étaient le plus souvent des libres-penseuses [*freethinkers*] et donc de tradition anticléricale. Les diverses associations qu'elles ont fondées et dirigées avaient **peu d'adhérents** et n'ont généralement pas duré longtemps. Le féminisme, tendance minoritaire, n'était **pas un mouvement de masse** dans une société encore largement rurale et socialement conservatrice. Comme de ce côté de l'Atlantique, les femmes qui revendiquaient le droit de vote étaient appelées des « suffragettes ». Notons que les revendications féministes, dont celle du droit de vote, ne faisaient pas nécessairement l'unanimité parmi les femmes, même après la Première Guerre mondiale. Par exemple, **Marthe Borély** (1880–1955), qui était liée à l'extrême-droite littéraire, a mis en avant son « contreféminisme » afin de lutter contre les mouvements qui voulaient obtenir le droit de vote. En 1922, Borély a écrit aux membres du Sénat pour leur demander de ne pas adopter une proposition de loi qui aurait institué le suffrage féminin.

Dans le domaine littéraire, deux femmes du milieu et de la fin du dix-neuvième siècle sont à noter. En tant qu'écrivaine, Aurore Dudevant a pris un nom de plume masculin : **George Sand** (1804–1876). Pour sa part, **Colette** (1873–1954) a retenu son nom de famille pour nom de plume. Ces deux romancières prolifiques ont choisi, chacune à sa façon, de mener des vies indépendantes et, pour leurs époques, scandaleuses. Le développement de leurs carrières littéraires illustre ce que la romancière britannique Virginia Woolf considérait comme essentiel pour une femme de lettres : « *a woman must have money and a room of her own if she is to write fiction* » (*A Room of One's Own*, 1929).

Chauvin

Auclert

Brunschvicg

Sand / Colette

George Sand

Le Code civil de 1804 reflétait le niveau de misogynie de Napoléon Bonaparte, mais aussi le fait que la société française était dans l'ensemble très conservatrice en ce qui concerne les rôles sociaux traditionnels des femmes et des hommes. Les divers bouleversements révolutionnaires du dix-neuvième siècle (voir chapitre 2) n'ont rien changé dans ce domaine, à l'exception partielle — et sans lendemain — de la Commune en 1871. Au vingtième siècle, il y a eu deux **occasions historiques ratées** en ce qui concerne le droit de vote des femmes : la période juste après la Première Guerre mondiale, ainsi que le Front populaire en 1936. Puisque les femmes avaient tant contribué à l'effort de guerre par leur travail, une proposition de loi instituant le suffrage féminin a été adoptée par la Chambre des députés (de nos jours : l'Assemblée nationale), mais elle a été rejetée par le Sénat en 1922. Quant au Front populaire, cette alliance des partis de gauche est connue pour avoir institué les premiers congés payés (voir chapitres 2 et 11), mais elle n'a réalisé que peu de progrès en ce qui concerne les droits des femmes. Il est vrai, comme il a été mentionné dans la section précédente, que le gouvernement de Léon Blum a, pour la première fois, inclus des femmes. Comme on l'a vu au chapitre 3, les Françaises ont dû attendre jusqu'en 1945 pour obtenir le droit de vote, alors que les Canadiennes l'avaient déjà obtenu en 1918 au niveau fédéral et les Américaines en 1920.

LA CONTRACEPTION ET L'AVORTEMENT

L'après-Première Guerre mondiale, au lieu de produire des avancées dans le domaine des droits politiques, a vu un recul notable en ce qui concerne les choix sexuels et reproductifs des femmes. En 1920, une loi a interdit l'avortement, ainsi que toute forme d'éducation sur les méthodes anticonceptionnelles. La contraception, assimilée à l'avortement, était de fait interdite. L'article 3 de la loi punissait de prison et d'amendes quiconque [*whoever*] « se sera livré à la propagande anticonceptionnelle ou contre la natalité ». Cette loi avait clairement un objectif démographique et reflétait une **obsession nataliste** au niveau national, dont nous reparlerons au chapitre 11. Après l'hécatombe [*slaughter*] de la Grande Guerre, le gouvernement français cherchait tout simplement à augmenter le nombre des naissances dans le pays, en ne laissant aucun choix aux femmes en âge d'avoir des enfants. Évidemment, les femmes, qui subissaient les effets de cette loi répressive, n'avaient aucune représentation politique à l'époque.

Sous le **régime de Vichy** (1940–1944), la politique répressive envers les femmes s'est encore aggravée. En 1942, l'avortement est devenu un « crime contre la sûreté de l'État », punissable par la peine de mort. Une femme (Marie-Louise Giraud) a été guillotinée à Paris en 1943 pour avoir pratiqué des avortements (voir à ce sujet le film tourné en 1988 par Claude Chabrol, *Une affaire de femmes*). Il faut noter que le régime de Vichy maniait à la fois « la carotte et le bâton » (les incitations financières et les lois répressives) dans le but de stimuler la croissance de la population. Sa politique nataliste incluait donc des aides financières aux familles nombreuses, ainsi qu'une campagne de propagande pour promouvoir ce qu'on appelle aujourd'hui la « fête des Mères » (une « journée des Mères » avait été créée, sans grand succès, en 1926). Les femmes étaient officiellement encouragées à quitter le monde du travail, à rester des « femmes au foyer » [*housewives / homemakers*] et à faire des enfants. Après la **Libération**, la loi de 1942 a été abrogée, mais les aides financières aux familles nombreuses — de nos jours, les allocations familiales — ont été développées et augmentées. La natalité a donc été une préoccupation gouvernementale tout au long du vingtième siècle.

| Interdiction | Vichy | Guillotinée | Chabrol |

LES FEMMES ET LE FÉMINISME

Cette section est consacrée à la période qui va de l'après-Seconde Guerre mondiale à nos jours. Les Françaises ont voté pour la première fois en 1945, pendant le Gouvernement provisoire (1944–1946) dirigé par Charles de Gaulle. Dans d'autres domaines, cependant, il y avait plus de continuité que de changement. L'avortement et la contraception restaient interdits (en ce qui concerne la contraception, les choix étaient de toute façon limités, jusqu'à la mise au point de la pilule anticonceptionnelle en 1955). La création de la Sécurité sociale et des allocations familiales par le Gouvernement provisoire a encouragé une croissance rapide de la population. Le « baby-boom » français a duré environ une vingtaine d'années après la fin de la guerre. Nous verrons au chapitre 11 les questions liées à la maternité et aux enfants, en particulier les allocations familiales et le congé maternité.

Ce n'est que durant les années 1960 que d'autres revendications féministes, au-delà du simple droit de vote, ont commencé à obtenir satisfaction. Les femmes mariées ont obtenu le droit d'exercer une profession et d'ouvrir un compte en banque sans l'autorisation de leur mari en 1965, avec la loi sur la réforme des régimes matrimoniaux. L'orientation patriarcale et les mesures misogynes mises en place par le Code civil de 1804 commençaient donc à disparaître. En 1967, une étape décisive a été franchie, avec l'autorisation de la **pilule contraceptive** par la « loi Neuwirth » relative à la régulation des naissances (Lucien Neuwirth était un député gaulliste du département de la Loire). Cependant, la contraception orale n'a été remboursée par la Sécurité sociale (comme les autres produits pharmaceutiques) qu'à partir de 1974.

La question des choix sexuels et reproductifs est devenue centrale aux luttes des femmes au cours des années 1960 et 1970 (voir à ce sujet l'ouvrage de Xavière Gauthier). Alors que la première vague féministe avait longtemps fait face à une société conservatrice et à des lois rigides, la deuxième vague a obtenu des résultats significatifs assez rapidement, ce qui illustre les profondes transformations socioculturelles en France des années 1960 aux années 1980 (voir chapitre 3). Notons que des renouvellements successifs du militantisme se sont produits lors des première, deuxième et troisième vagues du féminisme. La chronologie de ces vagues ne correspond pas nécessairement à celles qui ont eu lieu de ce côté de l'Atlantique. On considère généralement que la deuxième vague a commencé avec le renouveau du militantisme politique suscité par Mai 68. Le terme **MLF** (Mouvement de libération des femmes) est devenu courant durant les années 1970 (pour plus de détails sur la deuxième vague, voir l'ouvrage de Françoise Picq).

En 1949, **Simone de Beauvoir** (1908–1986) a publié *Le Deuxième Sexe*. Une phrase de ce long essai est devenue particulièrement célèbre : « On ne naît pas femme, on le devient ». Dans le chapitre intitulé « La mère », l'auteure préconise la légalisation de la contraception et de l'avortement. Le livre de Beauvoir est devenu une référence intellectuelle centrale pour la « deuxième vague » du féminisme. Rappelons que Beauvoir était agrégée de philosophie (voir chapitre 6).

Compte bancaire	Loi Neuwirth	Deuxième vague	Beauvoir

Après l'autorisation de la pilule contraceptive en 1967, la question de l'avortement était au centre des revendications féministes. Un des slogans célèbres de cette période affirme que « le privé (ou le personnel) est politique » : les rapports de pouvoir sont également présents dans le domaine de l'intime, de la vie personnelle. Le droit individuel le plus fondamental, c'est de prendre ses propres [*to make one's own*] décisions sur son propre corps. Il fallait donc que le gouvernement cesse de tenter de contrôler les corps des femmes à travers des lois répressives. Pour rendre cette répression visible, de nombreuses féministes en ont publiquement présenté les conséquences sur leur vie privée. Le 5 avril 1971, le magazine *Le Nouvel Observateur* a publié le « Manifeste des 343 » : un appel en faveur de **l'avortement libre** rédigé par Simone de Beauvoir. Du point de vue légal, les 343 signataires de ce texte étaient des criminelles, parce qu'elles avaient toutes eu un avortement, clandestin en France ou légal dans un autre pays (beaucoup de Françaises se rendaient aux Pays-Bas, où l'avortement était légal). Il faut préciser que jusqu'à la fin des années 1960, en l'absence de contraception légale et fiable [*reliable*], l'avortement clandestin ou à l'étranger était un moyen de contrôle des naissances largement pratiqué : environ un million par an. Les avortements clandestins, pratiqués illégalement par ce qu'on appelait des « faiseuses d'anges », étaient notoirement dangereux pour les femmes. Par comparaison, le nombre d'IVG est d'environ 200 000 par an de nos jours, en raison de l'accès gratuit à la contraception et d'une meilleure éducation sexuelle dans les écoles publiques.

> Le Mouvement français pour le Planning familial a été créé en 1960. **Simone Iff** (1924–2014), qui était présidente du Planning familial de 1973 à 1981, et qui était à l'origine du « Manifeste des 343 », a produit un des slogans les plus célèbres de l'histoire des luttes féministes : « Un enfant si je veux quand je veux ».

Manifeste (1)	Manifeste (2)	Avant 1975	Simone Iff

En novembre 1974, **Simone Veil** (1927–2017), ministre de la Santé, lorsque Valéry Giscard d'Estaing (libéral ou centre-droit) était président de la République, a présenté son projet de loi autorisant l'interruption volontaire de grossesse (l'IVG ou l'avortement) devant l'Assemblée nationale. La « loi Veil » a été promulguée en janvier 1975. L'aboutissement de plusieurs décennies de luttes féministes, la loi Veil a fait l'objet de multiples polémiques au moment de son adoption, avant de devenir progressivement consensuelle, sauf à l'extrême-droite politique. Simone Veil, qui appartenait à la droite modérée, a été largement critiquée à cause de cette loi par sa propre famille politique, ce qui ne l'a pas empêchée de devenir plus tard une des personnalités politiques les plus admirées des Français. En 1982, la loi Veil a été complétée lorsque **Yvette Roudy** (PS), ministre des Droits de la femme, a fait inscrire dans la loi le remboursement de l'IVG par la Sécurité sociale, au même titre que d'autres interventions médicales.

D'autres mesures ont suivi la légalisation de l'IVG. En 1988, le RU-486 (ou la « pilule du lendemain ») a été autorisé, ce qui a éliminé la nécessité, dans de nombreux cas, de recourir à [*resort to*] l'IVG. En 1993, une loi a interdit « l'entrave à l'IVG » — c'est-à-dire le fait de tenter d'empêcher, par harcèlement ou par la force, les femmes d'obtenir une IVG. En 2001, la loi Veil de 1975 a été **partiellement réformée**, à la demande de plusieurs organisations féministes. La réforme

Simone Veil

Source : ActuaLitté / Flickr / CC-BY-2.0

a fait passer le délai légal de recours à l'avortement de dix à douze semaines de grossesse [*pregnancy*]. La nouvelle loi a également permis aux mineures d'obtenir des produits contraceptifs sans l'autorisation de leurs parents.

Durant les « Trente Glorieuses » — la période de forte croissance économique qui a suivi la Seconde Guerre mondiale — on peut dire que les progrès les plus significatifs pour les droits des femmes ont été : le droit de voter (et d'être élue) en 1944 ; le droit d'exercer une profession et d'ouvrir un compte en banque sans l'autorisation de son mari en 1965 ; la légalisation de la pilule contraceptive en 1967 ; la légalisation de l'IVG en 1975. Notons que toutes ces mesures légales ont été obtenues sous des gouvernements de droite (gaulliste ou libéral). Ces progrès ont été poursuivis et étendus sous des gouvernements de gauche à partir de 1981 (l'élection du socialiste François Mitterrand à la présidence de la République). Cependant, il faut noter, en particulier en ce qui concerne l'IVG, que les principaux partis politiques de droite en France ne se sont pas toujours opposés aux progrès dans le domaine des droits des femmes, ce qui les différencie de la droite américaine actuelle. En général, les partis politiques français suivent, souvent avec un certain retard, les évolutions socioculturelles du pays, qui finissent par être reflétées au niveau des lois. Comme on l'a vu au chapitre 4, ces changements juridiques et institutionnels passent par le Parlement et le gouvernement, alors qu'aux États-Unis la Cour suprême joue un plus grand rôle (le cas *Roe v. Wade*, par exemple).

Benoîte Groult (1920–2016) a écrit de nombreux livres, dont le plus connu est *Ainsi soit-elle* (1975). Voici un extrait d'un de ses articles (*Le Monde*, 10 avril 2007), où elle résume son expérience personnelle en ce qui concerne le manque d'égalité entre les hommes et les femmes : « C'est parce que je suis née de sexe féminin que je n'ai été autorisée à voter qu'à 24 ans, en 1944. C'est parce que je suis née de sexe féminin que je n'ai pas eu le droit de rentrer à Polytechnique ou à l'Académie française (avant d'être une vieille dame), ni d'ouvrir un compte en banque sans l'autorisation d'un père ou d'un mari. C'est parce que je suis née de sexe féminin que j'ai publié mon premier livre sous le nom de mon mari, Paul Guimard, par modestie ou autodépréciation. »

Simone Veil	Yvette Roudy	Loi Veil	Benoîte Groult

En dehors des lois successives, les questions liées aux droits des femmes ont été intégrées, à des degrés divers et avec des niveaux de sincérité variables, aux équipes gouvernementales : par exemple, Françoise Giroud a été nommée secrétaire d'État à la Condition féminine (1974–1976) pendant la présidence de Valéry Giscard d'Estaing, et Yvette Roudy a été nommée ministre des Droits de la femme (1981–1986) pendant la présidence de François Mitterrand. Plus généralement, le **monde politique français** a été jusqu'à récemment largement dominé par les hommes, au Parlement comme dans les gouvernements successifs. Une seule femme a été première ministre : Édith Cresson (PS) en 1991–1992, pendant la présidence de Mitterrand. Deux femmes sont arrivées au second tour d'une élection présidentielle : Ségolène Royal (PS) en 2007 et Marine Le Pen (FN) en 2017. Christine Lagarde a été la première femme à occuper les postes de ministre de l'Économie, de 2007 à 2011, puis de directrice générale du Fonds monétaire international (FMI), depuis 2011. Comme on l'a vu au chapitre 4, depuis les élections législatives de juin 2017, environ 38 % des membres de l'Assemblée nationale sont des femmes, ce qui représente le plus haut niveau jamais atteint en France. D'autre part, le gouvernement a un nombre égal d'hommes et de femmes. Parmi les autres signes encourageants, Anne Hidalgo (PS) est maire de Paris depuis 2014.

Dans le **monde du travail**, le tableau est semblable : une longue tradition d'exclusion des femmes des postes de responsabilité, avec quelques signes encourageants d'évolutions récentes. En France, comme on l'a vu au chapitre 7, les femmes représentent 48 % de la population active. Comme dans d'autres pays développés, les inégalités professionnelles et salariales persistent entre les femmes et les hommes. Une évolution positive : au niveau universitaire, comme on l'a vu au chapitre 6, les étudiantes sont désormais majoritaires. Cependant, selon l'Insee, le nombre d'entreprises créées ou dirigées par des femmes se limite à environ 30 %. D'autre part, les femmes restent très minoritaires parmi les cadres supérieurs [*upper-level management*] et dans les conseils d'administration [*board of directors*] des grandes entreprises françaises. Laurence Parisot a été la première femme à diriger le MEDEF, la principale organisation patronale française, de 2005 à 2013. Nicole Notat a été la première femme à diriger une confédération syndicale en France (la CFDT), de 1992 à 2002.

Au niveau théorique, on considère qu'il y a deux grandes tendances ou courants du féminisme : différentialiste et universaliste. Le courant **différentialiste** (ou essentialiste), qui est associé à Antoinette Fouque (voir ci-dessous), insiste sur les spécificités de la condition et des compétences féminines, et sur la nécessité de reconnaître un certain niveau de complémentarité entre les rôles sociaux des femmes et des hommes. Le courant **universaliste**, qui est associé à Simone de Beauvoir, insiste sur le fait que les inégalités sociales entre les hommes et les femmes sont d'origine culturelle, et peuvent donc être progressivement éliminées à travers une lutte contre les préjugés et les pratiques hérités du patriarcat. Une tendance plus récente est d'origine américaine : l'intersectionnalité, qui cherche à intégrer les luttes contre le sexisme à celles contre le racisme ou l'homophobie.

Terminons cette section par un aperçu de quelques personnalités et mouvements des deuxième et troisième vagues du féminisme. Comme on l'a mentionné ci-dessus, le Mouvement de libération des femmes (MLF) est devenu un terme courant durant les années 1970. Ce terme en quelque sorte générique s'appliquait à l'origine à plusieurs organisations féministes, jusqu'à ce que le groupe « Psychanalyse et politique » (ou « Psych et Po ») dirigé par **Antoinette Fouque** (1936–2014), se l'approprie légalement en 1979 — ce qui a créé une polémique parmi les militantes féministes. Notons que Fouque était également une des fondatrices des Éditions des femmes. Parmi les autres mouvements actifs durant cette période, il y a le Planning familial (déjà mentionné), qui existe encore, et le MLAC (Mouvement pour la liberté de l'avortement et de la contraception), qui a été plus éphémère. Fondé en 1973, le MLAC a été dissous en 1975, après que l'objectif principal du mouvement a été atteint avec le vote de la loi Veil. Parmi les nombreuses **associations féministes** plus récentes, on trouve Osez le féminisme !, Les Chiennes de garde, Du côté des femmes, Ni putes ni soumises, ainsi que les Femen, d'origine ukrainienne, qui font partie de la troisième vague (bien que certains parlent déjà d'une quatrième vague du féminisme). Mentionnons en passant que les divers mouvements de lutte pour les droits des femmes, qui font partie du secteur associatif à but non lucratif, constituent un exemple des « associations loi de 1901 » (voir chapitre 2) qui sont consacrées à la défense d'une cause sociopolitique.

Le mot français « genre » ne correspond généralement pas au mot anglais « *gender* » (sauf dans un sens grammatical). Comme nous l'avons vu au chapitre 1, « le genre humain » se traduit par « *the human race* ». Quant à « *gender equality* », ce terme se traduit par « l'égalité des sexes ». Par contre, les termes plus récents « *gender theory / gender studies* » sont traduits par « la théorie du genre » et « les études de genre », des anglicismes partiels (comme « genré » pour « *gendered* ») qui font actuellement l'objet de plusieurs polémiques en France.

Femmes politiques	Inégalités	Courants	Associations

Quelques films à noter :

Germaine Dulac : *La Souriante Madame Beudet* (1922)

Nelly Kaplan : *La Fiancée du pirate* (1969)

Agnès Varda : *L'une chante, l'autre pas* (1976)

Chantal Akerman : *Jeanne Dielman* (1976)

Coline Serreau : *Trois hommes et un couffin* (1985) ; *Chaos* (2001)

Tonie Marshall : *Vénus Beauté (Institut)* (1999)

Céline Sciamma : *Bandes de filles* (2014)

LES MINORITÉS SEXUELLES

Les termes « minorités sexuelles » et « minorités de genre » sont relativement récents, tout comme le sigle LGBTQIA, qui représente : lesbienne, gai, bisexuel, transgenre (ou transsexuel), queer, intersexe, asexuel. Notons qu'en France le sigle **LGBT** est plus couramment utilisé. On peut discerner certains parallèles entre les luttes pour l'égalité entre les femmes et les hommes et les luttes pour les droits de tous ceux qui ne correspondent pas au modèle social traditionnel de « l'hétéronormativité » (un autre terme relativement récent). Dans les deux cas, une longue période de répression et de marginalisation sociale a été suivie par des évolutions socioculturelles allant dans le sens de la tolérance et de l'inclusion, puis par des progrès relativement rapides au niveau des lois. Pour simplifier, le succès de la Marche des fiertés (ou « *gay pride* ») a mené au mariage pour tous.

Comme c'est souvent le cas en France, il est d'abord utile d'examiner la production littéraire pour éclairer les développements sociopolitiques ultérieurs. Au début du vingtième siècle, **André Gide** (1869–1951) et **Marcel Proust** (1871–1922) ont été les premiers grands auteurs français à représenter, franchement et directement, l'homosexualité dans leurs œuvres littéraires (par opposition aux techniques allusives de Balzac avec le personnage de Vautrin ou, aux États-Unis, de Herman Melville dans *Moby Dick*). Des livres comme *Corydon* (1924) de Gide, et le quatrième volume du cycle romanesque *À la recherche du temps perdu*, *Sodome et Gomorrhe* (1922), de Proust n'ont pas valu à leurs auteurs [*did not produce for their authors*] le sort tragique de l'écrivain britannique Oscar Wilde (1854–1900), qui avait été condamné à deux ans de travaux forcés en raison de son homosexualité. Au contraire, Gide a connu une longue carrière littéraire, récompensée par le prix Nobel en 1947. Quant à la monumentale *Recherche* de Proust, c'est probablement le roman le plus influent du vingtième siècle. Proust a par ailleurs obtenu le prix Goncourt en 1919 (voir chapitre 12). On peut aussi mentionner des auteures moins connues, telle que Renée Vivien (1877–1909), qui évoquait clairement ses amours lesbiennes dans sa poésie. Il était donc possible, à une époque qui était beaucoup plus socialement conservatrice que la nôtre, que des écrivains français décrivent ouvertement l'amour homosexuel, alors que ce sujet était encore tabou ou prohibé dans beaucoup d'autres pays.

Évidemment, ce qui était possible ou toléré dans le milieu littéraire parisien ne s'appliquait pas nécessairement au reste de la société française. L'homosexualité a longtemps été perçue comme une déviation sociale, une maladie mentale ou un acte « contre nature » (un terme utilisé dans le texte d'une loi datant du régime de Vichy). En 1982, lorsque François Mitterrand (PS) était président de la République, cette loi discriminatoire a été abolie, ce qui représentait une étape importante vers l'égalité juridique. Contrairement à ce qui avait été le cas pour les droits des femmes, les gouvernements de droite n'ont rien fait pour faire progresser les droits des homosexuels. Les autres progrès juridiques et constitutionnels ont été accomplis sous des gouvernements de gauche : le Pacs (Pacte civil de solidarité) en 1999 et la loi sur le mariage pour tous (ou « loi Taubira ») en 2013.

En France, il n'y a pas eu d'événement central ou fondateur pour le mouvement LGBT, comme cela avait été le cas aux États-Unis avec les émeutes [*riots*] de Stonewall en 1969 à New York. Cependant, tout comme **Mai 68** a eu un effet d'entraînement pour le militantisme politique de la deuxième vague féministe au début des années 1970, des mouvements de défense des droits des homosexuels sont apparus à peu près à la même période (voir à ce sujet l'ouvrage de Massimo Prearo). Le Front homosexuel d'action révolutionnaire (FHAR) a été fondé en 1971 par des intellectuels militants comme Guy Hocquenghem (1946–1988), qui était le premier écrivain de cette époque à faire son « *coming out* » dans la presse (au Québec, on dirait sa « sortie de placard »). Très engagé à l'extrême-gauche politique, le FHAR n'a duré que jusqu'en 1974, mais d'autres mouvements ont suivi, comme les Groupes de libération homosexuelle des années 1970 et 1980. *Le Gai Pied*, un magazine destiné aux homosexuels, a été publié de 1979 à 1992. Son titre a été suggéré par le philosophe Michel Foucault (1926–1984) qui est devenu très influent en France et peut-être encore plus de ce côté de l'Atlantique. Notons en passant que Foucault est associé aux institutions les plus prestigieuses du système universitaire français : l'École normale supérieure de Paris, l'agrégation de philosophie et le Collège de France (voir chapitre 6). Depuis 1995, *Têtu* est le magazine gay le plus connu en France. Avec l'épidémie du sida [*AIDS*] à partir des années 1980, le mouvement LGBT a connu une période dramatique. Une nouvelle association militante, Act Up-Paris, a été créée en 1989 pour soutenir les personnes séropositives [*HIV-positive*] et pour lutter contre le sida.

LGBT

Littérature

Foucault

Act Up-Paris

La première **Marche des fiertés** (ou « *gay pride* ») en France a eu lieu en 1971. Le mouvement s'est développé durant les années 1980, puis a connu des hauts et des bas avant de devenir consensuel à partir de 1999, l'année du Pacs. Initialement marginalisée, la Marche des fiertés, en tant qu'événement festif, a progressivement été l'objet d'une large couverture médiatique et a vu la participation de plusieurs personnalités politiques (dont Bertrand Delanoë). L'évolution de la Marche des fiertés reflète celle du mouvement LGBT en général, qui est devenu beaucoup moins radical (ou « révolutionnaire ») et plus intégrationniste [*mainstream*]. Au départ un mouvement de « libération gaie » dans la lignée des idéaux utopiques de Mai 68, le mouvement LGBT s'est graduellement recentré sur la question de l'égalité des droits.

> Comme on l'a vu dans la section précédente, Anne Hidalgo (PS) est maire de Paris depuis 2014. Elle a succédé à **Bertrand Delanoë**, qui avait été maire de 2001 à 2014. Delanoë (PS), qui avait fait son *coming out* en 1998, était le premier maire ouvertement homosexuel d'une grande ville française.

| Marche (1) | Marche (2) | Droits | Delanoë |

Le Pacte civil de solidarité (Pacs) a été institué en 1999, sous un gouvernement de cohabitation (voir chapitre 4), alors que Jacques Chirac (gaulliste) était président de la République et **Lionel Jospin** (PS) était premier ministre. Dans l'ensemble, la droite politique s'est opposée à cette loi, qui est pourtant devenue très rapidement populaire. Le Pacs permet une union civile (en dehors du mariage) entre deux personnes, de même sexe ou de sexe opposé. C'était donc un **compromis** entre le mariage pour tous et le mariage réservé aux hétérosexuels. En 1999, le Pacs constituait un progrès : la France était en avance par rapport à d'autres pays européens en ce qui concerne les droits LGBT. La nouvelle formule a eu du succès auprès des Français, quelle que soit [*whatever may be*] leur orientation sexuelle. Il est devenu socialement acceptable (et même à la mode) d'être « **pacsé** », à tel point [*to such an extent*] que le nombre annuel de Pacs tend à se rapprocher de celui des mariages (nous reverrons cette question au prochain chapitre). Cependant, d'autres pays européens ont par la suite permis aux homosexuels de se marier, tout simplement : les Pays-Bas, la Belgique, l'Espagne, etc. Il a fallu attendre l'année 2013 pour que ce soit de même en France.

Christiane Taubira (1952–), députée de la Guyane, est devenue ministre de la Justice (ou garde des Sceaux) après l'élection de François Hollande (PS) à la présidence de la République en 2012. Durant la campagne électorale, Hollande avait annoncé son intention d'étendre le droit au mariage aux couples de même sexe. Sur ce sujet, il a tenu parole : la loi sur le **mariage pour tous** a été adoptée l'année suivante. Conformément à l'usage, elle est nommée après la ministre qui a préparé le projet de loi. La loi Taubira constitue un progrès d'une importance fondamentale pour les droits LGBT et pour le principe de l'égalité en France. On peut la comparer à la loi Veil de 1975 pour les luttes féministes.

Il faut préciser que la loi Taubira n'a pas été acceptée facilement, ni au parlement ni dans la rue. Un collectif d'associations, la « **manif pour tous** », s'est opposé à la loi et au principe de l'égalité des droits vis-à-vis du mariage. L'homophobie était clairement affichée durant les manifestations [*demonstrations*] qui ont eu lieu en même temps que les débats parlementaires. Le collectif, soutenu par des partis de droite et des organisations religieuses (surtout catholiques), a réuni plusieurs centaines de milliers de manifestants, même si les sondages [*polls*] d'opinion indiquaient que les Français étaient majoritairement favorables à la loi sur le mariage pour tous. Parmi les manifestants, il y

Christiane Taubira

avait un nombre étonnamment élevé de jeunes. Il reste à savoir si ces manifestations constituent un des signes avant-coureurs [*forerunner*] d'un renouveau du catholicisme traditionaliste, voire obscurantiste, en France (cette question sera abordée dans la dernière section de ce livre). Signalons au passage qu'il existe des associations LGBT confessionnelles ou religieuses : Beit Haverim, Communion Béthanie, David et Jonathan, Homosexuels musulmans de France, etc.

Il est clair que la loi sur le mariage pour tous n'a pas mis fin à toutes les discriminations anti-LGBT, ni aux préjugés et aux stéréotypes homophobes qui persistent à travers la société française. Dans le domaine des droits LGBT, la procréation médicalement assistée (**PMA**), qui est actuellement limitée aux couples hétérosexuels, est le principal sujet des débats actuels en France. D'autres pays européens autorisent la PMA pour les couples de femmes. Il s'agit donc de savoir quand la loi française fera de même. D'autre part, depuis quelques années les Français commencent à découvrir les questions liées aux personnes **transgenres** (un terme qui semble actuellement remplacer « transsexuel ») et **intersexes**. Le 4 mai 2017, la Cour de cassation (la cour d'appel de dernier ressort ; voir chapitre 4) a refusé la demande d'une personne intersexe d'inscrire « sexe neutre » sur son état civil (c'est-à-dire ses documents d'identité). Par comparaison, l'Allemagne a légalement reconnu un troisième sexe ou genre en 2013. De nouveaux sujets de société, autrefois tabous ou tout simplement incompris, émergent donc dans les débats publics en France et ailleurs.

Quelques films à noter :

Josiane Balasko : *Gazon maudit* (1995)

Patrice Chéreau : *Ceux qui m'aiment prendront le train* (1998)

Francis Veber : *Le Placard* (2001)

Olivier Ducastel et Jacques Martineau : *Ma vraie vie à Rouen* (2002)

François Ozon : *Le Temps qui reste* (2005)

Céline Sciamma : *Naissance des pieuvres* (2007)

Abdellatif Kechiche : *La Vie d'Adèle* (2013)

Robin Campillo : *120 battements par minute* (2017)

Pacs	Loi Taubira	Transgenres	Intersexes

POUR ALLER PLUS LOIN

1) Trouvez en ligne les textes de la *Déclaration des droits de l'homme et du citoyen* de 1789 et de la *Déclaration des droits de la femme et de la citoyenne* d'Olympe de Gouges. De quelles façons est-ce que ces deux textes se ressemblent et se différencient ?

2) Pour quelle(s) raison(s) est-ce que l'avortement a été interdit en 1920 ?

3) La situation juridique des femmes sous le Code civil napoléonien a souvent été comparée à celle des mineurs. Pourquoi ?

4) Comparez le slogan de Maria Vérone (1874–1938) — « La femme paie l'impôt, la femme doit voter » — et celui de Simone Iff (1924–2014) : « Un enfant si je veux quand je veux ». De quelle(s) façon(s) est-ce que ces deux slogans résument deux grandes périodes des luttes féministes ?

5) En 1970, le Code civil a été réformé, de sorte que la « puissance paternelle » a été remplacée par « l'autorité parentale ». Pourquoi est-ce important ?

6) Faites des recherches en ligne sur le Pacs et le mariage en France. Quelles sont les différences entre les deux ?

7) Faites des recherches en ligne sur Simone Veil. À sa mort en 2017, le président Macron a annoncé qu'elle serait honorée au Panthéon. Pourquoi, à votre avis ?

8) Est-ce que vous pensez qu'il faudrait que chaque gouvernement ait une ministre des Droits de la femme ? Pourquoi ou pourquoi pas ?

9) Maintenant que le mariage pour tous existe, pensez-vous qu'il soit préférable d'éliminer le Pacs ? Pourquoi ou pourquoi pas ?

10) En France, une seule femme a été première ministre : Édith Cresson en 1991–1992. Il n'y a jamais eu de présidente en France, ni aux États-Unis. Au Canada, une seule femme a été première ministre : Kim Campbell (pendant 4 mois, en 1993). Est-ce que vous pensez qu'il faudrait élire un plus grand nombre de femmes aux plus hauts niveaux du gouvernement et du Parlement ? Expliquez vos raisons.

QCM

1) Les Françaises ont obtenu le droit de vote en :

____ 1920   ____ 1848

____ 1789   ____ 1945

2) *Le Deuxième Sexe* a été écrit par :

____ George Sand   ____ Colette

____ Simone de Beauvoir   ____ Marthe Borély

3) Le Code civil napoléonien date de :

    ____ 1789   ____ 1804

    ____ 1815   ____ 1830

4) La loi sur le mariage pour tous est aussi appelée :

    ____ la loi Veil   ____ la loi Neuwirth

    ____ la loi Badinter   ____ la loi Taubira

5) Actuellement, la maire de Paris s'appelle :

    ____ Anne Hidalgo   ____ Antoinette Fouque

    ____ Ségolène Royal   ____ Christiane Taubira

6) La première fois que des femmes ont participé à un gouvernement français, c'était pendant :

    ____ le régime de Vichy   ____ le Front populaire

    ____ le Gouvernement provisoire   ____ la Ve République

7) La loi Veil a légalisé :

    ____ le TGV   ____ l'IVG

    ____ le MLF   ____ le FHAR

8) Une seule femme a été première ministre en France :

    ____ Olympe de Gouges   ____ Simone Veil

    ____ Christiane Taubira   ____ Édith Cresson

9) Pour pouvoir exercer une profession et ouvrir un compte en banque sans l'autorisation de leur mari, les femmes mariées ont dû attendre jusqu'en :

    ____ 1981   ____ 1965

    ____ 1999   ____ Mai 68

10) Les associations à but non lucratif qui sont consacrées à la défense d'une cause sociopolitique (par exemple : le féminisme, les droits LGBT, etc.) sont appelées des associations :

    ____ mafieuses   ____ religieuses

    ____ de loi 1901   ____ terroristes

11) La pilule contraceptive a été légalisée par :

_____ la loi Taubira   _____ la loi Macron

_____ la loi Veil   _____ la loi Neuwirth

12) Les progrès dans le domaine des droits LGBT ont été accomplis sous des gouvernements :

_____ de droite   _____ de gauche

_____ d'extrême-gauche   _____ d'extrême-droite

13) La première fois que les Françaises ont pu voter, c'était pendant :

_____ la IVᵉ République   _____ le Front populaire

_____ le Gouvernement provisoire   _____ le régime de Vichy

14) En général, on considère qu'il y a deux grandes tendances ou courants du féminisme français :

_____ de gauche et de droite   _____ riche et pauvre

_____ catholique et protestant   _____ différentialiste et universaliste

15) Un des buts du système de soutien aux familles (allocations familiales, congé maternité, etc.) est de favoriser :

_____ l'immigration   _____ la natalité

_____ le Pacs   _____ les droits LGBT

16) L'obscurantisme représente le contraire des valeurs :

_____ racistes et sexistes   _____ répressives et réactionnaires

_____ humanistes et universalistes _____ fascistes et totalitaires

17) Le mouvement LGBT et la deuxième vague du féminisme font partie des associations militantes et des évolutions socioculturelles qui ont pour point d'origine les espoirs et les idéaux utopiques :

_____ du Front populaire   _____ de Mai 68

_____ de la Libération   _____ du début de la Vᵉ République

18) Lorsque le Pacs a été institué, le premier ministre était :

_____ Lionel Jospin   _____ François Mitterrand

_____ Jacques Chirac   _____ Édith Cresson

19) Le premier homme politique nationalement connu qui a fait son *coming out* était :

____ Michel Foucault ____ Nicolas Sarkozy

____ Bertrand Delanoë ____ François Hollande

20) Les noms de Simone Veil et de Christiane Taubira sont associés à :

____ des Pacs ____ des suffragettes

____ des romans ____ des lois

11 Les familles, la « Sécu » et les loisirs

Ce chapitre a d'abord une orientation démographique. Il s'agit de présenter les évolutions de la population française, ainsi que les sujets qui y sont liés : la politique familiale (ou nataliste), l'importance des enfants et le système de santé publique (la Sécurité sociale). Nous aborderons également les questions liées aux vacances et aux loisirs (le temps libre).

LES FAMILLES ET LEURS ÉVOLUTIONS

La société française a connu des transformations profondes en ce qui concerne les structures familiales traditionnelles depuis le début des années 1970 : il y a eu une hausse du nombre de divorces ; le nombre de naissances hors mariage a augmenté ; l'âge moyen du premier mariage est plus élevé, tout comme l'âge moyen de la mère lors de la naissance du premier enfant ; le modèle de la famille nucléaire traditionnelle (qui toutefois reste largement majoritaire) a été concurrencé par les familles homoparentales, monoparentales et recomposées ; le pourcentage de couples hétérosexuels où l'homme est plus jeune que la femme a légèrement augmenté (tout en restant minoritaire), ainsi que le pourcentage des couples où la femme est plus diplômée. Ces changements et ces tendances actuelles résultent principalement des **évolutions socioculturelles**, mais aussi en partie des **politiques gouvernementales**. En particulier, le fait que le taux de fécondité (le nombre moyen d'enfants par femme en âge de procréer) reste plus élevé en France, par comparaison avec presque tous les autres pays européens, est directement lié aux divers soutiens à la natalité qui sont fournis par des organismes (ou agences) gouvernementaux.

Voyons à présent de façon plus détaillée les changements et les tendances mentionnés dans le paragraphe précédent :

- Le **taux de divorce** a augmenté depuis les années 1970 jusqu'en 2005. Cependant, la tendance s'est inversée par la suite : le taux de divorce est en légère baisse depuis plusieurs années, ce qui est en partie lié au fait que l'âge moyen lors du premier mariage a augmenté. Pour simplifier : plus on est jeune quand on se marie, plus on a de chances de divorcer. À plus long terme, toutefois, le nombre annuel de divorces est passé d'environ 40 000 au début des années 1970 à 120 000 actuellement. En France, un peu plus de 40 % des premiers mariages se terminent par un divorce (ce qui est légèrement plus qu'au Canada, et légèrement moins qu'aux États-Unis). Le risque de divorce est particulièrement élevé après cinq ans de mariage. Dans la grande majorité des cas, c'est la femme qui demande le divorce (le mariage pour tous datant de 2013, il n'y a pas encore de statistiques fiables pour les couples mariés de même sexe). Dans plus de 80 % des cas, c'est aussi la femme qui obtient la garde des enfants. Plus de la moitié des divorces sont par consentement mutuel (qui est légal depuis 1975 et qui a été simplifié en 2017). Sur le plan statistique, la société française est légèrement en dessous de la moyenne européenne en ce qui concerne le taux de divorce.

- Le **nombre de naissances hors mariage** a nettement augmenté. Dans ce domaine, la société française est au-dessus de la moyenne européenne. La part [*share*] des naissances hors mariage est même devenue majoritaire (alors qu'elle était en dessous de 10 % au début des années 1970). Il est devenu quasiment normal et socialement accepté d'avoir un enfant lorsqu'on est pacsé (voir chapitre 10) ou en union libre (autrefois on disait : en concubinage). Depuis 2006, la loi ne distingue d'ailleurs plus le type de naissance, légitime ou naturelle. Légalement, il n'y a plus d'enfants « illégitimes » ni de « bâtards ». Ces termes péjoratifs ont disparu. De même, il n'y a plus de « fille-mère » (mère célibataire). Dans près de 90 % des cas, l'enfant né hors mariage est reconnu par son père, ce qui indique qu'il s'agit généralement de couples stables. Il est également devenu courant [*common / frequent*] pour les couples de se marier après avoir eu un enfant.

- On se marie plus tard, et on a des enfants plus tard. Parmi les couples hétérosexuels, **l'âge moyen lors du premier mariage** (ou la primo-nuptialité, comme disent les démographes) a dépassé la trentaine : 31 ans pour les femmes et 33 ans pour les hommes. Dans les années 1970, les femmes se mariaient généralement avant d'avoir 24 ans. Parmi les couples de même sexe, on se marie généralement après la quarantaine (mais ce chiffre est en baisse). En France, il y a environ 240 000 mariages par an, dont 10 000 entre personnes du même sexe. Par comparaison, il y a eu environ 400 000 mariages en 1970 et 300 000 en 2000. La création du Pacs en 1999 a eu un effet socioculturel important et durable. Environ 180 000 personnes par an choisissent de se pacser. Comme on l'a vu ci-dessus, la **naissance du premier enfant** peut souvent précéder le mariage des parents, ce qui explique pourquoi l'âge moyen de la mère lors de la naissance du premier enfant est inférieur à celui de la primo-nuptialité. En général, les Françaises ont leur premier enfant à 28 ou à 29 ans. Le plus souvent, elles ont leur deuxième enfant trois ans plus tard. Nous verrons pourquoi dans les sections suivantes de ce chapitre.

- La **famille nucléaire traditionnelle** (un couple hétérosexuel marié avec des enfants) reste largement majoritaire, mais les familles **homoparentales** (un couple de même sexe avec des enfants), **monoparentales** (un seul parent avec des enfants, par choix ou à la suite d'un divorce ou d'un décès) et **recomposées** (un remariage après un divorce, avec des enfants) sont devenues « normales » ou socialement acceptées, ce qui est un des résultats les plus visibles des évolutions socioculturelles en France depuis les années 1970. Quelques termes à noter à propos des familles recomposées : « belle-mère » se traduit à la fois par *stepmother* et *mother-in-law* ; « beau-père » se traduit à la fois par *stepfather* et *father-in-law* ; « demi-sœur » et « demi-frère » se traduisent par *stepsister* et *stepbrother*, respectivement ; « quasi-sœur » et « quasi-frère » sont des termes utilisés par les sociologues pour désigner des enfants qui grandissent ensemble dans la même maison, mais qui n'ont aucun lien de sang ou de parenté (par exemple : la fille de ma belle-mère est ma quasi-sœur).

- Le pourcentage des couples hétérosexuels où **l'homme est plus jeune** que la femme est en légère augmentation, tout en restant minoritaire : environ 15 %. La tendance est encore plus forte pour les couples où **la femme est plus diplômée**. Puisque les étudiantes sont actuellement majoritaires dans les universités (voir chapitre 6), cette tendance va probablement s'accentuer à l'avenir. Quant aux **écarts salariaux** [*wage differentials*] entre les femmes et les hommes, ils sont en lente diminution, mais n'ont pas disparu. En moyenne, à un niveau égal de qualification ou de diplôme, les hommes gagnent 10 % de plus que les femmes.

En France, le mariage religieux n'a pas de valeur légale. C'est le **mariage civil**, à la mairie, qui est reconnu légalement. Les couples qui veulent une cérémonie religieuse — ce qui est courant — ont généralement une brève cérémonie civile (et légale) à la mairie le matin, puis une cérémonie religieuse (et une grande fête) en fin de journée. Les repas de mariage sont généralement copieux et « bien arrosés » (de très bons vins).

Divorces	Naissances	Mariages	Civil / Religieux

Il est utile de préciser le sens de certains termes qui sont couramment [*commonly / frequently*] utilisés dans la science démographique, ainsi que dans les médias. Rappelons par ailleurs que les statistiques les plus fiables sont fournies par l'Institut national de la statistique et des études économiques (l'Insee <insee.fr>) et l'Institut national d'études démographiques (l'Ined <ined.fr>).

Le **taux de fécondité** est le nombre moyen d'enfants par femme en âge de procréer. Pour assurer le renouvellement des générations, il faut un taux de fécondité de 2,1. À long terme, un pays dont le taux de fécondité est inférieur à 2,1 verra sa population diminuer (ce qui est déjà arrivé au Japon, par exemple). En France, le taux de fécondité est actuellement en légère baisse, à 1,9. La plupart des autres pays européens sont largement en dessous de ce niveau. Historiquement, le taux de fécondité varie énormément en fonction des crises mondiales et de la situation économique. Il était très faible pendant la dépression économique des années 1930 et très élevé (2,8) pendant le « baby-boom » des années 1950.

Suite à la page suivante

Le **taux de natalité** est le rapport entre le nombre annuel de naissances et la population totale. Ce n'est pas un pourcentage (%), mais un pour mille (‰). Le taux de natalité en France est actuellement de 11,8 ‰. Il était d'environ 18 ‰ en 1965 et de 14 ‰ en 1975. En 2016, il y a eu environ 780 000 naissances en France. Ce chiffre, qui était d'environ 860 000 en 1950 (lorsque la population totale était bien moins élevée) et de 830 000 en 2006, est en lent déclin.

L'espérance de vie [*life expectancy*] en France est actuellement de 85 ans pour les femmes et de 79 pour les hommes. L'écart entre les femmes et les hommes tend à diminuer lentement. Depuis le début des années 1970, l'espérance de vie a augmenté d'une dizaine d'années. Par comparaison avec la plupart des pays développés, ces résultats sont excellents. D'après les études démographiques, cette tendance à long terme de l'allongement de la durée de la vie devrait continuer, pour se stabiliser à un peu plus de 90 ans vers le milieu du siècle.

Le **taux de mortalité** est en quelque sorte l'inverse du taux de natalité. C'est le rapport entre le nombre annuel de décès et la population totale. Le taux de mortalité est également exprimé en pour mille (‰). Il est actuellement à 8,4 ‰, par comparaison avec environ 10,4 ‰ pendant les années 1970. En 2016, il y a eu 590 000 décès en France. Ce chiffre annuel va probablement augmenter, à cause du vieillissement de la génération du « baby-boom » (c'est-à-dire les personnes nées entre 1946 et 1964). En France (comme dans d'autres pays développés), le **taux de mortalité infantile** a connu une baisse spectaculaire : d'environ 15 ‰ en 1970 à 3 ‰ de nos jours. Cette tendance positive est directement liée aux progrès constants du système de santé (voir dans ce chapitre la section sur la Sécurité sociale).

Familles	Recomposées	Démographie	Espérance de vie

Le niveau de la population d'un pays dépend de plusieurs facteurs statistiques, dont les principaux sont ceux que nous venons de voir : le taux de fécondité, le taux de natalité, l'espérance de vie et le taux de mortalité (y compris celui de la mortalité infantile). Cependant, les **facteurs historiques, économiques et**

géopolitiques sont également d'une importance cruciale sur les naissances, le vieillissement et les décès. Par exemple, la France a connu une « saignée » démographique pendant la Première Guerre mondiale, qui a éliminé une génération de jeunes hommes. Par contraste, des vagues d'immigration après chaque guerre mondiale ont grandement contribué à l'augmentation de la population. Comme dans d'autres pays, le taux de fécondité est partiellement corrélé à la situation économique. En France, les politiques gouvernementales de soutien à la natalité sont particulièrement importantes. À l'avenir, à moins d'une catastrophe écologique ou d'une nouvelle guerre, les tendances démographiques actuelles devraient continuer : la population de la France augmentera lentement et le pourcentage des personnes âgées continuera d'être en hausse.

> **Jeanne Calment** (1875–1997), la « doyenne [*eldest*] de l'humanité », est devenue célèbre pour sa longévité : elle a vécu jusqu'à l'âge de 122 ans, un record inégalé à ce jour. Si le fait d'atteindre [*reach*] un âge aussi avancé restera sans doute longtemps exceptionnel, il est clair que l'espérance de vie des Français — et plus particulièrement des Françaises — est une des plus élevées au monde.

 Natalité	 Mortalité	 Jeanne Calment

LA DÉMOGRAPHIE, LA NATALITÉ ET L'IMPORTANCE DES ENFANTS

En France, comme on a souvent eu l'occasion de le constater au cours des chapitres précédents, la taille [*size*] de la population — et donc le nombre de naissances — est une question d'importance nationale (c'est-à-dire politique et gouvernementale) depuis au moins la Révolution et l'Empire. À la fin du dix-huitième siècle, la France était le pays le plus peuplé de l'Europe, en dehors de la Russie. C'est en grande partie à cause du **niveau élevé de la population** que, pendant un quart de siècle, au cours des périodes révolutionnaire et napoléonienne, les armées françaises ont pu conquérir et occuper une grande partie de l'Europe. Mais le taux de natalité (le rapport entre le nombre de naissances et la population totale) a commencé à baisser au début du dix-neuvième siècle, et la population de la France a été dépassée par celle de l'Allemagne vers le milieu du siècle. Le niveau de la population en tant qu'enjeu [*major issue*] national reviendra régulièrement dans les débats publics français, en particulier après la guerre franco-prussienne et les deux Guerres mondiales. Rappelons le bilan humain de la Première Guerre mondiale pour la France : 1,4 million de morts ; le double de blessés. Le taux de natalité est resté faible entre les deux guerres mondiales, malgré l'interdiction de l'avortement en 1920 (voir chapitre 10). Durant les périodes où la France a facilité l'immigration et la naturalisation (le fait d'obtenir la citoyenneté française), les considérations démographiques étaient naturellement prises en compte. Plus récemment, un système de soutien aux familles (et donc à la natalité) a été progressivement élaboré : les allocations familiales, le complément familial, le congé maternité, l'allocation logement, etc.

Depuis plus de deux siècles, le niveau de la population a donc régulièrement été utilisé pour expliquer le **degré d'influence et de puissance** de la France, en Europe et à travers le monde. Comme nous l'avons mentionné au chapitre 1, la natalité est une obsession nationale, une constante ou une tendance à long terme de la société française qu'on peut comparer à la centralisation, au rayonnement, au temps libre, aux valeurs républicaines ou à la valorisation de la langue française. La politique nataliste, qui s'est si longtemps maintenue en tant qu'objectif gouvernemental, en dépit des changements constitutionnels successifs, constitue un facteur explicatif de plusieurs événements historiques et institutions sociales : l'expansion coloniale de la fin du dix-neuvième siècle ; les grandes vagues d'immigration après les guerres mondiales ; le soutien à la recherche scientifique et médicale ; l'interdiction de la contraception et de l'avortement ; le congé maternité et les allocations familiales ; la fête des Mères ; etc.

Un rappel de quelques dates :

1804 : le Code civil napoléonien : « la femme [doit] obéissance à son mari »

1881–1882 : les lois Ferry instituent l'école gratuite, laïque et obligatoire

1905 : la loi de séparation de l'Église et de l'État

1920 : l'interdiction de l'avortement et de la contraception

1942 : la peine de mort en cas d'avortement

une politique nataliste : promotion de la fête des Mères

aides financières aux familles nombreuses

1945 : le droit de vote des femmes

1965 : les femmes mariées peuvent exercer une profession et ouvrir un compte en banque sans l'autorisation de leur mari

1967 : la légalisation de la pilule contraceptive

1975 : la légalisation de l'interruption volontaire de grossesse (IVG)

1981 : l'abolition de la peine de mort

1999 : la création du pacte civil de solidarité (Pacs)

2013 : la loi sur le mariage pour tous

Quelques termes :

un ordre patriarcal — la loi du père

les allocations familiales — un congé maternité — une crèche / halte-garderie

le Planning familial — le contrôle des naissances

le Mouvement pour la libération des femmes (MLF)

Population	Politique familiale	Haltes-garderies

Les aides aux familles nombreuses ont commencé sous la IIIᵉ République (la loi Landry de 1932), ont continué sous le régime de Vichy et ont été étendues après la Libération sous le Gouvernement provisoire (la création en 1945 des **Caisses d'allocations familiales** ou CAF). Le principe des incitations financières destinées à favoriser la natalité n'a pas été remis en cause par les bouleversements constitutionnels. Au niveau symbolique, la « journée des Mères », qui datait de 1926 mais qui était peu suivie, a été revalorisée sous le régime de Vichy. En 1950, la IVᵉ République a officiellement reconnu la « fête des Mères ». Une « fête des Pères » a également été instituée en 1952. Là encore, on trouve une continuité de la politique familiale — c'est-à-dire nataliste.

Services publics

Source : Benjism89 / Wikimedia Commons / CC-BY-SA-3.0

Au niveau gouvernemental, après la Deuxième Guerre mondiale, un ministère de la Population a été créé, qui par la suite deviendra le ministère de la Santé publique (ou des Affaires sociales) et de la Population, et dont le but était évidemment de promouvoir la **croissance de la population** française. Dans le domaine économique, comme nous l'avons vu aux chapitres 3 et 7, la politique gouvernementale était dirigiste et s'appuyait sur la planification (le Commissariat général au Plan a été créé en 1946 pour organiser la modernisation de l'économie française). La planification servait à définir des objectifs de croissance de la production économique. On peut constater une attitude semblable dans le domaine de la natalité : en 1945, Charles de Gaulle, chef du Gouvernement provisoire, parlait de « 12 millions de beaux bébés qu'il faut à la France en dix ans ». Dans un livre publié en 1963, *Au service de la nation*, Michel Debré (1912–1996), le premier ministre choisi par De Gaulle au début de la Ve République (et le « père » de la Constitution), affirmait que la population de la France devait s'élever à 100 millions d'habitants.

En 1985, une campagne publicitaire pour la natalité a été lancée. Sur de grands panneaux [*billboards*], des bébés « mignons à croquer » [*cute as a button*] posaient des questions attendrissantes (« Est-ce que j'ai une tête de mesure gouvernementale ? ») ou livraient des pensées profondes (« Il n'y a pas que le sexe dans la vie. »). Le slogan commun à toutes ces affiches publicitaires [*advertising posters*] avait l'avantage d'être clair et direct : « **La France a besoin d'enfants**. »

| CAF | Croissance | Publicités |

LA « SÉCU » ET LES SOINS MÉDICAUX

La Sécurité sociale (ou la « Sécu ») a été créée en 1945. C'est une des réalisations [*achievements*] les plus importantes du Gouvernement provisoire (voir chapitre 3). La « Sécu » est devenue une institution primordiale de la société française. Dans la vie des Français, elle est régulièrement présente, de la naissance à la mort. Au niveau institutionnel, ce qu'on appelle la « Sécu » n'est pas une administration monolithique, mais une série d'organismes (ou d'agences ou de caisses) qui sont parfois publiques, parfois semi-privées. La Sécurité sociale a continué à se développer et à étendre ses domaines d'activité depuis sa création. Actuellement, elle est divisée en **quatre branches** principales :

- la branche maladie (y compris la maternité et l'invalidité) ;
- la branche accidents du travail et maladies professionnelles ;
- la branche famille (y compris le handicap et le logement) ;
- la branche retraite (y compris le veuvage [*widowhood*]).

Le budget total de la Sécurité sociale représente environ un quart du produit intérieur brut (PIB) français. Il est plus élevé que le budget de l'État. Tous les salariés et toutes les entreprises cotisent (ou contribuent financièrement) à la Sécurité sociale. Les **cotisations** font partie des prélèvements obligatoires qui sont plus élevés en France qu'au Canada et aux États-Unis (voir chapitre 7).

Sécurité sociale

Source : 01.camille / Wikimedia Commons

Presque tous les Français, à plusieurs étapes de leur vie, reçoivent ou touchent une **allocation** (ou une prestation ou un remboursement) de la « Sécu ». En particulier, les soins ou services médicaux (et la plupart des médicaments) sont remboursés, en partie ou en totalité, par la Sécurité sociale. En moyenne, l'assurance maladie rembourse à peu près 75 % des frais [*costs*] médicaux.

Les Français étaient déjà habitués à la carte nationale d'identité. Depuis 1998, la **carte Vitale** fait partie des documents d'identité presque universels. La carte Vitale est la carte de l'assurance maladie. Cette carte à puce électronique [*smart card*] inclut la photographie et le numéro de Sécurité sociale de l'assuré(e). Elle remplace la traditionnelle « feuille Sécu » et permet le traitement [*processing*] électronique de la facturation des prestations de soins (le remboursement des frais médicaux).

Puisqu'il est question du **numéro de Sécurité sociale**, qui accompagne chaque assuré(e) tout au long de sa vie, voyons à quoi il correspond. Prenons un exemple fictif :

2 89 07 44 109 137 85

- Le chiffre 2 indique qu'il s'agit d'une femme (le chiffre 1 est pour les hommes, ce qui n'a, bien entendu, aucune valeur symbolique...).
- Le chiffre 89 indique l'année de naissance : 1989.
- Le chiffre 07 indique le mois de naissance : juillet.
- Le chiffre 44 indique le département de naissance : la Loire-Atlantique.
- Le chiffre 109 indique la commune (ville) de naissance : Nantes.
- Les autres chiffres — le numéro d'ordre Insee (137) et la clé (85) — sont attribués par le système informatisé [*computerized*].

La Sécu	Cotisations	Vitale	Numéro

On peut comparer la « Sécu » au régime canadien de sécurité sociale, qui inclut les soins de santé (ou les frais médicaux). Par contre, la « Sécu » dépasse largement les fonctions de la *Social Security* américaine, qui est essentiellement consacrée aux retraites et à l'invalidité. Pour les salariés français, la Sécurité sociale a généralisé les « *benefits* » — d'abord et surtout l'assurance maladie — qui aux États-Unis dépendent le plus souvent des entreprises, et qui sont d'un niveau de qualité très variable. Tous ceux qui ont vécu et travaillé à la fois en France et aux États-Unis savent qu'il est plus facile — et beaucoup moins cher — de **consulter un médecin** et d'obtenir des médicaments en France. En grande partie, cet accès peu coûteux [*inexpensive*] aux services médicaux explique un certain nombre de bonnes statistiques de la société française : la faible mortalité infantile, l'espérance de vie relativement élevée, etc. Quant à la carte Vitale, elle a simplifié les démarches administratives et les formulaires à remplir. Dans l'ensemble, la branche maladie de la Sécurité sociale est une réussite, ce que confirment les études et les comparaisons internationales. Les dépenses de santé représentent environ 11 % du produit intérieur brut français. Ce pourcentage est bien plus élevé aux États-Unis, par exemple.

Les allocations familiales sont les plus connues des **prestations familiales**, qui sont gérées [*managed*] par les Caisses d'allocations familiales (les CAF, qui font partie de la branche famille de la Sécurité sociale). Les prestations familiales constituent un ensemble qui inclut la prestation d'accueil du jeune enfant, le complément familial, l'allocation de soutien familial, l'allocation aux mineurs handicapés, l'allocation de rentrée scolaire, etc. Par exemple, l'allocation de rentrée scolaire, d'un montant d'environ 400 €, est destinée aux parents aux revenus modestes, pour aider à payer les fournitures scolaires de leurs enfants.

Toutes les familles qui ont au moins **deux enfants à charge** reçoivent les allocations familiales. Le montant mensuel [*monthly amount*] des allocations varie en fonction des ressources financières de la famille. Pour une famille avec deux enfants, le montant des allocations peut être d'environ 130 € par mois. Ce montant augmente à environ 300 € par mois pour une famille avec trois enfants.

Les familles qui n'ont qu'un seul enfant à charge peuvent recevoir la prestation d'accueil du jeune enfant **pendant trois ans**. En fonction des revenus [*income*] de la famille, cette prestation peut atteindre environ 185 € par mois. La durée de cette prestation explique en partie pourquoi il est courant pour les familles d'avoir leur deuxième enfant trois ans après le premier.

Beaucoup de familles utilisent les **crèches** [*day care centers*], souvent dès que l'enfant a atteint l'âge de 6 mois. Les crèches sont généralement ouvertes pendant les heures de bureau, du lundi au vendredi. On distingue généralement entre une crèche (la garde régulière d'un enfant) et une halte-garderie (une garde occasionnelle). La plupart des crèches et des haltes-garderies sont subventionnées [*subsidized*] par la « Sécu » et ont une très bonne réputation. L'agence gouvernementale qui les règlemente s'appelle le service de protection maternelle et infantile (**PMI**). Quant aux personnes qui travaillent dans une crèche ou une halte-garderie — et qui sont presque toujours des femmes — elles sont appelées des puéricultrices ou des assistantes maternelles.

Le **congé maternité** fait également partie de la politique familiale. Une femme enceinte [*pregnant*] qui travaille a droit à seize semaines de congé maternité : six semaines avant l'accouchement [*birth*] et dix semaines après. La durée du congé maternité est plus long en cas de jumeaux [*twins*], ainsi que pour la naissance d'un troisième enfant (ou plus). Pendant le congé maternité, la mère reçoit des indemnités journalières qui sont équivalentes ou proportionnelles à son salaire normal. Évidemment, les frais médicaux liés à l'accouchement sont également pris en charge par la Sécurité sociale.

Si le congé maternité n'est pas obligatoire, il est très rare — et très mal vu — qu'une femme enceinte choisisse de recommencer à travailler presque immédiatement après la naissance de son enfant. Le cas d'une femme politique célèbre est illustratif à cet égard. **Rachida Dati** (droite libérale) était ministre de la Justice de 2007 à 2009, lorsque Nicolas Sarkozy était président. Pendant qu'elle était ministre, elle a donné naissance à un enfant. Elle n'était pas mariée et n'a pas révélé le nom du père de l'enfant. Contrairement à ce qui se serait probablement passé de ce côté de l'Atlantique, cela n'a pas donné lieu à des polémiques, puisqu'il s'agissait de la vie privée de la ministre. Par contre, il y a eu de nombreuses critiques lorsque Rachida Dati a recommencé à travailler cinq jours après la naissance de son enfant.

Le cas d'une autre femme politique célèbre peut servir à illustrer les différentes attitudes vis-à-vis du mariage. **Ségolène Royal** (socialiste) a été présidente du Conseil régional de Poitou-Charentes (2004–2014) et plusieurs fois ministre. En 2007, elle était la candidate du Parti socialiste à la présidence de la République. Elle a longtemps vécu, sans être mariée, avec François Hollande (président de 2012 à 2017), avec qui elle a eu quatre enfants. Le fait d'avoir des enfants sans être mariée n'a pas eu de conséquences sur sa carrière politique. Par contre, il est probable, une fois de plus, qu'une situation semblable serait perçue de façon différente pour une femme politique de ce côté de l'Atlantique. Notons au passage que Ségolène Royal et François Hollande se sont rencontrés à l'École nationale d'administration (l'ENA ; voir chapitre 6).

Consultations

Prestations

Allocations

Congés

Une des fonctions les plus importantes de la « Sécu » est donc de soutenir, matériellement et financièrement, les mères, les enfants et les familles. Cette fonction s'intègre logiquement dans une tendance à long terme de la société française en général et des politiques gouvernementales en particulier : **l'encouragement de la natalité**. Avant de passer à la section suivante, consacrée aux questions liées à l'éducation et la socialisation des enfants, rappelons que la Sécurité sociale n'a pas pour seul objectif de soutenir les familles qui choisissent d'avoir des enfants. La « Sécu » gère aussi l'assurance maladie, les pensions d'invalidité, les aides au logement des personnes en état de précarité [*economically disadvantaged*], les frais liés aux accidents du travail, les pensions de retraite, etc. Cet ensemble d'allocations, de prestations et de services constitue l'essentiel de **l'État-providence** [*welfare state*] français, qui est à la fois un système d'assurances sociales et un outil de redistribution des richesses. Par exemple, les jeunes en bonne santé qui n'ont pas d'enfants cotisent (ou payent) pour les personnes âgées, les personnes malades et les familles qui ont des enfants. Le système fonctionne parce que tout le monde cotise, sachant [*knowing*] que les jeunes prendront un jour leur retraite, que les personnes en bonne santé peuvent tomber malades ou avoir un accident. Il est certain que l'État-providence coûte cher. Comme on l'a mentionné, le budget total de la « Sécu » représente environ le quart de l'économie française. Pour les salariés et les entreprises, les montants des cotisations sont élevés. Pour les particuliers (ou les individus), les cotisations salariales représentent environ 20 % du salaire brut. Pour les employeurs, les cotisations patronales représentent environ 50 % du salaire brut versé aux employés. Parmi les pays développés, la France a un des systèmes de Sécurité sociale les plus vastes — et donc un des plus chers. Néanmoins [*nevertheless*], comme le montrent régulièrement les sondages d'opinion, ce système reste extrêmement populaire parmi les Français.

L'ENFANCE ET LA SOCIALISATION

Il a souvent été mentionné dans ce manuel que la natalité — ou, si l'on préfère, la production des enfants — et le niveau de la population font partie d'une obsession nationale en France. Les politiques familiales — qu'elles soient répressives ou incitatives — mises en place par les gouvernements successifs ont précédemment été considérées. Il est temps de voir de quelles façons les enfants sont éduqués, formés et socialisés, une question qui préoccupe les Français depuis au moins *Émile ou De l'éducation* (1762) de Jean-Jacques Rousseau. Nous avons examiné l'éducation formelle (ou scolaire et universitaire) au chapitre 6.

Voyons à présent les autres aspects du processus de formation et de socialisation des enfants, un processus qui **dépend beaucoup plus directement des parents**, et parfois de la famille élargie. Dans l'ensemble, ce processus est moins strict depuis une quarantaine d'années, mais des différences demeurent [*remain*] entre la France d'une part, et le Canada et les États-Unis d'autre part (pour le point de vue comparatif d'une Américaine qui élève ses enfants en France, voir l'ouvrage de Pamela Druckerman).

En français, un enfant peut être « bien élevé » ou « mal élevé », ce qui est différent de « *a well-behaved child* » ou « *a misbehaving child* ». En anglais, on insiste sur **l'enfant**, sur sa façon de se comporter [*to behave*]. Par contre, en français on insiste sur **les parents**, sur leur façon d'élever [*to raise*] leur enfant. Il est donc plus juste de comparer « bien / mal élevé » à : « *he was raised right / he was poorly raised* ». On porte un jugement social sur les parents plutôt que sur l'enfant. Il est évidemment possible de dire en français : cet enfant se conduit (ou se comporte) bien / mal. Cependant, on utilise plus généralement : cet enfant est bien / mal élevé. Cette terminologie reflète une réalité socioculturelle : l'enfant est à la fois le produit et le reflet de ses parents. Les parents sont socialement jugés ou évalués à travers le comportement de leurs enfants.

En France, les enfants sont généralement perçus comme de « futurs adultes » qui sont destinés à prendre leur place dans la société, d'où [*hence / therefore*] l'importance des règles, de la formation et de la culture générale. Les parents peuvent réprimander leurs enfants en public, mais ils peuvent aussi prendre le temps d'expliquer à leurs enfants le contexte d'un monument ou d'un site historique. Le fait de dire « sois raisonnable » à un enfant fait partie de la notion de « **futur adulte** », alors qu'en anglais on dirait : « *behave / stop misbehaving* ». L'apprentissage des règles commence très tôt : se tenir à table comme les adultes ; ne pas couper la parole aux adultes. Dès le début, les adultes sont donc des modèles pour les enfants, des modèles qu'il faut respecter et émuler. Lorsque la famille élargie (grands-parents, tantes et oncles) est présente, les enfants peuvent être en contact avec de nombreux adultes qui ont une forme d'autorité sur eux.

Par ailleurs, il faut mentionner une réalité sociolinguistique qui n'a pas d'équivalent en anglais : tous les adultes peuvent **tutoyer** tous les enfants ; mais les enfants doivent **vouvoyer** les adultes, sauf les membres de leur famille. Il faut également tenir compte de l'importance des crèches et de l'école maternelle : dans leur grande majorité, les enfants français sont scolarisés dès l'âge de 3 ans. Cet environnement scolaire précoce (par comparaison avec beaucoup d'autres pays) contribue à l'assimilation d'autres règles, y compris celles de la distance sociale et des codes de la conversation. Cependant, une fois les règles acquises au cours de l'enfance, l'adolescence est généralement une période de grande liberté en France (ce qui n'est pas toujours le cas dans d'autres pays). Il y a également un phénomène plus récent : la « post-adolescence », qui reflète l'allongement de la durée des études, ainsi que la difficulté de s'insérer dans le monde du travail. Beaucoup d'étudiants universitaires continuent ainsi à habiter chez leurs parents.

Tout en rappelant ce qui a été mentionné dès l'introduction de ce manuel — une culture nationale n'est ni homogène ni immuable — tentons de présenter certains résultats du processus de socialisation des enfants en France. Les « futurs adultes » apprennent relativement tôt qu'il ne faut pas confondre les connaissances [*acquaintances*] et les amis, la politesse ordinaire et l'amitié réelle. En dehors du cercle familial, il faut du temps pour établir de véritables liens d'amitié. Notons à ce sujet deux termes : la pudeur (dans le sens d'une certaine réserve émotionnelle) et la promiscuité (dont le sens est différent en anglais). Les enfants apprennent progressivement à ne pas montrer toutes leurs émotions à n'importe qui [*to just anyone*]. En dehors de la famille, il faut choisir prudemment les amis à qui on peut se confier [*confide in*]. La pudeur ou la réserve émotionnelle est également un signe de respect vis-à-vis des autres, qui ont leurs propres préoccupations. Il faut éviter de toujours « raconter sa vie », d'essayer constamment d'alourdir la charge émotionnelle des autres. Il faut donc non seulement bien choisir ses amis, mais aussi **savoir trouver un équilibre** entre l'épanchement [*outpouring*] et la retenue [*restraint*] en ce qui concerne les échanges émotionnels. Cet équilibre fait partie du savoir-vivre (voir chapitre 1). Quant à la promiscuité, ce terme a ici pour sens le contact ou la proximité avec des personnes qu'on ne tolère pas toujours ou qu'on préférerait souvent éviter. Le fait de partager une chambre avec un(e) autre étudiant(e) à la résidence universitaire, par exemple, est généralement considéré comme une situation normale, pour des raisons économiques, de ce côté de l'Atlantique. Par contre, ce niveau de « promiscuité » met mal à l'aise [*uncomfortable*] de nombreux étudiants français, qui préfèrent payer davantage [*more*] pour un logement minuscule, où ils pourront au moins préserver leur intimité (encore un mot potentiellement trompeur : il s'agit ici de la vie privée ou « *privacy* »).

Parmi les autres aspects du processus de socialisation des enfants en France, mentionnons que le « sens de l'honneur » personnel tend à être plus intériorisé que le « *sense of fairness* » vis-à-vis des autres, qui est privilégié de ce côté de l'Atlantique. Des **concepts éthiques** tels que « *sense of fairness* » (l'équité) ou « *show consideration for others* » (faire preuve de respect vis-à-vis des autres) s'appliquent évidemment dans les interactions quotidiennes, en France comme à travers le monde. Cependant, les enfants français apprennent souvent que le sens de l'honneur personnel doit constituer la motivation essentielle pour la civilité, la politesse et le respect vis-à-vis des autres. Ceux qui se respectent eux-mêmes seront plus aptes à respecter les autres. On retrouve ici la notion de « futurs adultes » qui devront tenter de mener une vie honorable.

À un niveau plus superficiel, dans le contexte d'une conversation ordinaire ou peu profonde, surtout avec des connaissances (plutôt que des amis), certains sujets restent relativement **tabous** en France, en particulier **l'argent et la religion**. En général, on évite de parler (ou de se vanter) de son niveau de vie [*standard of living*] ou de ses revenus. De même, des sujets tels que Dieu, la prière ou le fait d'aller à l'église régulièrement ne sont généralement pas abordés au cours d'une conversation banale, surtout avec des personnes que l'on vient de rencontrer. Il n'est pas considéré poli de demander à des connaissances récentes si elles croient en Dieu, ni de leur poser des questions plus générales sur leurs croyances religieuses. En ce qui concerne l'argent ou la religion, il faut donc faire preuve d'une certaine réserve (ou de pudeur ou de savoir-vivre). Par contre, il est relativement plus facile de parler de sujets politiques. Depuis les années 1970, il est également devenu plus facile de parler de la sexualité.

L'importance des règles socioculturelles en France trouve sa limite — ou son point d'équilibre — avec le « **système D** » ou « la débrouille ». Il faut en effet savoir se débrouiller [*manage / get by on one's own*], ce qui mène parfois à la nécessité de contourner [*bypass*] les règles. Comme beaucoup d'autres nationalités, les Américains, les Canadiens et les Français ont tous tendance à dire qu'ils sont **individualistes**, mais cet individualisme peut s'exprimer différemment dans chaque culture. Réciproquement, les Américains, les Canadiens et les Français ont tendance à considérer que la culture de l'autre est plus contraignante ou conformiste. Dans tous les cas, des codes socioculturels existent, et il faut chercher à les comprendre, même lorsqu'ils sont plus implicites qu'explicites. Rappelons cependant que, s'il est souhaitable de tenter de comprendre les règles qui font partie d'une autre culture, cela n'implique pas nécessairement qu'on soit obligé de les adopter.

> Auteure de plusieurs livres sur l'éducation et la socialisation des enfants, la pédiatre et psychanalyste **Françoise Dolto** (1908–1988) a acquis une grande célébrité médiatique à travers une émission à la radio, *Lorsque l'enfant paraît* (une référence à un poème de Victor Hugo), de 1976 à 1978. Dans cette émission, elle répondait aux questions (envoyées par courrier) des auditeurs qui élevaient des enfants.

Suite à la page suivante

Bien élevé	L'argent	Tabous	Individualisme

LES VACANCES ET LES LOISIRS

Le concept du « temps libre » est relativement récent, en France et ailleurs. Il a fallu que le temps de travail soit réduit de manière suffisante pour que le temps libre et les loisirs deviennent **une réalité sociale pour la majorité des habitants**. De nos jours, on parle même d'industries des loisirs. Au niveau politique, c'est durant le Front populaire (1936) que la question des loisirs a été prise en compte pour la première fois. Léo Lagrange (1900–1940) a été nommé sous-secrétaire d'État aux Sports et à l'Organisation des loisirs. Un de ses projets était de développer les auberges de jeunesse en France. Comme nous l'avons vu aux chapitres 2 et 7, c'est le Front populaire qui a institué les premiers congés payés (deux semaines par an). Actuellement, les salariés français ont cinq semaines de congés payés par an : généralement quatre semaines en été et une semaine en hiver. Quant à la semaine de travail, elle est passée de 60 heures au début du vingtième siècle à 35 heures à la fin du siècle (même si beaucoup d'employés travaillent davantage).

À propos de l'équilibre entre le temps de travail et le temps libre, la France ne constitue pas un cas isolé. La plupart des pays de l'Europe de l'Ouest ont des normes semblables en ce qui concerne les vacances et la durée du travail. De ce côté de l'Atlantique, cependant, la plupart des salariés ont des congés payés plus courts et une semaine de travail plus longue. De façon générale, les attitudes vis-à-vis des longues journées de travail sont également différentes. Alors qu'en anglais le terme « *workaholic* » est perçu comme étant partiellement positif, les termes équivalents en français — « **stakhanoviste** » et « **bourreau de travail** » — sont entièrement négatifs. On entend souvent la phrase « il faut travailler pour vivre et non pas vivre pour travailler », qui est une variante de : « Il faut manger pour vivre et non pas vivre pour manger » (Molière : *L'Avare*, 1668). Selon cette optique (ou ce point de vue), l'excès de travail peut être aussi dangereux que l'excès de nourriture ou d'alcool.

Ce que les Français cherchent à fuir ou à éviter pendant leurs vacances, c'est la routine quotidienne liée au travail, qui est résumée par le slogan : « métro, boulot, dodo ». Les vacances ne sont pas seulement une période de détente [*relaxation*] : elles permettent de « s'oxygéner » ou de « recharger ses batteries », ce qui implique qu'elles sont nécessaires et bénéfiques pour la santé physique et mentale. Cependant, les vacances, tout comme le travail, peuvent devenir une obsession. On peut y consacrer toute son énergie physique et émotionnelle, comme on le fait trop souvent au travail. Par exemple, le **chassé-croisé estival** (adjectif de l'été) est un moment quasi catastrophique pour les voyageurs. Il a lieu chaque année, pendant trois ou quatre jours, de la fin du mois de juillet au début du mois d'août. Les vacanciers de juillet rentrent chez eux, alors que ceux d'août partent en vacances. Pendant ce moment intense des « grands départs » (et retours), environ la moitié de la France est sur les autoroutes, dans les trains ou dans les avions. Cette situation frénétique résulte du fait que presque tous les Français préfèrent prendre leurs vacances en été, spécifiquement en juillet ou en août. Pendant les vacances d'été, les grandes villes françaises, et surtout Paris, se vident de leurs habitants. Ils sont remplacés par des touristes étrangers.

Les pratiques sociales liées aux vacances ont évolué. Pour un grand nombre de Français, l'idéal a longtemps été de partir vers le sud de la France ou de l'Europe et de passer ses journées à la plage. Mais les temps ont changé et les Français ne veulent plus « **bronzer idiots** ». Les tendances ont évolué vers les vacances « **sport et nature** », à la mer, mais aussi à la campagne ou à la montagne. Par exemple, les chemins de grandes randonnées (faire de la randonnée : *hiking*) permettent de traverser une grande partie de la France à pied, en dehors des grands axes routiers. Notons en passant que le « naturisme » est un faux ami : en anglais, on dirait « *nudism* ». Ceci dit, le naturisme est associé aux vacances dans un milieu naturel. Il y a plusieurs villages de vacances naturistes, généralement situés au bord de la mer.

Quelques citations :

Henri Salvador : « le travail, c'est la santé (ne rien faire, c'est la conserver) »

Pierre Dac : « le travail, c'est la santé… mais à quoi sert alors la médecine du travail ? »

Boris Vian : « le travail est l'opium du peuple, et je ne veux pas mourir drogué »

Georges Courteline : « l'homme n'est pas fait pour travailler ; la preuve, c'est que cela le fatigue »

Suite à la page suivante

Voltaire : « le travail éloigne de nous trois grands maux : l'ennui, le vice et le besoin »

La Fontaine : « travaillez, prenez de la peine : c'est le fonds qui nous manque le moins »

Alexandre Dumas : « le travail est indispensable au bonheur de l'homme ; il l'élève, il le console »

André Gide : « les bons travailleurs ont toujours le sentiment qu'ils pourraient travailler davantage »

Temps libre	Travail	Chassé-croisé	Vacances

POUR ALLER PLUS LOIN

1) Est-ce utile et logique que le gouvernement français (à travers l'administration de la Sécurité sociale) incite financièrement les Français à faire des enfants ? Est-ce qu'il serait préférable de réduire les cotisations et les allocations, afin de laisser les familles assumer directement toutes les charges financières liées à leurs enfants ? Expliquez les raisons de votre choix.

2) Sur le plan statistique, plus on est jeune quand on se marie, plus on a de chances de divorcer. Pourquoi, à votre avis ?

3) Selon les projections statistiques actuelles, l'espérance de vie en France et dans d'autres pays développés devrait continuer à augmenter lentement et atteindre 90 ans vers le milieu du siècle. D'un côté, c'est un bon résultat du système de santé publique. D'un autre côté, l'allongement de la durée de la vie va créer de nouveaux défis [challenges] socioéconomiques. Lesquels, à votre avis ?

4) Cinq semaines de congés payés par an, est-ce trop ? Est-ce que la société française y gagnerait si la plupart des Français travaillaient plus longtemps et prenaient moins de vacances ? Expliquez votre raisonnement.

5) Selon vous, est-ce qu'il est important pour un couple de se marier avant d'avoir un enfant ? Pour quelle(s) raison(s) ?

6) Faites des recherches en ligne sur le « système D ». Y a-t-il un concept — et un terme — équivalent en anglais ? Selon vous, faire preuve de « débrouillardise », est-ce que c'est valorisant ou péjoratif ? Donnez des exemples.

7) Trouvez en ligne deux chansons (et leurs paroles) : « Le Travail, c'est la santé » (1965) d'Henri Salvador et « Les Touristes » (1966) de Jean-Claude Annoux. Que pensez-vous de ces chansons satiriques ?

8) En 2007, Nicolas Sarkozy, candidat à la présidence de la République, avait pour slogan de campagne : « travailler plus pour gagner plus ». Il voulait inciter les Français à travailler davantage afin de gagner plus d'argent (et de réduire le niveau de chômage). Est-ce qu'un tel slogan serait possible de ce côté de l'Atlantique ? Pourquoi ou pourquoi pas ?

9) Faites des recherches en ligne sur le congé maternité (s'il existe ; la durée ; les indemnités ; etc.) au Canada et aux États-Unis. Est-ce que le congé maternité devrait être un droit pour toutes les femmes ? Pourquoi ou pourquoi pas ?

10) En ce qui concerne les conversations ordinaires et peu profondes, y a-t-il des sujets tabous au Canada et aux États-Unis ? Lesquels ?

QCM

1) La « doyenne de l'humanité » était :

____ Jeanne d'Arc   ____ Jeanne Calment

____ Jeanne Moreau   ____ Jeanne Chauvin

2) Les Caisses d'allocations familiales (CAF) ont été créées en :

____ 1936   ____ 1968

____ 1945   ____ 1999

3) Un couple de même sexe avec des enfants est appelé une famille :

____ monoparentale   ____ homoparentale

____ recomposée   ____ élargie

4) Parmi les couples hétérosexuels, l'âge moyen lors du premier mariage a dépassé :

____ la vingtaine   ____ la trentaine

____ la quarantaine   ____ la cinquantaine

5) Le nombre moyen d'enfants par femme en âge de procréer, c'est :

____ le taux de natalité   ____ le taux de mortalité

____ le taux de chômage   ____ le taux de fécondité

6) De nos jours, la durée annuelle des congés payés pour les salariés français est de :

____ 3 semaines   ____ 4 semaines

____ 5 semaines   ____ 6 semaines

7) Lorsqu'il y a un remariage après un divorce, avec des enfants, on parle d'une famille :

____ monoparentale   ____ homoparentale

____ recomposée   ____ nucléaire traditionnelle

8) La carte Vitale, c'est :

____ la carte bleue   ____ la carte de France

____ la carte nationale d'identité   ____ la carte de l'assurance maladie

9) En France, pour se marier légalement, il faut aller à :

____ la mairie   ____ l'église

____ l'hôtel   ____ la préfecture

10) Si on a au moins deux enfants à charge, on peut recevoir :

____ le système D   ____ les allocations familiales

____ une carte Vitale   ____ un numéro de Sécurité sociale

11) La durée du congé-maternité est de :

____ 5 semaines   ____ 8 semaines

____ 16 semaines   ____ 20 semaines

12) Faire de la grande randonnée, c'est se promener :

____ à bicyclette   ____ à pied

____ en voiture   ____ en hélicoptère

13) Les diverses politiques familiales des gouvernements successifs ont toujours eu pour objectif d'encourager :

____ la chasteté   ____ la débauche

____ les vacances   ____ la natalité

14) Un stakhanoviste est obsédé par :

____ la pornographie   ____ la religion

____ le travail   ____ la marijuana

15) « Bronzer idiot », c'est passer ses vacances allongé :

____ au lit   ____ devant la télé

____ à la plage   ____ sur le divan d'un psychanalyste

16) La primo-nuptialité, c'est :

____ le premier rapport sexuel   ____ le premier verre de vin

____ le premier enfant   ____ le premier mariage

17) En France, le seul mariage légal, c'est :

____ le mariage religieux   ____ le mariage blanc

____ le mariage civil   ____ le mariage de la carpe et du lapin

18) En France, l'argent et la religion sont généralement des sujets de conversation :

____ complémentaires   ____ tabous

____ érotiques   ____ consensuels

19) Quelqu'un qui a régulièrement recours au système D se définit généralement comme un :

____ arriviste   ____ individualiste

____ traditionaliste   ____ conformiste

20) La Sécurité sociale a été créée sous :

____ le régime de Vichy   ____ le Front populaire

____ le Gouvernement provisoire   ____ la Vᵉ République

12 Les médias et la culture

Ce chapitre est consacré à l'évolution des médias (imprimés, audiovisuels, en ligne), à la place de la culture littéraire dans la société française, aux bandes dessinées (BD), au cinéma, à la chanson, ainsi qu'au statut socioculturel de l'argot.

LES MÉDIAS

Comme c'est le cas dans d'autres pays, les médias en France ont connu des **transformations profondes** — technologiques et socioculturelles — depuis les années 1970. La place des journaux et des magazines imprimés a diminué, d'abord au profit de la télévision, puis de l'Internet et des réseaux sociaux. Alors qu'autrefois la grande majorité de la population française lisait régulièrement un journal quotidien, le journal télévisé est devenu une habitude, qui a été suivie par les multiples sources d'information (ou de désinformation...) disponibles en ligne.

Depuis longtemps, la **presse** française correspond au modèle traditionnel de la centralisation : les journaux et les magazines nationaux sont publiés à Paris ; les publications régionales n'ont pas le même niveau de prestige (mais leur lectorat [*readership*] peut parfois être plus grand). Depuis la Libération (1944), le journal **quotidien** [*daily*] « de référence » — c'est-à-dire le plus sérieux et le plus fiable [*dependable*] — reste *Le Monde*. La plupart des quotidiens nationaux français ont une orientation politique : *Le Figaro* est orienté à droite, alors que *L'Humanité* (qui a longtemps été, de 1920 à 1994, le journal officiel du Parti communiste) est évidemment orienté à gauche. Parmi les autres titres, on trouve *La Croix*, un journal catholique qui existe depuis 1880, et qui a beaucoup évolué depuis ses dérives antisémites durant l'affaire Dreyfus (voir chapitre 2). Dans une autre catégorie, il y a *L'Équipe*, un journal quotidien qui est uniquement consacré aux sports (et qui a plus de lecteurs que *Le Monde*). Paradoxalement, les quotidiens régionaux sont souvent plus vendus et plus lus que les quotidiens nationaux. Les journaux quotidiens régionaux les plus connus sont : *Ouest-France* (qui est édité à Rennes), *Le Progrès* (édité à Lyon), *Le Dauphiné Libéré* (Grenoble), *La Dépêche du Midi* (Toulouse), *La Voix du Nord* (Lille) et *Sud Ouest* (Bordeaux). Contrairement à des journaux nationaux comme *Le Monde* ou *Le Figaro*, les journaux régionaux sont relativement peu connus en dehors de la France.

> Comme les autres médias à travers le monde, la presse française s'appuie sur [*relies on*] les **agences de presse** internationales pour obtenir des informations et des photos. Les trois plus grandes agences de presse — Associated Press (New York), Reuters (Londres), Agence France-Presse (Paris) — jouent un rôle fondamentalement important pour la dissémination des informations.

La presse **hebdomadaire** [*weekly*] et **mensuelle** [*monthly*] est très variée. Il y a les magazines d'informations générales : *L'Express*, *L'Obs*, *Le Point*, etc. Cependant, ce sont les magazines spécialisés qui sont les plus nombreux et les plus lus. Il y a les magazines « féminins » : *Elle*, *Femme actuelle*, *Madame Figaro*, etc. Il y a des magazines consacrés aux sports (*France Football*), à l'automobile (*L'Argus*), à la télévision (*TV Magazine*), à l'informatique (*Micro Hebdo*), aux célébrités ou « *people* » (*Gala*), à la religion (*Pèlerin*) ou aux questions économiques (*Le nouvel Économiste*). De nombreuses publications hebdomadaires ou mensuelles ont une orientation politique très claire : l'extrême-droite (*Minute*), le centre-gauche (*Marianne*) ou l'extrême-gauche (*Politis*). Comme dans d'autres pays, la plupart des publications imprimées ont aussi un site Web (*Le Canard enchaîné* est une exception notable). Toujours comme dans d'autres pays, le lectorat de la presse **imprimée** se réduit progressivement, alors que les sources d'informations **en ligne** — *Mediapart*, *Rue89*, *Numerama*, etc. — sont en plein essor [*booming*].

> Il y a aussi une tradition **satirique** dans la presse française, qui est de nos jours principalement incarnée par les hebdomadaires *Le Canard enchaîné* et *Charlie Hebdo*. Plus anciennement, au dix-neuvième siècle, on trouve des titres comme *La Caricature* et *Le Charivari*.

Suite à la page suivante

Le Canard enchaîné a été créé en 1915, pendant la Première Guerre mondiale. L'hebdomadaire antimilitariste est devenu un excellent journal d'investigation (il est souvent le premier en France à révéler des scandales politiques et financiers). Ses articles détaillés sont généralement accompagnés de dessins satiriques. Pour lire *Le Canard enchaîné*, il faut bien connaître la vie politique française et apprécier les jeux de mots. Ce mélange journalistique de sérieux politique et d'humour satirique est unique en France et rarissime à travers le monde. Totalement indépendant, *Le Canard enchaîné* ne contient aucune publicité. Notons qu'un « canard » est un terme argotique pour un journal.

Charlie Hebdo a été créé en 1970. Il faisait suite au magazine *Hara-Kiri*, qui avait été interdit par le gouvernement français (cette forme de censure a existé jusqu'aux années 1980). En tant que magazine satirique, *Charlie Hebdo* était au départ influencé par les bandes dessinées [*comic strips*] américaines, en particulier *Peanuts* (le titre du magazine vient du personnage central, Charlie Brown). *Charlie Hebdo* est devenu un magazine d'opinion orienté à gauche : écologiste, féministe, antimilitariste et anticlérical. Malheureusement, *Charlie Hebdo* a acquis une triste forme de célébrité à travers le monde lorsque des terroristes djihadistes ont assassiné onze personnes, dont huit membres de la rédaction (dessinateurs et journalistes), le 7 janvier 2015. Cet attentat terroriste était le premier d'une série qui a endeuillé [*left in mourning*] la France en 2015 et 2016 (voir Perspectives d'avenir).

| Presse | AFP | *Canard enchaîné* | *Charlie Hebdo* |

Alors que la presse écrite a presque toujours été indépendante, de 1945 à 1981, l'État avait un monopole sur les stations de radio et les chaînes de télévision, ce qui illustre une fois de plus la double tendance centralisatrice et dirigiste en France. Ce monopole a eu pour nom la RTF, puis l'ORTF (Office de radiodiffusion-télévision française). Comme nous l'avons vu au chapitre 3, les débuts de la **télévision** française ont été fort modestes : jusqu'en 1964, il y avait une seule chaîne (en noir et blanc). En 1972, la troisième chaîne publique de télévision a été créée. C'est durant les années 1980, lorsque François Mitterrand (socialiste) était président de la République, que le monopole des chaînes publiques — c'est-à-dire nationalisées — de radio et de télévision a pris fin. Alors même que [*Even as*] le gouvernement socialiste nationalisait des entreprises industrielles (voir chapitre 7), il commençait à libérer le secteur audiovisuel (la radio et la télévision) du contrôle de l'État.

En 1984, Canal Plus, la première chaîne privée française, a fait ses débuts. Canal Plus est rapidement devenu une des principales sources de financement du cinéma français. D'autres chaînes privées de télévision et d'autres radios « libres » ont été créées. En 1987, lorsque Jacques Chirac (gaulliste / libéral) était premier ministre, la première chaîne publique, TF1, a même été **privatisée**. L'État l'a vendue à Bouygues, une des plus grandes entreprises de bâtiment et travaux publics (BTP ; voir chapitre 7), qui cherchait à se diversifier. En 1992, la chaîne culturelle franco-allemande Arte, un symbole de la coopération européenne, a été créée.

À la radio (RTL), une émission animée par **Ménie Grégoire**, *Allô, Ménie* (1967–1980), a contribué à faciliter ou « banaliser » la discussion en public des questions liées à la sexualité. Cependant, certains stéréotypes n'avaient pas encore disparu à cette époque. En 1971, l'émission de Ménie Grégoire a été critiquée et interrompue par des militants du Front homosexuel d'action révolutionnaire (FHAR ; voir chapitre 10) parce qu'elle avait présenté l'homosexualité comme un « douloureux problème ».

Plusieurs chaînes publiques de télévision existent encore : France 2, France 3, etc. Cependant, le « paysage audiovisuel français » est actuellement dominé par le secteur privé. Grâce aux progrès technologiques et à la coopération européenne, les spectateurs ont beaucoup plus de choix, y compris parmi les chaînes provenant des autres pays européens. L'offre télévisuelle est donc **multilingue**, ce qui est approprié pour l'Union européenne. À ce sujet, une célèbre émission « grand public » a fait ses débuts dès l'année 1956 : le Concours Eurovision de la chanson. Cette émission musicale annuelle est encore populaire de nos jours.

Pour préserver et faire connaître les archives de la radio et de la télévision, l'Ina (Institut national de l'audiovisuel) a été créé en 1975. Son site Web permet de revoir le lent développement de la télévision en France. Quant au Conseil supérieur de l'audiovisuel (CSA), il joue un rôle de **réglementation** qui est en partie comparable à ceux de la *Federal Communications Commission* (FCC) américaine et du Conseil de la radiodiffusion et des télécommunications canadiennes (CRTC). Pendant les périodes électorales, le CSA doit assurer le pluralisme et l'égalité du temps d'antenne [*airtime*] des candidats.

À la télévision, en France comme dans d'autres pays européens, il est frappant de constater à quel point [*to what extent*] on trouve de nombreuses **séries américaines,** surtout sur les chaînes privées. Ce sont surtout des raisons économiques qui expliquent cette forte présence d'émissions télévisées provenant des États-Unis. Chacun des marchés audiovisuels européens étant nettement plus petit que l'immense marché américain, il est relativement plus cher de produire des émissions nationales — et beaucoup moins cher d'acheter des émissions américaines — qu'il est facile de doubler [*dub*] ou de sous-titrer [*subtitle*]. Une certaine image de l'*American way of life* est donc diffusée [*broadcast*] régulièrement en France et à travers l'Europe.

En ce qui concerne **Internet et les réseaux sociaux,** la France ne se différencie guère [*hardly*] des autres pays développés. Les Français passent de plus en plus de temps en ligne, que ce soit [*whether it be*] sur un portable ou sur un ordinateur. Facebook, Instagram, Snapchat ou Twitter font partie de la routine quotidienne. Aux côtés de [*Alongside*] YouTube, il y a Dailymotion et Vimeo. Les fournisseurs d'accès à Internet (FAI) sont nombreux : Orange (ex-France Télécom), Bouygues Télécom, Free, SFR, etc. En général, le coût de l'abonnement mensuel [*monthly subscription fee*] est légèrement moins élevé que de ce côté de l'Atlantique. Il est courant [*common*] de choisir un fournisseur qui offre l'accès à la fois à Internet, la télévision et la téléphonie.

Situation rare, il y a eu à la télévision française, de 1975 à 1990, une émission-culte consacrée à la littérature : **Apostrophes**, animée par Bernard Pivot. Cette rencontre hebdomadaire de la télévision et de la littérature avait lieu le vendredi soir, à une heure de grande écoute [*prime time*], et attirait un public substantiel. Le format était celui d'une table ronde. Seuls des écrivains étaient invités à participer à *Apostrophes*. De nombreux téléspectateurs ont découvert ou approfondi leur passion pour la littérature au cours de cette émission.

Télévision	Histoire	CSA	*Apostrophes*

L'IMPORTANCE HISTORIQUE DE LA CULTURE LITTÉRAIRE

Dès le premier chapitre de ce manuel, il a été signalé que la **langue française** — et la culture littéraire qui lui est associée — constitue sans doute le symbole socioculturel qui est doté de la plus forte charge émotionnelle, non seulement en France, mais à travers le monde. Ce symbole est en effet non seulement national, mais également perçu depuis le dix-huitième siècle comme ayant une valeur universaliste (d'où la métaphore du « rayonnement » linguistique et culturel). Dans la société française, le **prestige de la littérature** est donc logiquement associé à celui de la langue. Le prestige des diplômes (voir chapitre 6) et de l'érudition — culturelle et, particulièrement, littéraire — est à son tour associé à celui de la littérature.

Comme nous avons souvent eu l'occasion de le constater dans d'autres domaines, **la centralisation et le dirigisme** sont des facteurs importants dans le domaine culturel. Au niveau institutionnel, plusieurs organismes [*agencies / departments*] officiels ont été créés pour défendre et soutenir l'usage de la langue française et pour renforcer le prestige et le rayonnement de sa littérature. L'Académie française est la plus connue et la plus ancienne (1635). Plus récemment (1989), il y a eu la création de la Délégation générale à la langue française et aux langues de France (DGLFLF). Au niveau international, il y a l'Organisation internationale de la Francophonie (l'OIF ; voir chapitre 8). En ce qui concerne l'édition, il y a le Centre national du livre (CNL). De façon générale, le rôle traditionnel de l'État dans la vie culturelle est institutionnalisé à travers le ministère de la Culture, et renforcé par le poids prépondérant de Paris (où se trouvent les plus prestigieuses maisons d'édition).

Deux ministres de la Culture sont particulièrement célèbres.

André Malraux a été le premier ministre de la Culture (1959–1969), lorsque Charles de Gaulle était président de la République. Romancier célèbre, Malraux avait reçu le prix Goncourt en 1933 pour *La Condition humaine*. En tant que ministre, un de ses principaux objectifs était la création, dans chaque département, des Maisons de la Culture (cet objectif n'a été que partiellement atteint).

Suite à la page suivante

Décret du 24 juillet 1959 :

Le ministère chargé des affaires culturelles a pour mission de rendre accessibles les œuvres capitales de l'humanité, et d'abord de la France, au plus grand nombre possible de Français ; d'assurer la plus vaste audience à notre patrimoine culturel, et de favoriser la création des œuvres d'art et de l'esprit qui l'enrichissent.

Jack Lang a été ministre de la Culture (1981–1986 et 1988–1993) lorsque François Mitterrand était président de la République. Grâce à une augmentation substantielle du budget de son ministère, Lang a pu développer de façon significative le champ de son action. Deux événements annuels ont commencé au cours des « années Lang ».

    1982 : le début de la Fête de la musique (le 21 juin : le premier jour de l'été).

    1984 : le début des Journées du patrimoine.

| DGLFLF | CNL | Malraux | Musique |

Presque toutes les plus prestigieuses maisons d'édition françaises (Gallimard, Grasset, Minuit, etc.) ont leur siège à Paris, ce qui fait de la capitale le centre littéraire du pays. Le prestige de Paris s'étend [*extends*] cependant bien au-delà [*beyond*] des frontières nationales. Dans une grande partie du monde francophone, en particulier en Afrique, il est important pour de nombreux auteurs de **faire publier leurs œuvres à Paris.** Toujours en fonction de la logique de la centralisation, les émissions télévisées nationales et les prix littéraires parisiens (le prix Goncourt étant le plus connu) peuvent transformer des écrivains en célébrités, en France et à l'étranger. Parmi les grands événements publics, il y a le **Salon du livre de Paris,** qui se tient chaque année au printemps, et qui attire de nombreux écrivains venus du monde entier. De façon plus banale, la culture littéraire est également visible à travers les rues, les places et les écoles qui portent les noms d'auteurs connus. Pour faire preuve de réflexivité [*In order to be self-reflexive*], il faut également rappeler que plusieurs écrivains ont été cités au cours de ce manuel, ce qui n'est pas un hasard (un faux ami : *not by chance*). C'est une indication de la place de la littérature dans la vie quotidienne en France. Il est pratiquement impossible de parler de l'histoire, de la société et de la culture françaises sans parler de littérature, d'autant plus que [*all the more so because*] les écrivains et les artistes ont souvent joué un rôle politique (Voltaire, Germaine de Staël, Victor Hugo, George Sand, Émile Zola, etc.).

Un effet du centralisme français : chaque automne (à la « rentrée littéraire »), le **prix Goncourt** — le prix littéraire français le plus prestigieux — apporte la notoriété à un auteur et garantit des ventes importantes à son roman, qui est abondamment commenté dans les médias. Des entretiens [*interviews*] avec l'auteur sont diffusés pendant les journaux télévisés. Sa photographie est dans tous les journaux. Des extraits de son roman sont reproduits en ligne. Il s'agit donc d'un événement public à l'échelle nationale. Le grand public sait généralement qui a gagné le prix Goncourt, même si tout le monde ne lit pas le roman.

Le premier prix Goncourt a été décerné [*awarded*] en 1903. Voici quelques prix Goncourt de notre siècle :

Jonathan Littell : *Les Bienveillantes* (2006)

Marie NDiaye : *Trois femmes puissantes* (2009)

Michel Houellebecq : *La Carte et le territoire* (2010)

Leïla Slimani : *Chanson douce* (2016)

Parmi les autres prix littéraires français, on peut citer le Renaudot, le Femina, le Médicis, l'Interallié, etc.

En dehors des prix littéraires français, il faut mentionner le cas des prix Nobel. Dans toutes les disciplines scientifiques, un nombre tout à fait respectable de prix Nobel a été décerné à des chercheurs français. Cependant, c'est dans le domaine de la littérature que le bilan est exceptionnellement élevé. Depuis le début des prix Nobel en 1901, ce sont les auteurs français qui ont obtenu le plus grand nombre de prix. Étant donné le faible pourcentage que représente la France par rapport à l'ensemble de la population mondiale (environ 1 %), le nombre élevé de prix Nobel de littérature constitue une bonne raison de « pousser un cocorico » (une référence au coq gaulois ; voir chapitre 1).

Marie NDiaye

La place socioculturelle de la littérature a été renforcée par l'influence durable des **revues littéraires**. Voici quelques revues qui ont été particulièrement importantes au cours du vingtième siècle.

Pendant l'entre-deux-guerres, **La Nouvelle Revue française** est devenue la revue la plus influente (André Gide a participé à sa création ; voir chapitre 10). La *NRF* a mené à la création de la maison d'édition Gallimard. Les Éditions Gallimard publient la collection littéraire la plus prestigieuse en France : la Pléiade. Pour un écrivain, c'est une consécration de voir ses œuvres publiées dans la Pléiade.

Après la Deuxième Guerre mondiale, **Les Temps modernes** est devenue la revue intellectuelle dominante. Elle a été dirigée par Jean-Paul Sartre, le principal philosophe de l'existentialisme en France, jusqu'à sa mort en 1980. Ensuite, Simone de Beauvoir, l'auteure du *Deuxième Sexe* (1949 ; voir chapitre 10), a dirigé la revue. Après sa mort en 1986, c'est Claude Lanzmann (1925–2018) qui a assuré la direction des *Temps modernes*. Lanzmann a également réalisé le documentaire *Shoah* (1985 ; voir chapitre 3).

Pendant les années 1960 et 1970, **Tel quel**, dirigé par Philippe Sollers, est devenu une revue littéraire, puis politique, influente. *Tel quel* a été associé à plusieurs courants intellectuels : le structuralisme, le nouveau roman et le postmoderne. Depuis 1983, la revue a pour titre *L'Infini*.

Depuis les années 1980, **Le Débat**, fondé par l'historien Pierre Nora, a pris une place importante dans la vie intellectuelle en France. Nora est à l'origine du monumental ouvrage historique, *Les Lieux de mémoire* (1984–1992). Relativement moins politisé que *Les Temps modernes* ou *Tel quel*, *Le Débat* est orienté vers les sciences humaines et sociales.

| Salon du livre | Goncourt | Pléiade | *NRF* |

Depuis la Première Guerre mondiale, un certain nombre de **mouvements littéraires** sont devenus célèbres, de sorte que [*so that*] leurs noms font désormais partie du vocabulaire courant. Voici quelques exemples : le surréalisme s'est développé pendant les années 1920 et 1930 ; l'existentialisme a dominé la vie intellectuelle après la Deuxième Guerre mondiale ; le théâtre de l'absurde a été un style théâtral influent pendant les années 1950 et 1960 ; le nouveau roman a été très célèbre pendant les années 1960 ; l'autofiction est un mouvement littéraire qui a commencé à la fin des années 1970. Ces quelques exemples indiquent à quel point les courants et tendances littéraires peuvent varier et évoluer.

*La **Cantatrice chauve*** (1950), une pièce de théâtre du dramaturge [*playwright*] d'origine roumaine Eugène Ionesco (1909–1994), est devenue une institution parisienne. Elle est jouée tous les soirs depuis 1957 au Théâtre de la Huchette (une très petite salle de théâtre dans le 5ᵉ arrondissement). Ionesco est un des principaux représentants du théâtre de l'absurde.

La **Comédie-Française**, située dans le 1ᵉʳ arrondissement de Paris, est la plus connue de toutes les salles de théâtre en France. C'est aussi une troupe permanente de comédiens (un faux ami : les comédiens sont des acteurs) dont l'histoire remonte au dix-septième siècle — c'est-à-dire la période classique de la littérature française. La troupe de la Comédie-Française joue des pièces classiques (de Molière, Racine et Corneille) et modernes. En tant qu'institution culturelle, on peut comparer la Comédie-Française à la *Royal Shakespeare Company* en Grande-Bretagne.

La place durable de la culture littéraire dans la société française est associée à la valorisation de la langue française, malgré (ou peut-être à cause de) ses **difficultés**. Au niveau grammatical, il y a les temps [*tenses*] littéraires, qui ne sont plus utilisés dans la conversation, mais qui restent bien présents à travers la littérature classique et moderne (on en trouve même dans certains journaux). Des temps grammaticaux — le passé simple, l'imparfait du subjonctif, etc. — sont ainsi réservés à l'écriture (on peut aussi les entendre au théâtre). Le fait que les temps littéraires ne sont plus utilisés dans la conversation courante depuis le dix-septième siècle les rend [*make them*] paradoxalement plus prestigieux à l'écrit. Les écrivains qui savent manier [*use*] correctement — c'est-à-dire discrètement — les temps littéraires en tirent [*obtain*] également un certain prestige. Le français parlé idiomatique et le français écrit formel sont donc plus distants que leurs équivalents en anglais.

La langue française est également célèbre pour son niveau de difficulté en ce qui concerne **l'orthographe** (même si elle est loin d'être la plus difficile dans ce domaine). Il y a cependant des passionnés de l'orthographe et de la grammaire, et même une étonnante nostalgie des dictées, qui ont pourtant fait souffrir des générations d'écoliers français. De 1985 à 2005, il y avait un championnat de France d'orthographe — qui comportait [*included*] évidemment des dictées. Les *Dicos d'or* étaient des événements télévisés chaque année. L'émission était animée par Bernard Pivot, qui avait également animé l'émission littéraire *Apostrophes* (voir la section précédente). Une des émissions les plus anciennes de la télévision française s'appelle *Des chiffres et des lettres*. Elle a commencé en 1965 (sous le titre : *Le Mot le plus long*). Cette émission quotidienne est un jeu qui exige [*demands*] une bonne connaissance du vocabulaire (ainsi qu'un bon niveau en arithmétique).

En 1990, le gouvernement dirigé par le premier ministre Michel Rocard (socialiste) a annoncé une réforme de l'orthographe (officiellement : « les **rectifications orthographiques** du français »). Plusieurs institutions linguistiques et culturelles avaient été consultées, y compris l'Académie française. Une commission gouvernementale avait longtemps travaillé sur la liste des mots à rectifier. L'objectif de cette réforme était de régulariser et simplifier des règles orthographiques bien trop pleines d'exceptions ou d'incohérences (règlement, mais réglementation, par exemple). Les rectifications ne concernaient qu'un faible pourcentage des mots de la langue française. Quant aux changements orthographiques, ils étaient généralement mineurs : événement / évènement ; oignon / ognon ; coût / cout ; vingt et un / vingt-et-un ; etc. Ce projet de réforme, modeste et limité, a cependant rencontré une résistance farouche [*fierce*] dans les médias et parmi de nombreux écrivains. Un des arguments des opposants aux rectifications orthographiques était qu'elles rendraient tous les textes littéraires déjà publiés plus difficiles à lire. Près de trois décennies [*decades*] plus tard, ces rectifications orthographiques sont encore peu appliquées en France, alors qu'elles le sont davantage dans des pays comme le Canada ou la Belgique. Il n'est pas facile de tenter de réformer une institution nationale aussi valorisée que la langue française, même si c'est pour améliorer son fonctionnement.

Huchette	Comédie-Française	Orthographe	Rectifications

Les commentaires de Nicolas Sarkozy, lorsqu'il était candidat à la présidence de la République (2007), sur le roman de Madame de La Fayette, *La Princesse de Clèves* (1678), ont suscité des polémiques qui ne sont pas faciles à comprendre de ce côté de l'Atlantique. En tant que premier roman d'analyse psychologique, la place de *La Princesse de Clèves* dans l'histoire de la littérature française est bien établie. Sur un ton sarcastique, Sarkozy a pris le roman de Madame de La Fayette comme exemple pour suggérer que l'enseignement de la littérature ne servait à rien pour de nombreuses professions. En ce faisant [*By doing so*], Sarkozy a enfreint [*broke*] une règle implicite : un politicien français doit montrer du respect pour la tradition littéraire française. En fonction de la notion de « culture générale » (voir chapitre 6), tout citoyen français doit avoir accès à ce **patrimoine** [*heritage*] littéraire. En se moquant (ou en niant l'importance) d'une composante célèbre de ce patrimoine, Sarkozy s'est durablement discrédité aux yeux d'une grande partie de l'opinion publique.

LA BANDE DESSINÉE

En France, la bande dessinée (BD) — ou le neuvième art — a progressivement acquis un statut culturel plus proche de celui des *graphic novels* (*A Contract with God* [1978] par Will Eisner ; *Maus* [1991] par Art Spiegelman) que des simples *comics strips*. Les albums de BD s'adressent souvent à des adultes plutôt qu'à des enfants. Depuis au moins les années 1970, la bande dessinée n'a donc plus le statut de genre inférieur, de sous-produit de la littérature dont le but est purement de divertir [*entertain*]. La bande dessinée est largement [*widely*] reconnue comme une véritable **forme d'expression artistique**, aux codes esthétiques et narratifs complexes qui permettent une évaluation critique, au même titre que les autres arts. De nombreux articles et livres écrits par des critiques littéraires sont consacrés à des albums de BD, qui peuvent être analysés tout comme des romans ou des films. En France, les auteurs d'albums à succès peuvent devenir célèbres tout comme les romanciers et les réalisateurs [*film directors*]. Les liens et les influences réciproques entre ces trois formes d'expression artistique sont d'ailleurs de plus en plus évidents. Plusieurs romans ont été adaptés sous forme de BD. Plusieurs albums de BD ont été adaptés au cinéma. Pour prendre un exemple, en 2011, Joann Sfar a réalisé une adaptation animée de sa propre série de BD, *Le Chat du rabbin*.

Certains **personnages** de la bande dessinée francophone (en particulier la tradition franco-belge) sont devenus célèbres à travers le monde : Tintin, Astérix ou plus récemment Titeuf. Notons en passant que, par opposition à la tradition

Joann Sfar

des *comics* américains, il n'y a pas de superhéros dotés de pouvoirs démesurés dans la BD française — à deux exceptions près, l'une partielle, l'autre satirique : Astérix (la potion magique) et Superdupont. Les personnages suivants, très connus en France, le sont moins au niveau international :

- **Gaston Lagaffe** (dessiné par Franquin), comme son nom l'indique, était au départ un personnage maladroit, chaotique et quelque peu [*somewhat*] pathétique, avant de devenir progressivement une icône écologiste et pacifiste.
- **Superdupont** (dessiné par Gotlib) est une satire de l'image traditionnelle du « Français moyen », ainsi que des nombreux superhéros que l'on trouve dans les *comic books* américains. Mentionnons au passage que « Dupont » et « Durand » sont des noms de famille qui sont aussi fréquents en France que « Smith » ou « Jones » de ce côté de l'Atlantique.
- **Le beauf** (dessiné par Cabu), ou beau-frère, est une satire beaucoup plus grinçante [*dark*] du Français moyen. Alcoolique, borné [*narrow-minded*] et agressif, le beauf est « bête et méchant », pour reprendre le slogan du magazine satirique *Hara-Kiri* des années 1960. Notons que Cabu, avec d'autres dessinateurs célèbres du magazine *Charlie Hebdo*, a été assassiné lors de l'attentat terroriste du 7 janvier 2015.
- **Adèle Blanc-Sec** (dessinée par Tardi) est une des rares héroïnes qui occupent une place centrale dans une série de bandes dessinées. Ses aventures rocambolesques [*fantastic*] à Paris commencent durant la Belle Époque et se prolongent après la Première Guerre mondiale.

| BD | Histoire | Lagaffe | Adèle |

LE CINÉMA

Il y a en France une tradition de « cinéphilie » : les **cinéphiles** considèrent le cinéma comme un art, au lieu d'une industrie de divertissement. Il y a donc une division entre le cinéma « grand public » d'une part, et d'autre part le cinéma « d'auteur » ou « d'art et essai ». Comme on l'a vu au chapitre 2, le cinéma a été inventé en 1895 par les frères Lumière. Ce qui était au départ une simple innovation technologique est rapidement devenu un art — le septième art. En

France, cet art a eu une période classique (les années 1930) et des périodes de renouvellement (comme la « nouvelle vague » des années 1960). Le cinéma a donc été accepté en tant que forme d'expression artistique plus rapidement que la bande dessinée.

Tout comme la littérature, le cinéma a connu plusieurs mouvements esthétiques : l'expressionnisme, le réalisme poétique, le film noir, le néo-réalisme, etc. Pendant les années 1930, des réalisateurs comme René Clair, Julien Duvivier, Marcel Carné et Jean Renoir ont participé, chacun à sa façon, au **réalisme poétique** de la période classique du cinéma français. Pour une excellente présentation de l'histoire du cinéma français, voir le documentaire de Bertrand Tavernier, *Voyage à travers le cinéma français* (2016).

En 1951, la création des ***Cahiers du Cinéma*** a marqué une étape importante dans l'histoire de la cinéphilie. Le critique de cinéma [*film critic*] André Bazin était un des fondateurs de la revue, qui deviendra particulièrement influente pendant la « nouvelle vague ». Les premiers films de ce mouvement cinématographique ont été tournés à la fin des années 1950 : *Les Quatre Cents Coups* (1959) de François Truffaut et *À bout de souffle* (1960) de Jean-Luc Godard. Truffaut et Godard faisaient partie des critiques des *Cahiers du Cinéma* qui sont devenus des réalisateurs. Quelques mots en passant à propos de la traduction en anglais des titres de ces films : si *Breathless* est approprié pour le film de Godard, *The Four Hundred Blows* pour celui de Truffaut est une abomination linguistique. L'expression « faire les quatre cents coups » est à peu près équivalente à : « *to sow one's wild oats* ». Il n'y a pas de « *four hundred blows* » dans le film...

| Réalisme | *Cahiers* | Truffaut | Godard |

Le soutien institutionnel de l'État à la langue et la littérature françaises s'étend également au cinéma. Dans ce domaine aussi, on trouve une continuité historique, malgré les changements de régime politique. Le COIC, créé par le régime de Vichy pour soutenir la production de films, est devenu le CNC (Centre national du cinéma et de l'image animée) après la Libération. Parmi les mesures de **soutien financier** au cinéma français, il y a l'avance sur recettes (créée par André Malraux en 1959), qui permet de financer la production de « films d'auteur ».

Pendant l'Occupation, les spectateurs français n'ont pas pu voir les films américains (voir chapitre 3). En 1946, les **accords bilatéraux Blum-Byrnes** ont permis la réouverture du marché français : il y a eu un afflux [*flood*] de films américains, y compris les films policiers qui avaient été tournés [*shot*] au début des années 1940. Beaucoup de ces films avaient des budgets limités et utilisaient souvent des contrastes entre l'ombre et la lumière — ce qui était aussi une façon de remplacer des décors coûteux [*expensive sets*]. Le terme « **film noir** » a fait ses débuts lorsque des critiques de cinéma français ont découvert ces films américains. Notons qu'au cours du vingtième siècle, la forte influence américaine sur la culture populaire française est passée par plusieurs étapes : le jazz dans les années 1920, le cinéma dans les années 1950, les séries télévisées dans les années 1980, etc.

Ironie sinistre de l'histoire, le tout premier **Festival de Cannes** était prévu pour s'ouvrir le 1er septembre 1939, date du déclenchement de la Seconde Guerre mondiale. Le Festival aura ses vrais débuts en 1946 (voir à ce sujet l'ouvrage d'Olivier Loubes). Il est rapidement devenu le plus grand festival de cinéma au monde.

| Blum-Byrnes | Film noir | Cannes | Diversité |

Au début des années 1990, les négociations internationales sur « l'exception culturelle », qui est par la suite devenue la « **diversité culturelle** », ont permis de sauver l'industrie du cinéma français, une industrie qui a presque disparu dans d'autres pays européens (voir à ce sujet l'ouvrage de Jonathan Buchsbaum). Ces négociations ont eu lieu dans le cadre du GATT (*General Agreement on Tariffs and Trade*), qui est par la suite devenu l'OMC (l'Organisation mondiale du commerce, dont le siège est à Genève). Dans ce domaine, le gouvernement français s'opposait surtout à celui des États-Unis, qui avait pour objectif de libéraliser tous les échanges commerciaux dans le domaine de l'audiovisuel.

LA CHANSON

La chanson française a connu plusieurs mouvements et s'est progressivement transformée avec chaque nouvelle génération. Pendant l'entre-deux-guerres, la popularité de Joséphine Baker a déjà été mentionnée (voir chapitre 2). Il faut aussi nommer d'autres chanteurs célèbres de cette période : Fréhel, Mistinguett, Tino Rossi, Charles Trenet et bien sûr Édith Piaf (1915–1963), qui reste une figure centrale de la chanson en France. On peut dire que la période « classique » a eu lieu pendant les années 1950 et 1960, lorsque des **chansonniers** connus pour leur talent poétique — Léo Ferré, Georges Brassens, Jacques Brel, Barbara, Charles Aznavour, Georges Moustaki, Juliette Gréco, Serge Gainsbourg, etc. — ont produit des œuvres qui restent célèbres de nos jours. L'influence américaine a été forte dans le domaine de la chanson : le jazz avant la guerre, plus récemment le rock puis le rap. Pendant la période « yéyé » des années 1960, plusieurs chanteurs français ont pris des noms de scène anglais : Johnny Hallyday, Eddy Mitchell ou Dick Rivers. Depuis la fin des années 1980, le **rap** (ou hip-hop) français a dépassé l'influence américaine initiale, pour devenir un des genres musicaux les plus populaires à l'heure actuelle. Parmi les rappeurs les plus connus, on trouve : MC Solaar, Oxmo Puccino, Booba, Black M, etc. Plusieurs styles de chansons venus d'Afrique ou des Antilles sont également populaires en France : le zouk, le raï, le reggae, etc.

| Chanson | Rap | Chroniques |

L'ARGOT : L'ENSEIGNER OU RIEN À FOUTRE ?

> « Il n'est pas bon que tout le monde lise les pages qui vont suivre ; quelques-uns seuls savoureront ce fruit amer sans danger. Par conséquent, âme timide, avant de pénétrer plus loin dans de pareilles landes inexplorées, dirige tes talons en arrière et non en avant. »
>
> Isidore Ducasse, dit comte de Lautréamont : *Les Chants de Maldoror* (1869)

L'argot — négativement connoté, voire porteur [*or even a cause of*] d'exclusion sociale — reste un sujet délicat et parfois dangereux à aborder dans les cours de français. Trop souvent, les enseignants, même ceux qui tiennent à représenter l'ensemble des niveaux de langues ou de sociolectes, préfèrent éviter certains termes, qui sont pourtant couramment utilisés, par crainte [*out of fear of*] d'offenser ou de susciter [*create*] un malaise. Or, **l'argot se rencontre partout** : dans les chansons comme dans les textos, au cinéma ainsi qu'en littérature, dans les conversations et sur les réseaux sociaux. Il vaut mieux donc en tenir compte, dans ce manuel et ailleurs. Le but de cette section est de fournir une grille d'interprétation du phénomène sociolinguistique durable et protéiforme [*constantly changing*] de l'argot.

L'argot est généralement un « sociolecte » : la façon de parler d'un groupe social spécifique. Cependant, de nombreux termes argotiques ont été intégrés à la langue « standard ». Les romans policiers et les « films noirs », par exemple, ont permis de faire connaître au grand public l'argot des policiers (et des criminels). On peut également considérer l'argot en fonction du **niveau de langue**. Pour simplifier, il y a la langue formelle ou littéraire ; la langue dite « standard » ou le « français de Paris » ; et la langue idiomatique ou argotique. Un locuteur [*speaker*] peut très bien alterner entre les niveaux de langue. Par contre, au niveau social, il vaut mieux savoir adapter sa façon de parler en fonction des circonstances. Dans le cadre d'un entretien d'embauche [*job interview*], par exemple, il vaut mieux éviter d'utiliser des termes ou des expressions argotiques. Inversement, une langue trop « soignée » ou formelle ne convient pas à une situation de convivialité détendue.

On peut classifier le vocabulaire de l'argot en quatre grandes catégories :

- **blasphématoire** : rappelons que dans l'Ancien Régime (avant la Révolution), le blasphème était puni par l'arrachage de la langue ;
- **sexuelle** : une des formes argotiques universelles ;
- **scatologique** : surtout présent dans les interjections (Merde !) et l'argot des enfants ;
- pour désigner **l'altérité** : les femmes / les hommes ; l'orientation sexuelle ; la couleur de la peau ; l'origine ethnique, nationale ou régionale ; la religion ; le métier ou la profession.

En France, le registre blasphématoire a perdu sa capacité de choquer plus tôt qu'au Québec, ce qui reflète le fait que l'Église catholique a maintenu son pouvoir socioculturel dans la « Belle Province » jusqu'à la Révolution tranquille des années 1960 (voir chapitre 8), alors qu'en France la loi de séparation des Églises et de l'État a été une étape décisive (la loi de 1905 ; voir chapitres 2 et 9). De nos jours, il est rare d'entendre un juron [*swear word*] blasphématoire en France, tout simplement parce que de tels jurons ont perdu leur **valeur transgressive**. Avant la Révolution de 1789, il était possible d'entendre des euphémismes tels que : ventrebleu, sacrebleu, palsambleu, morbleu. Ces termes désuets [*outdated*], qui ont totalement disparu de nos jours, utilisaient « bleu » à la place de « Dieu », afin d'éviter les punitions associées au blasphème. Par contre, au Québec, on entend encore des jurons de nature blasphématoire : tabarnak, crisse, calice, ostie, etc.

Toutes les cultures ont des termes argotiques liés à la sexualité. Le titre de cette section fournit un bon point de départ : « rien à foutre » et « je m'en fous » sont des expressions à peu près équivalentes à « *I don't give a damn* ». Le verbe argotique « **foutre** » (qui a remplacé « fiche ») est devenu un verbe « à tout faire » [*all-purpose*] : « fous le camp » [*get lost*] ; « ça m'a foutu la trouille » [*that really scared me*] ; « qu'est-ce que tu fous là ? » [*what are you doing here?*] ; « fous-moi la paix » [*leave me alone*] ; « arrête de te foutre de ma gueule » [*stop making fun of me*] ; etc. Cependant, au départ, le verbe avait un sens sexuel. En tant que nom, le mot a encore son sens initial : le foutre, c'est le sperme. Notons qu'en anglais, *jazz music* a la même origine.

« **Baiser** » — le verbe, pas le nom — a également évolué. Un baiser est encore : *a kiss*. Par contre, le verbe n'est presque plus jamais utilisé pour signifier : *to kiss*. Il a pris un sens sexuel et fait partie du registre argotique vulgaire. De nos jours, le célèbre poème de Louise Labé (1524–1566), si plein de sensualité amoureuse, fait généralement ricaner les lycéens : « Baise-moi encore, rebaise-moi et baise ».

« Putain ! » est généralement utilisé en tant qu'interjection : le terme peut exprimer la surprise, le plaisir, l'exaspération ou même le dégoût. **L'interjection est souvent utilisée par des femmes**, qui ne l'associent pas à son sens initial (voilà encore un exemple de l'aspect protéiforme de l'argot). La forme réduite du nom a gardé son sens initial (une « pute » / une prostituée). Pour sa part, un « maquereau » (ou un « mac ») a le sens de : *pimp*.

Argot

Jargons

Louise Labé

Interjections

Les innombrables termes utilisés pour désigner les organes génitaux ne seront pas abordés ici. Mentionnons toutefois que, comme c'est souvent le cas, le genre grammatical ne correspond pas toujours aux attentes [*expectations*] : plusieurs termes argotiques pour le pénis, par exemple, sont féminins. Au niveau humoristique, le « zizi », qui provient du **langage enfantin**, a fourni le titre d'une chanson célèbre (1975) de Pierre Perret. Plus anciennement, il y a la tradition des chansons paillardes [*bawdy*].

« Et au plus élevé trône du monde, nous ne sommes assis que sur notre cul. »

Michel de Montaigne (1553–1592) : *Essais* III, 13, « De l'expérience »

Le mot « cul » (la dernière consonne n'est pas prononcée) est à la fois standard et argotique. Un « cul-de-sac », par exemple, signifie : *a dead-end street*. Un « cul-de-bouteille », c'est le fond d'une bouteille. Dans ce sens, le mot « cul » est donc équivalent à : *bottom*. On peut d'ailleurs boire un verre « cul sec » : *bottoms up*. Au niveau argotique, le cul appartient aux **registres sexuel et scatologique**. Un « film de cul » est pornographique. Un « plan cul » est équivalent à : *casual sex / hookup*. Dans ce sens, l'usage du mot « cul » inclut les organes génitaux. Pour citer un critique littéraire (qui faisait référence à l'œuvre de François Rabelais [1494–1553]), le cul représente : *the material bodily lower stratum*.

En ce qui concerne les mots homophones, attention au contexte national : au Québec, le **PQ**, c'est le Parti québécois (voir chapitre 8) ; mais en France, le **p-cul** (ou papier-cul), c'est le papier toilette.

| Nana / Mec | C'est du poulet ? | Verlan | Boche |

L'altérité est une catégorie argotique universelle. Toutes les cultures utilisent des termes — parfois affectueux, souvent péjoratifs [*derogatory / insulting*] — pour désigner les autres, ceux qui sont différents d'une façon ou d'une autre. Une « nana » / un « mec » sont des termes autrefois vulgaires qui sont devenus ordinaires pour désigner une femme ou un homme (mais il est toujours préférable de les éviter lors d'un entretien d'embauche...). Comme en anglais, il y a beaucoup plus de termes péjoratifs pour les femmes que pour les hommes. Les termes racistes, sexistes ou homophobes sont nombreux en français, comme dans d'autres langues.

Tout comme « *frog* » est couramment utilisé en anglais pour désigner les Français, il y a des termes argotiques — péjoratifs ou humoristiques, selon le cas — en français pour désigner d'autres **nationalités** : rital (italien) / russkoff (russe) / boche (allemand) / rosbif (britannique) / amerloque (américain) / etc. Par ailleurs, les stéréotypes nationaux et linguistiques contribuent à une tradition qui n'a pas encore disparu en France : les blagues belges. Le **verlan** est une catégorie spécifique et déjà assez ancienne de l'argot. Le mot vient de « l'envers », ce qui rappelle que le verlan fonctionne par inversion des syllabes (en ajoutant « e[u] » lorsque c'est nécessaire). Certains de ces termes sont à peine acceptables, d'autres sont franchement péjoratifs : beur (arabe) / feuj (juif) / renoi (noir) / meuf (femme) / keuf (flic / policier). Ce dernier terme rappelle que l'argot est parfois utilisé pour désigner certaines **professions** : poulet (policier) / toubib (médecin) / croque-mort (thanatopracteur : les soins funéraires) / pervenche (contractuelle : fonctionnaire qui contrôle le stationnement). Une contractuelle peut dresser une contravention [*traffic ticket*] — c'est-à-dire, en argot : un PV, une contredanse, un papillon...

POUR ALLER PLUS LOIN

1) Choisissez la lettre qui convient :

____ Marcel Proust   A. Chercheur scientifique

____ Claude Debussy   B. Romancier

____ Marie Curie   C. Dramaturge

____ Jean Anouilh   D. Compositeur

____ Marc Chagall   E. Philosophe

____ Marguerite Yourcenar   F. Peintre

____ Eugène Ionesco

____ Jean-Paul Sartre

2) Trouvez en ligne la chanson (et les paroles) de Jean-Roger Caussimon : « Bordel à cul » (1975). Le refrain est célèbre : « Sacré bordel de vierge enceinte ! » À quelle catégorie argotique appartient le titre ? Et celle du refrain ?

3) Faites des recherches en ligne sur les rectifications orthographiques du français de 1990. Trouvez des exemples de mots dont l'orthographe a changé. Est-ce que ce serait une bonne idée de réformer l'orthographe de l'anglais ?

4) À votre avis, est-ce qu'une émission littéraire télévisée comme *Apostrophes* pourrait avoir du succès au Canada ou aux États-Unis ? Pourquoi ou pourquoi pas ?

5) Faites des recherches sur les façons dont le gouvernement soutient le cinéma français. Pensez-vous que ce soit une bonne idée ? Est-ce que c'est important — et réaliste — pour un pays de taille moyenne comme la France de chercher à conserver une industrie cinématographique nationale ? Expliquez votre raisonnement.

6) Trouvez en ligne la chanson (et les paroles) de Colette Renard : « Les Nuits d'une demoiselle » (1960). Que signifie cette série d'euphémismes ?

7) Apprécier la littérature, est-ce important pour un politicien ? Est-ce qu'il est normal de juger sévèrement Nicolas Sarkozy parce qu'il a fait des commentaires ironiques sur le roman de Madame de La Fayette, *La Princesse de Clèves* ? Est-ce qu'il y aurait eu une réaction semblable de ce côté de l'Atlantique ? Si oui, quelle serait l'œuvre littéraire comparable, que personne de ce côté de l'Atlantique n'accepterait de voir rabaisser [belittled] ?

8) Faites des recherches en ligne sur le mouvement littéraire de la négritude (voir aussi chapitres 2, 4 et 6). Pourquoi est-ce que ce terme est encore acceptable de nos jours, mais pas « nègre » ?

9) Faites des recherches en ligne sur les termes et expressions suivants, et décidez s'ils font partie du langage standard ou argotique : un cul-de-lampe / avoir la bouche en cul-de-poule / un cul-de-basse-fosse / ils sont comme cul et chemise / un lèche-cul / et mon cul, c'est du poulet ? / c'est à se taper le cul par terre.

10) Est-ce important d'apprendre les termes et expressions argotiques lorsqu'on étudie une langue ? Ne vaudrait-il pas mieux s'en tenir (se limiter) aux registres standard et littéraire ?

QCM

1) Le plus célèbre prix littéraire français est :

____ le prix Femina   ____ le prix Renaudot

____ le prix Goncourt   ____ le prix Interallié

2) La Fête de la Musique a été créée par :

____ Nicolas Sarkozy   ____ Jack Lang

____ Maurice Ravel   ____ André Malraux

3) André Malraux a été le premier ministre de :

____ l'Éducation nationale   ____ la Justice

____ la Culture   ____ l'Économie

4) L'Organisation mondiale du commerce (OMC) a son siège à :

____ Bruxelles   ____ Paris

____ Strasbourg   ____ Genève

5) De 1975 à 1990, une émission télévisée, *Apostrophes*, était consacrée :

____ au cinéma   ____ aux bandes dessinées

____ à la littérature   ____ à l'argot

6) Le neuvième art, c'est :

____ la bande dessinée   ____ le cinéma

____ la télévision   ____ la publicité

7) Le journal quotidien français « de référence », c'est :

____ *Libération*   ____ *Le Monde*

____ *L'Humanité*   ____ *Ouest-France*

8) Un « toubib », c'est un :

____ policier   ____ thanatopracteur

____ avocat   ____ médecin

9) *La Cantatrice chauve* (qui « se coiffe toujours de la même façon ») est un exemple :

____ du réalisme poétique   ____ du théâtre de l'absurde

____ de l'autofiction   ____ de la « nouvelle vague »

10) Adèle Blanc-Sec est un célèbre personnage de :

____ roman   ____ cinéma

____ télévision   ____ bande dessinée

11) Le film de Charlie Chaplin, *Modern Times* (1936), a inspiré le titre d'une revue littéraire :

____ *Tel quel*   ____ *Le Débat*

____ *Les Temps modernes*   ____ *La Nouvelle Revue française*

12) La « diversité culturelle » est un argument utilisé pour soutenir :

____ le nouveau roman   ____ le cinéma français

____ le verlan   ____ le racisme

13) La Comédie-Française est une célèbre troupe :

____ de soldats   ____ de toubibs

____ d'humoristes   ____ de comédiens

14) Gaston Lagaffe est un personnage de :

____ roman   ____ bande dessinée

____ cinéma   ____ radio

15) *L'Humanité* est un journal quotidien :

____ de gauche   ____ catholique

____ de droite   ____ sportif

16) Un « canard » est un terme argotique pour :

____ un album de BD   ____ une pièce de théâtre

____ une contravention   ____ un journal

17) Un « film noir » est normalement un film :

____ d'arts martiaux   ____ de cape et d'épée

____ policier   ____ comique

18) En France, tous les journaux quotidiens nationaux sont édités à :

____ Strasbourg   ____ Paris

____ Bruxelles   ____ Marseille

19) Depuis 1987, TF1 est :

____ un magazine hebdomadaire   ____ un terme argotique

____ une station de radio publique   ____ une chaîne de télévision
                                             privatisée

20) En France, les écrivains et les artistes ont souvent joué un rôle :

____ à la télévision   ____ politique

____ militaire   ____ sur scène

PERSPECTIVES D'AVENIR

Cette courte conclusion a pour but d'examiner certaines tendances et certains événements récents et de tenter d'apercevoir leurs conséquences futures. Cependant, plutôt que d'établir des prédictions, il s'agit de poser des questions, de faire réfléchir sur les évolutions en cours [*ongoing*] de la société française.

QUELLES SERONT LES CONSÉQUENCES DES ATTENTATS TERRORISTES DE 2015–2016 ?

La série d'attentats terroristes commis en 2015 et 2016 a constitué une suite de traumatismes en France. Il y avait eu des attaques terroristes auparavant, mais la série de 2015–2016 a atteint un nouveau niveau dans l'horreur. Le 7 janvier 2015, deux terroristes djihadistes ont attaqué les bureaux du magazine *Charlie Hebdo* à Paris. Ils ont assassiné onze personnes, dont plusieurs dessinateurs et journalistes. Deux jours plus tard, toujours à Paris, un terroriste a pris en otage les clients d'un magasin d'alimentation, l'Hyper Cacher. Il a tué quatre personnes parce qu'elles étaient juives. Dans les deux cas, les terroristes étaient des islamistes fanatisés. L'attentat contre *Charlie Hebdo* avait pour cible symbolique la liberté de la presse et de l'expression. L'attentat contre l'Hyper Cacher était clairement motivé par l'antisémitisme. Le 13 novembre 2015, trois commandos de terroristes armés de kalachnikovs ont commis des attentats synchronisés à travers Paris qui ont fait 130 morts et plus de 400 blessés. Il y a eu un véritable massacre à la salle de spectacle du Bataclan.

À Nice, le 14 juillet 2016, c'est un camion de 19 tonnes qui a été utilisé par un terroriste islamiste pour écraser des piétons. Le bilan humain : 86 morts et plus de 400 blessés. Les victimes étaient venues sur la célèbre Promenade des Anglais pour regarder le feu d'artifice [*fireworks show*] donné pour la Fête nationale. Le 26 juillet 2016, un prêtre de 86 ans qui célébrait la messe à l'église d'un petit village en Normandie a été égorgé [*his throat was slit*] par deux terroristes. L'attentat de Nice a eu lieu un jour qui symbolise la République. L'attentat en Normandie visait clairement un lieu de culte catholique. Dans tous les cas, les terroristes, qui se réclamaient [*claimed allegiance to*] de l'organisation islamiste Daech [*ISIS*], ont été abattus [*shot*] par les forces de police. Par la suite, les enquêtes [*investigations*] policières ont révélé l'existence de plusieurs cellules terroristes en France et en Belgique.

Le terrorisme djihadiste est évidemment un phénomène international qui n'a pas épargné [*did not spare*] le Canada et les États-Unis. En Europe, il y a eu des attentats meurtriers [*deadly*] à Barcelone, Berlin, Bruxelles, Londres, etc. Les attentats de 2015 et 2016 en France ont été à la fois nombreux et meurtriers. Si des cellules terroristes ont été démantelées [*destroyed*], il y en a probablement d'autres, et il y aura probablement d'autres attentats. Heureusement, la plupart des Français n'ont pas cédé à [*did not give in to*] la peur, n'ont pas changé leurs styles de vie. Contrairement aux espoirs des terroristes, qui cherchaient à déclencher [*spark*] des conflits entre les communautés religieuses, il n'y a pas eu de vague de représailles [*retaliation*]. Par contre, les mesures de sécurité ont été visiblement renforcées à travers la France. Il est devenu normal de voir des soldats armés patrouiller dans les lieux publics.

Quels seraient les effets sur la société française si une nouvelle vague d'attentats terroristes avait lieu ? Jusqu'à présent, les principales élections (la présidentielle et les législatives) n'ont pas été dominées par les questions sécuritaires, mais cela pourrait changer. D'autre part, Marine Le Pen et le Rassemblement national (ex-Front national) n'ont pas disparu. Marine Le Pen a obtenu 34 % des voix en 2017, un pourcentage bien plus élevé que celui de son père en 2002 (18 %). En dehors des questions électorales, que se passerait-il aux niveaux social et économique ?

QUELLES SERONT LES SUITES DES ÉLECTIONS DE 2017 ?

Comme nous l'avons vu au chapitre 4, l'élection à la présidence de la République d'Emmanuel Macron (le 7 mai 2017), suivi du triomphe aux élections législatives (le 18 juin 2017) du parti qu'il avait récemment fondé (LRM), a transformé la vie politique française. Au lieu de la traditionnelle opposition gauche / droite, il y a un grand parti centriste qui a obtenu une majorité des sièges à l'Assemblée nationale. Macron et son parti ont des objectifs ambitieux, surtout dans le domaine économique. La première étape est de réformer le Code du travail, dans un sens plus libéral (rappel : de droite). Si les réformes de Macron et du gouvernement aboutissent à des créations d'emploi et à la baisse du chômage, les électeurs [*voters*] s'en souviendront, comme ils se sont souvenus du fait que les deux présidents précédents (Nicolas Sarkozy et François Hollande) n'avaient pas réussi à améliorer la situation économique. Comme ses prédécesseurs, Macron sera jugé sur ses résultats. Quelles seront les conséquences, en 2022 ou même avant, si Macron échoue [*fails*] et devient aussi impopulaire que ses prédécesseurs l'avaient été ?

Y AURA-T-IL UN RENOUVEAU DU CATHOLICISME EN FRANCE ?

La loi Taubira sur le mariage pour tous a été adoptée en 2013 (voir chapitre 10). Cependant, plusieurs centaines de milliers de personnes ont manifesté [*demonstrated*] à Paris et ailleurs pour s'opposer à cette loi qui donnait l'égalité des droits aux homosexuels. Les manifestations ont été principalement organisées par des organisations religieuses (surtout catholiques). Il était particulièrement étonnant de constater que de nombreux jeunes participaient à ces manifestations. Depuis longtemps, l'influence du catholicisme est en baisse en France. Si environ 60 % des Français sont de tradition catholique, le pourcentage de catholiques pratiquants est beaucoup plus faible (moins de 10 %). Est-ce que la résistance à la loi Taubira indique que le long déclin du catholicisme a pris fin ? Est-ce qu'il y aura bientôt un renversement de la tendance ? S'il y a un renouveau catholique en France, est-ce qu'il sera majoritairement orienté vers l'intégrisme ?

LA FRANCE EST-ELLE DEVENUE UN PAYS « ORDINAIRE » ?

Depuis déjà longtemps, la gauche française n'offre plus de perspectives de profondes transformations sociétales. Il n'y a plus de « lendemains qui chantent », de « rupture avec le capitalisme », de tout ce qui provenait de [*came from*] l'utopie marxiste. Le Parti communiste, vestige pathétique des illusions du passé, est marginalisé depuis plusieurs décennies. Le Parti socialiste — qui a d'ailleurs été laminé [*crushed*] lors des élections de 2017 — est un parti social-démocrate comme un autre en Europe. Il n'y a plus que les groupuscules sectaires de l'extrême-gauche qui continuent de rêver dans le domaine politique. À l'extrême-droite, la radicalisation politique s'exprime désormais sous les formes de l'islamisme ou du national-populisme. Cependant, comme les résultats des élections de 2017 l'ont montré, la plupart des électeurs français ne sont pas attirés par les extrêmes en politique. Macron et son parti (LRM) ont promis des réformes, mais celles-ci restent modérées.

La République française est fondée sur les valeurs progressistes issues des Lumières et de la Révolution de 1789. Bien que [*Even though*] l'histoire sociopolitique de la France après la Révolution ait été beaucoup plus mouvementée [*eventful*] que celle des États-Unis, les deux pays avaient en partage des idéaux et des institutions démocratiques qui les distinguaient des monarchies européennes.

Or, ces idéaux et ces institutions ont été par la suite largement disséminés à travers le monde. La démocratie et les droits humains font désormais partie du patrimoine mondial (même si plusieurs dictatures existent encore). Que représente donc la France aujourd'hui par rapport à d'autres pays démocratiques ?

ABRÉVIATIONS / SIGLES

AFP	Agence France-Presse
BTP	Bâtiment et travaux publics
CAF	Caisse d'allocations familiales
CAPES	Certificat d'aptitude au professorat de l'enseignement du second degré
CDD	Contrat à durée déterminée
CDI	Contrat à durée indéterminée
CEA	Commissariat à l'énergie atomique
CFDT	Confédération française démocratique du travail
CGT	Confédération générale du travail
CNC	Centre national du cinéma et de l'image animée
CNES	Centre national d'études spatiales
CNIL	Commission nationale de l'informatique et des libertés
CNL	Centre national du livre
CNRS	Centre national de la recherche scientifique
CPGE	Classes préparatoires aux grandes écoles
CRPE	Concours de recrutement de professeur des écoles
CRS	Compagnies républicaines de sécurité
CSA	Conseil supérieur de l'audiovisuel
CSG	Centre spatial guyanais
DATAR	Délégation à l'aménagement du territoire et à l'action régionale
DGLFLF	Délégation générale à la langue française et aux langues de France
DROM-COM	Départements et régions d'outre-mer et Collectivités d'outre-mer
EDF	Électricité de France
EHESS	École des hautes études en sciences sociales
ENA	École nationale d'administration
ENS	École normale supérieure
ESPE	École supérieure du professorat et de l'éducation
FAI	Fournisseur d'accès à Internet
FNSEA	Fédération nationale des syndicats d'exploitants agricoles
FO	Force ouvrière
GIGN	Groupe d'intervention de la Gendarmerie nationale
HEC	Hautes études commerciales

HLM	Habitation à loyer modéré
INED	Institut national d'études démographiques
INSEE	Institut national de la statistique et des études économiques
IUT	Institut universitaire de technologie
IVG	Interruption volontaire de grossesse
LGBT	Lesbienne, gai, bisexuel, transgenre (ou transsexuel)
MEDEF	Mouvement des entreprises de France
MLF	Mouvement de libération des femmes
OIF	Organisation internationale de la Francophonie
OMC	Organisation mondiale du commerce
ONU	Organisation des Nations unies
OTAN	Organisation du traité de l'Atlantique Nord
PAC	Politique agricole commune
PACS	Pacte civil de solidarité
PDG	Président-directeur général
PEL	Plan épargne-logement
PIB	Produit intérieur brut
PMI	Protection maternelle et infantile
QCM	Questions à choix multiples
RAID	Recherche, assistance, intervention, dissuasion
RATP	Régie autonome des transports publics
RER	Réseau express régional
RSA	Revenu de solidarité active
RTT	Réduction du temps du travail
SAMU	Service d'aide médicale urgente
SDF	Sans domicile fixe
SMIC	Salaire minimum interprofessionnel de croissance
SNCF	Société nationale des chemins de fer
STO	Service du travail obligatoire
TGV	Train à grande vitesse
TVA	Taxe sur la valeur ajoutée
UE	Union européenne
UNEF	Union nationale des étudiants de France

BIBLIOGRAPHIE

Auzannet, Pascal. *Les Secrets du Grand Paris : zoom sur un processus de décision publique.* Paris : Hermann, 2018.

Azouvi, François. *Le Mythe du grand silence : Auschwitz, les Français, la mémoire.* 2ᵉ éd. Paris : Gallimard, 2015.

Baecque, Antoine de. *Crises dans la culture française : anatomie d'un échec.* Paris : Bayard, 2008.

Bantigny, Ludivine. *1968 : de grands soirs en petits matins.* Paris : Seuil, 2018.

Bard, Christine, éd. *Dictionnaire des féministes : France, XVIIIᵉ–XXIᵉ siècles.* Paris : PUF, 2017.

Barthes, Roland. *Mythologies.* 1957. Paris : Seuil, 2014.

Beaud, Stéphane. *La France des Belhoumi : portraits de famille (1977–2017).* Paris : La Découverte, 2018.

Belensky, Masha, Kathryn Kleppinger, and Anne O'Neil-Henry, eds. *French Cultural Studies for the Twenty-First Century.* Newark: UP of Delaware, 2017.

Bertin-Maghit, Jean-Pierre. *Le Cinéma sous l'Occupation : le monde du cinéma français de 1940 à 1946.* Paris : Perrin, 2002.

Bess, Michael. *The Light-Green Society: Ecology and Technological Modernity in France, 1960–2000.* Chicago: Chicago UP, 2003.

Bidar, Abdennour. *Histoire de l'humanisme en Occident.* Paris : Armand Colin, 2014.

« Bilan du monde ». Édition 2017. *Le Monde.*

Birnbaum, Pierre. *Les Deux Maisons : essai sur la citoyenneté des Juifs (en France et aux États-Unis).* Paris : Gallimard, 2012.

Bischoff, Georges, et Nicolas Bourguinat, éd. *Dictionnaire historique de la liberté.* Paris : Nouveau Monde, 2015.

Blanc-Chaléard, Marie-Claude. *En finir avec les bidonvilles : immigration et politique du logement dans la France des Trente Glorieuses.* Paris : Sorbonne, 2016.

Blanchard, Emmanuel. *Histoire de l'immigration algérienne en France.* Paris : La Découverte, 2018.

Blanchard, Marianne. *Les Écoles supérieures de commerce : sociohistoire d'une entreprise éducative en France.* Paris : Garnier, 2015.

Blower, Brooke L. *Becoming Americans in Paris: Transatlantic Politics and Culture between the World Wars.* Oxford: Oxford UP, 2011.

Bonin, Hubert, Bernard Droz, et Josette Rivallain, éd. *Cent ans d'histoire des outre-mers : SFHOM, 1912–2012.* Paris : Société française d'histoire des outre-mers, 2013.

Boucheron, Patrick, éd. *Histoire mondiale de la France.* Paris : Seuil, 2017.

Braudel, Fernand. *L'Identité de la France.* Paris : Flammarion, 1986.

Braunstein, Florence, et Jean-François Pépin. *Cultur-issime : le grand récit de la culture générale.* Paris : Gallimard, 2017.

Bresson, Pascal, et Hervé Duphot. *Simone Veil, l'immortelle.* Paris : Marabulles, 2018.

Broche, François, et Jean-François Muracciole. *Histoire de la Collaboration, 1940–1945.* Paris : Tallandier, 2017.

Bruley, Yves, éd. *1905 : la séparation des Églises et de l'État — les textes fondateurs.* Paris : Perrin, 2004.

Brunet, Jean-Paul. *Gaston Monnerville (1897–1991) : un destin d'exception.* Matoury : Ibis Rouge, 2013.

Buchsbaum, Jonathan. *Exception Taken: How France has Defied Hollywood's New World Order.* New York: Columbia UP, 2017.

Cabanel, Patrick. *Ferdinand Buisson : père de l'école laïque.* Genève : Labor et Fides, 2016.

Candar, Gilles, et Vincent Duclert. *Jean Jaurès.* Paris : Fayard, 2014.

Chafer, Tony, and Alexander Keese, eds. *Francophone Africa at Fifty.* Manchester: Manchester UP, 2013.

Charle, Christophe, et Laurent Jeanpierre, éd. *La Vie intellectuelle en France.* Paris : Seuil, 2016.

Citron, Suzanne. *Le Mythe national : l'histoire de France revisitée.* 3ᵉ éd. Paris : L'Atelier, 2017.

Clarke, Jackie. *France in the Age of Organization: Factory, Home, and Nation from the 1920s to Vichy.* New York: Berghahn, 2011.

Coquart, Élizabeth. *La Frondeuse : Marguerite Durand, patronne de presse et féministe.* Paris : Payot, 2010.

Coulouarn, Hervé. *La France vue d'ailleurs : histoire de stéréotypes.* Rennes : PU de Rennes, 2016.

Craiutu, Aurelian, and Jeffrey C. Isaac, eds. *America through European Eyes: British and French Reflections on the New World from the Eighteenth Century to the Present.* University Park: Pennsylvania State UP, 2009.

Dauphin, Stéphanie. *Octave Gréard, 1828–1904.* Rennes : PU de Rennes, 2016.

Delfau, Gérard. *La Laïcité, défi du XXIᵉ siècle.* Paris : L'Harmattan, 2015.

Delporte, Christian. *Images et politique en France au XXᵉ siècle.* Paris : Nouveau Monde, 2006.

Dequeker-Fergon, Jean-Michel. *Une histoire de France.* Toulouse : Le Pérégrinateur, 2016.

Desprairies, Cécile. *L'Héritage de Vichy : ces 100 mesures toujours en vigueur.* Paris : Armand Colin, 2012.

Dicale, Bertrand. *Dictionnaire amoureux de la chanson française.* Paris : Plon, 2016.

Druckerman, Pamela. *Bringing Up Bébé: One American Mother Discovers the Wisdom of French Parenting.* New York: Penguin, 2012.

Duboys Fresney, Laurence. *Atlas des Français : grand angle sur un peuple singulier.* Paris : Autrement, 2002.

Duraffour, Annick, et Pierre-André Taguieff. *Céline, la race, le Juif : légende littéraire et vérité historique.* Paris : Fayard, 2017.

Dussault, Éric. *L'Invention de Saint-Germain-des-Prés*. Paris : Vendémiaire, 2014.

El Karoui, Hakim. *L'Islam, une religion française*. Paris : Gallimard, 2018.

Fargettas, Julien. *Les Tirailleurs sénégalais : les soldats noirs entre légendes et réalités, 1939–1945*. Paris : Tallandier, 2012.

Fishman, Sarah. *From Vichy to the Sexual Revolution: Gender and Family Life in Postwar France*. Oxford: Oxford UP, 2017.

Fogg, Shannon L. *The Politics of Everyday Life in Vichy France: Foreigners, Undesirables, and Strangers*. Cambridge: Cambridge UP, 2009.

Fourastié, Jean. *Les Trente Glorieuses*. Paris : Fayard, 1979.

Fourest, Caroline. *Génie de la laïcité*. Paris : Grasset, 2016.

Fraisse, Geneviève, éd. *Hubertine Auclert, pionnière du féminisme : textes choisis*. Saint-Pourçain-sur-Sioule : Bleu autour, 2018.

France, portrait social. Paris : Insee, 2017.

Frank, Robert. *La Hantise du déclin : la France de 1914 à 2014*. Paris : Belin, 2014.

Garcin, Jérôme, et al. *Nouvelles Mythologies*. Paris : Seuil, 2007.

Gauthier, Xavière. *Contraception, avortement : le grand combat des femmes au XXᵉ siècle*. Paris : Laffont, 2002.

Gemeaux, Christine de, et Amaury Lorin, éd. *L'Europe coloniale et le grand tournant de la Conférence de Berlin (1884–1885)*. Paris : Le Manuscrit, 2013.

Gentil, Geneviève, et Philippe Poirrier, éd. *La Politique culturelle en débat : anthologie, 1955–2005*. Paris : La Documentation française, 2006.

Gehrhardt, Marjorie. *The Men with Broken Faces:* Gueules Cassées *of the First World War*. Bern: Peter Lang, 2015.

Gilbert, Paula Ruth, and Miléna Santoro, eds. *Transatlantic Passages: Literary and Cultural Relations Between Quebec and Francophone Europe*. Montreal: McGill-Queen's UP, 2010.

Godard, Bernard, et Sylvie Taussig. *Les Musulmans en France : courants, institutions, communautés — un état des lieux*. Paris : Laffont, 2007.

Godin, Emmanuel, and Tony Chafer, eds. *The French Exception*. New York: Berghahn, 2006.

Grove, Laurence. *Comics in French: The European Bande Dessinée in Context*. New York: Berghahn, 2010.

Guerrero, Nicolas. *Histoire économique et sociale de la France : du XVIIIᵉ siècle à nos jours*. Paris : Ellipses, 2013.

Guilluy, Christophe. *La France périphérique : comment on a sacrifié les classes populaires*. Paris : Flammarion, 2014.

Hall, Edward T., and Mildred Reed Hall. *Understanding Cultural Differences: Germans, French, and Americans*. Yarmouth, ME: Intercultural, 1990.

Hammou, Karim. *Une histoire du rap en France*. Paris : La Découverte, 2014.

Harbi, Mohammed, et Benjamin Stora, éd. *La Guerre d'Algérie 1954–2004 : la fin de l'amnésie*. Paris : Laffont, 2004.

Hartog, François. *La Nation, la religion, l'avenir : sur les traces d'Ernest Renan*. Paris : Gallimard, 2017.

---. *Le XIXᵉ Siècle et l'histoire : le cas Fustel de Coulanges*. Paris : Seuil, 2001.

Hochschild, Adam. *King Leopold's Ghost: A Story of Greed, Terror, and Heroism in Colonial Africa*. Boston: Houghton Mifflin, 1998.

Horowitz, Donald L., and Gérard Noiriel. *Immigrants in Two Democracies: French and American Experience*. New York: NYU, 1992.

Igounet, Valérie. *Le Front national de 1972 à nos jours : le parti, les hommes, les idées*. Paris : Seuil, 2014.

Joly, Dominique, et Bruno Heitz. *L'Histoire de France en BD* : Livre 3. *De 1789 à nos jours !* Paris : Casterman, 2012.

Joly, Laurent. *Dénoncer les juifs sous l'Occupation : Paris 1940–1944*. Paris : CNRS, 2017.

---. *Naissance de l'Action française : Maurice Barrès, Charles Maurras et l'extrême droite nationaliste au tournant du XXᵉ siècle*. Paris : Grasset, 2015.

Joly, Marc. *L'Europe de Jean Monnet : éléments pour une sociologie historique de la construction euro-péenne*. Paris : CNRS, 2017.

Joyal, Serge, et Paul-André Linteau, éd. *France-Canada-Québec : 400 ans de relations d'exception*. Montréal : PU de Montréal, 2008.

Julliard, Jacques. *Les Gauches françaises (1762–2012)*. Paris : Flammarion, 2012.

Kada, Nicolas, et Patrice Terronne. *La République française : le citoyen et les institutions*. Grenoble : PUG, 2017.

Kauffmann, Grégoire. *Édouard Drumont*. Paris : Perrin, 2008.

Kintzler, Catherine. *Penser la laïcité*. Paris : Minerve, 2014.

Laborie, Pierre. *Le Chagrin et le venin : Occupation, Résistance, idées reçues*. 2ᵉ éd. Paris : Folio, 2014.

Lindaman, Dana Kristofor. *Becoming French: Mapping the Geographies of French Identity, 1871–1914*. Evanston: Northwestern UP, 2016.

Linhart, Danièle. *La Comédie humaine du travail : de la déshumanisation taylorienne à la sur-humanisation managériale*. Paris : Érès, 2015.

Loubes, Olivier. *Cannes 1939 : le festival qui n'a pas eu lieu*. Paris : Armand Colin, 2016.

Marshall, Bill, ed. *France and the Americas: Culture, Politics, and History*. Santa Barbara: ABC-CLIO, 2005.

Marzorati, Jean-Louis. *C'était les années 50*. Paris : L'Archipel, 2010.

Mathy, Jean-Philippe. *French Resistance: The French-American Culture Wars*. Minneapolis: UP of Minnesota, 2000.

Mbembe, Achille. *Critique de la raison nègre*. Paris : La Découverte, 2013.

Meddeb, Abdelwahab, et Benjamin Stora, éd. *Histoire des relations entre juifs et musulmans des origines à nos jours*. Paris : Albin Michel, 2013.

Menant, Sylvain, éd. *Les Amériques des écrivains français*. Genève : Droz, 2011.

Mendras, Henri. *La Seconde Révolution française 1965–1984*. Paris : Gallimard, 1994.

Mendras, Henri et Laurence Duboys Fresney. *Français, comme vous avez changé : histoire des Français depuis 1945*. Paris : Tallandier, 2004.

Mermet, Gérard. *Francoscopie*. Paris : Larousse, 2013.

M'Faddel, Naïma, et Olivier Roy. *Et tout ça devrait faire d'excellents Français : dialogue sur les quartiers*. Paris : Seuil, 2017.

Milza, Pierre. *« L'Année terrible »*. Paris : Perrin, 2009.

Moch, Leslie Page. *The Pariahs of Yesterday: Breton Migrants in Paris*. Durham: Duke UP, 2012.

Ndiaye, Pap. *La Condition noire : essai sur une minorité française*. Paris : Calmann-Lévy, 2008.

Noiriel, Gérard. *Immigration, antisémitisme et racisme en France, XIX*ᵉ*–XX*ᵉ *siècle : discours publics, humiliations privées*. Paris : Fayard, 2007.

Nora, Pierre, éd. *Les Lieux de mémoire*. 1984–1992. Paris : Gallimard, 1997.

Ory, Pascal. *Ce que dit Charlie : treize leçons d'histoire*. Paris : Gallimard, 2016.

---, éd. *Dictionnaire des étrangers qui ont fait la France*. Paris : Laffont, 2013.

Ousselin, Edward. *The Invention of Europe in French Literature and Film*. New York: Palgrave Macmillan, 2009.

Ozouf, Mona. *Jules Ferry : la liberté et la tradition*. Paris : Gallimard, 2014.

Panchasi, Roxanne. *Future Tense: The Culture of Anticipation in France between the Wars*. Ithaca, NY: Cornell UP, 2009.

Peghini, Julie. *Île rêvée, île réelle : le multiculturalisme à l'île Maurice*. Paris : PU de Vincennes, 2016.

Perreau, Bruno. *Queer Theory: The French Response*. Stanford: Stanford UP, 2016.

Picouly, Daniel. *L'École des filles, l'école des garçons*. Paris : Hoëbeke, 2013.

Picq, Françoise. *Libération des femmes : quarante ans de mouvement*. Brest : Dialogues, 2011.

Piketty, Thomas. *Le Capital au XXI*ᵉ *siècle*. Paris : Seuil, 2013.

Poirrier, Philippe, éd. *La Grande Guerre : une histoire culturelle*. Dijon : PU de Dijon, 2015.

---, éd. *Les Politiques de la culture en France*. Paris : La Documentation française, 2016.

Popkin, Jeremy D. *A History of Modern France*. New York: Routledge, 2016.

Prearo, Massimo. *Le moment politique de l'homosexualité : mouvements, identités et communautés en France*. Lyon : PU de Lyon, 2014.

Raynaud, Philippe. *L'Extrême gauche plurielle : entre démocratie radicale et révolution*. Paris : Perrin, 2010.

Rearick, Charles. *The French in Love and War: Popular Culture in the Era of the World Wars*. New Haven: Yale UP, 1997.

Rémond, René. *Les droites aujourd'hui*. Paris : Seuil, 2005.

Reutner, Ursula, éd. *Manuel des francophonies*. Berlin : Gruyter, 2017.

Rioux, Jean-Pierre, éd. *Dictionnaire de la France coloniale*. Paris : Flammarion, 2007.

Robb, Graham. *The Discovery of France: A Historical Geography from the Revolution to the First World War*. New York: Norton, 2007.

Rousso, Henry, et Éric Conan. *Vichy : un passé qui ne passe pas*. Paris : Fayard, 1994.

Saigal, Monique. *Héroïnes françaises, 1940–1945 : courage, force et ingéniosité*. Monaco : Rocher, 2008.

Sauger, Nicolas, Sylvain Brouard, et Emiliano Grossman. *Les Français contre l'Europe ? Les Sens du référendum du 29 mai 2005*. Paris : Sciences Po, 2007.

Semley, Lorelle. *To Be Free and French: Citizenship in France's Atlantic Empire*. Cambridge: Cambridge UP, 2017.

Servigny, Gérald de. *Les cathos sont-ils de retour ?* Paris : Artège, 2017.

Singaravélou, Pierre, et Sylvain Venayre, éd. *Histoire du monde au XIXe siècle*. Paris : Fayard, 2017.

Smith, Timothy B. *France in Crisis: Welfare, Inequality and Globalization since 1980*. Cambridge: Cambridge UP, 2004.

Souillac, Romain. *Le Mouvement Poujade : de la défense professionnelle au populisme nationaliste (1953–1962)*. Paris : Sciences Po, 2007.

Spina, Raphaël. *Histoire du STO*. Paris : Perrin, 2017.

Stora, Benjamin. *Imaginaires de guerre : les images dans les guerres d'Algérie et du Viêt-Nam*. Paris : La Découverte, 2004.

Sutton, Michael. *France and the Construction of Europe, 1944–2007: The Geopolitical Imperative*. Oxford: Berghahn, 2007.

Tengour, Abdelkarim. *Tout l'argot des banlieues : le dictionnaire de la zone en 2600 définitions*. Paris : L'Opportun, 2013.

Thomas, Dominic. *Africa and France: Postcolonial Cultures, Migration, and Racism*. Bloomington: Indiana UP, 2013.

Tin, Louis-Georges, éd. *Dictionnaire de l'homophobie*. Paris : PUF, 2003.

Todorov, Tzvetan. *L'Esprit des Lumières*. Paris : Laffont, 2006.

---. *Nous et les autres : la réflexion française sur la diversité humaine*. Paris : Seuil, 1989.

Venayre, Sylvain. *Les Origines de la France : quand les historiens racontaient la nation*. Paris : Seuil, 2013.

Vigreux, Jean. *Histoire du Front populaire : l'échappée belle*. Paris : Tallandier, 2016.

Vindt, Gérard, éd. *Les Grandes Dates de l'histoire économique et sociale de la France*. Paris : Les Petits Matins, 2017.

Weidmann Koop, Marie-Christine, éd. *Heurs et malheurs du système éducatif en France*. Marion, IL: AATF, 2018.

Weidmann Koop, Marie-Christine, and Rosalie Vermette, eds. *France in the Twenty-First Century: New Perspectives*. Birmingham, AL: Summa, 2009.

Weil, Patrick. *La France et ses étrangers : l'aventure d'une politique de l'immigration de 1938 à nos jours*. Paris : Gallimard, 2005.

Wieviorka, Olivier, éd. *La France en chiffres : de 1870 à nos jours*. Paris : Perrin, 2015.

Wieviorka, Olivier, et Michel Winock, éd. *Les Lieux de l'histoire de France*. Paris : Perrin, 2017.

Winock, Michel. *La France et les juifs, de 1789 à nos jours*. Paris : Seuil, 2005.

---. *La France républicaine : histoire politique XIXe–XXIe siècle*. Paris : Laffont, 2017.

Winock, Michel, et Séverine Nikel. *La Gauche au pouvoir : l'héritage du Front populaire*. Paris : Bayard, 2006.

Yaari, Monique. *Rethinking the French City: Architecture, Dwelling, and Display after 1968*. Amsterdam: Rodopi, 2008.

INDEX

A

Académie française, 248, 289, 295

Acadie, 200–01, 203, 207, 211

Accusé, 117, 143, 164

Accords de Grenelle, 85, 180

Adenauer, Konrad, 82, 125, 127, 137, 138

Administration, 23–24, 27, 47, 67, 87, 108, 114–16, 119, 157, 195, 269, 280

Adolescence, 146, 150, 161, 276

Affaire Dreyfus, 25, 44–45, 48–50, 62, 90, 120, 285

Afrique subsaharienne, 82, 86, 88, 193, 197, 210, 219, 229

Agrégation, 155–57, 159, 165, 245, 252

Airbus, 187

Algérie, 25, 34–35, 69, 75, 81–82, 86, 88–94, 104, 121, 189–90, 192–93, 197, 209–10, 221, 225, 228–29

Allemagne, 7, 13, 33–39, 41–43, 48–49, 51–52, 54, 56–57, 59–62, 65–73, 76, 82, 88, 93–94, 122, 125–29, 135, 138–40, 151, 166–67, 169, 172, 178, 191–92, 196, 198, 210, 223, 255, 266, 287, 305

Alliance du trône et de l'autel, 34, 214, 216, 236

Alliance française, 46

Allocations familiales, 5, 13, 64, 73–74, 94, 104, 177, 243–44, 258, 266–67, 272–74, 281–82

Alsace-Moselle, 38–39, 42–44, 63, 125, 127, 147, 215, 224–25, 233

Altérité, 2–3, 302, 304

Aménagement du territoire, 24, 82, 175

Amende, 116, 243

Américanisation, 76, 83

Amitié, 21, 30–31, 82, 206, 276

Amour, 31, 59, 72, 80, 126, 185, 251, 303

Ancien Régime, 34–35, 302

Années folles, 58, 60, 64

Anticléricalisme, 47, 216, 235–36, 241, 286

Antisémitisme, 48–49, 69, 90, 285, 310

Apostrophes, 288, 295, 306–07

Appel du 18 juin, 67, 94, 121

Arabe, 90–91, 193, 197, 210, 228, 305

Argent, 26, 143, 185, 277–78, 281, 283

Argot, 53, 116, 119, 229, 284, 286, 301–08

Ariane, 113, 187

Armée, 15, 30, 38–39, 48–49, 60, 62, 65–67, 69–70, 72, 79, 81–82, 88–89, 91–92, 101, 104, 111, 118, 122, 157, 164, 201, 203, 265

Arménie, 219, 227, 229

Arrondissements, 10, 39, 47, 69, 77, 99, 101, 144, 222, 294

Art de vivre, 14, 31

Assemblée nationale, 10, 22, 40, 61, 81–82, 85, 87, 97–99, 101, 103, 107–08, 124, 165, 205, 238, 242, 246, 249, 311

Assimilation, 47, 201, 203–04, 219, 226–27, 231, 234, 236

Association loi 1901, 47, 179, 250, 257

Athéisme, 218, 220

Attentats terroristes, 91, 106, 119, 286, 298, 310–11

Auclert, Hubertine, 240–41

Automobiles, 46, 73, 169–70, 172, 178, 184, 285

B

Baby-boom, 76, 79, 83, 104, 168, 231, 244, 263–64

Baccalauréat, 34, 146–47, 149–58, 161–64, 188, 240

Badinter, Robert, 116, 257

Baker, Joséphine, 58–59, 301

Bandes dessinées (BD), 25, 56, 195, 284, 286, 296–99, 307–08

Banlieue, 69, 187, 218, 232

Banque centrale européenne (BCE), 130–32, 134–35, 140, 142–43, 211–12

revue de la presse —

1. Jean luc méenchon dénonce le système
parasitic de la capitalisme qui se nourrit
avec les desastrel qu'il provoque & cause
   - il staté qu'él veut gouverner
   par les besoins plutôt que
   les logiques économiques
   - il aussi suggère que on peut
   eliminer ce chomage avec les
   reduire
   transition vers l'energie renouvelables

CPSIA information can be obtained
at www.ICGtesting.com
Printed in the USA
FSHW012028190122
87792FS

9 781773 380643